감정 있습니까?

* 이 도서의 국립중앙도서관 출판시도서목록(CIP)은 e-CIP홈페이지(http://www.nl.go.kr/ecip)와
국가자료공동목록시스템(http://www.nl.go.kr/kolisnet)에서 이용하실 수 있습니다.
(CIP제어번호: CIP2017028183)

감정
있습니까?

몸문화연구소 **지음**

은행나무

책을 내며

감정은 너무 많아도 탈이고 너무 적어도 탈이다. 너무 감정이 없으면 세상이 삭막하고 건조해지지만, 그렇다고 감정이 너무 많으면 세상이 습하고 질컥질컥해진다. 감정이 폭발하면 위험하지만, 감정이 없으면 최악이다. 그건 삶이 아니라 죽음이다.

감정은 밖으로 표현될 수도, 안으로 억제될 수도 있다. 꾹꾹 누르고 참다 보면 화병이나 한, 우울증이 된다. 그런다고 밑 빠진 독처럼 감정을 실실 흘리면 미친 사람이 된다.

'감정' 하면 옛날 사람들은 절제의 미덕을 떠올렸다. 감정을 제대로 다스리지 못하면 패가망신한다고 생각했다. 그러나 현대의 기본적 정서는, 억제가 아니라 탐닉이 되었다. 한이 아니라 광기가 더욱 각광을 받는 시대이다. 감정의 좌충우돌이 일상의 뉴스이다. 때로 감정은 혐오와 갈등, 폭력과 살인을 부른다.

"다정도 병인 양 하여"라는 시구가 있다. 어떻게 하면 감정이 병이 되지 않을 수 있을까? 어떻게 하면 너와 나 서로 다른 감정이 불화가 아니라 아름다운 하모니로 완성할 수 있을까? 감정은 몸 연구의 중요 화두의 하나이다. 다름 아니라 몸의 변화가 감정이나 느낌이기 때문이다. 모든 몸의 변화가 감정의 안테나에 포착되는 것은 아니다. 의식에 잡히지 않는 몸의 변화가 정동(情動)이다. 아무튼 감정을 화두로 씨름하고 고민하면서 또 생각을 입 밖으로 발성하면서 몸문화연구소의 연구원들은 2016년 한 해를 보냈다. 이 책은 그러한 노력의 결실이다. 물론 고민과 연구가 저절로 결실을 맺지는 않는다. 이 책이 나오기까지 많은 분들의 도움이 있었다. 이 기획의 책임을 맡은 최은주 선생님, 은행나무 출판사 편집부의 윤이든 씨에게 '찐한' 감사의 마음을 전하고 싶다.

2017년 11월
김종갑

차례

0장 감정

감정이란 무엇인가?

김종갑

건국대학교 영어영문학과를 졸업하고 미국 루이지애나 주립대학교에서 영문학 박사 학위를 받았다. 현재 건국대학교 영어영문학과 교수로 재직하고 있으며, 몸문화연구소 소장으로도 활약하고 있다. 지은 책으로는 《타자로서의 몸, 몸의 공동체》, 《문학과 문화 읽기》, 《근대적 몸과 탈근대적 증상》, 《내 몸을 찾습니다》(공저), 《생각, 의식의 소음》, 《우리는 가족일까》(공저), 《성과 인간에 관한 책》, 《혐오, 감정의 정치학》 등이 있다.

감정은 무엇일까? 감정을 정의하기는 어려운 일이다. 전통적으로 감정을 정의하는 일은 철학과 윤리학, 그리고 19세기 후반 이후로는 심리학과 정신분석학이 즐겨 다룬 주제였다. 물론 인간의 감정에 초점이 모아졌다. 그런데 20세기 중반 이후로 발달한 진화 생물학과 뇌 과학은 감정에 대한 기존의 논의의 지형을 완전히 바꿔놓았다. 동물도 인간과 마찬가지로 감정을 가지고 있다는 것이다. 이성과 달리 감정은 인간의 독점이 아니다. 이러한 이유로 최근에는 정동(情動)이라는 개념이 감정을 대체하고 있다.

사전적 정의에 따르면 감정은 "어떤 현상이나 사건을 접했을 때 마음에서 일어나는 느낌이나 기분"이다. 그렇지만 이러한 사전적 정의는 감정의 이해에 별 도움이 되지 않는다. '감정'을 '느낌'과 '기분'으로 대체한 것에 지나지 않기 때문이다. 그럼에도 '일어나다'라는 동사에 주목할 필요가 있다. 영어 'emotion'의 어원도 '움직인다'를 뜻하는 라틴어

'movere'에서 유래하였다. 아주 단순화하면 움직임, 즉 몸의 변화가 감정이다. 쥐를 쫓는 고양이를 보며 강아지가 꼬리를 흔들고 있다고 하자. 이 꼬리의 움직임이 강아지의 감정을 가리키고 있다. 도망가는 쥐도, 뒤쫓는 고양이도 몸이 움직이고 있다는 점에서 감정이 표현되고 있다. 감정은 외부의 자극으로 인해서 몸에 발생하는 변화이다.

감정이 논의의 주제로 오르면 자주 일어나는 혼란의 하나가 감정(emotion)과 느낌(feeling)의 차이이다. 두 개가 같은 말일까? 저스틴 팀버레이크의 노래 「느낌을 멈출 도리가 없어요(Can't stop the feeling)」은 "나 자신이 바로 그 느낌이니까요(I got this feeling inside my bones)"라는 가사로 시작한다. 여기에서 'feeling'을 'emotion'으로 대체해도 좋을까? 바꾼다고 해서 큰일이 일어나지는 않는다. 그럼에도 구구절절 사랑의 심정이 '필링'만큼 잘 전달되지는 않는다. '느낌이 온다'라는 표현을 '감정이 온다'로 대체할 수가 있을까? 없다. 느낌은 감정보다 강한 주관적 뉘앙스를 가지고 있다. 다른 사람이 아니라 '나'라는 사실이 강조되는 것이다. 이때 몸에 일어나는 변화가 '나'라는 일인칭 화자(주체)에게로 수렴될 수 있을까? 우선 몸의 모든 변화가 '나'의 의식에 등록되지는 않는다는 점을 상기할 필요가 있다. 바람에 머리칼이 날리고 있다고 하자. 머리카락의 움직임은 신경섬유로 전달이 된다. 머리카락의 뿌리에 있는 모낭에는 5~12개의 신경섬유가 있다. 바람이라는 자극에 의해서 발생한 몸의 변화가 감정인데, 그렇다고 내가 반드시 그러한 변화를 의식하고 있다고, 즉 느끼고 있다고 말할 수는 없다. 변화의 크기가 미미하거나 다른 일에 정신이 팔려 있으면 몸의 변화를 느끼지 못한다. 간단히 말해서 의식되지 않은 몸의 변화가 감정이라면, 의식된 감정이 곧 느낌이다.[1] 몸은 알고 있지만 나는 모르는 감정이 있는 것이다.

우리는 얼마나 많은 감정과 느낌을 가지고 있을까? 이 질문은 색상의 종류를 묻는 질문과 같은 맥락에 있다. 색을 보기 쉽도록 구분하고 분류해서 원형으로 배치한 것을 색상환이라고 한다. 몇 개의 색상이 있을까? 열 개의 색상환, 열두 개의 색상환도 있고, 20개나 24개 색상환도 있다. 이론적으로는 48개, 100개, 480개의 색도 가능하다. 색상에 민감하지 않은 사람에게 똑같이 빨강색으로 보이는 것이 화가의 눈에는 진홍, 빨강, 다홍으로 보일 수 있다. 감정과 느낌도 분류하기 나름이다. 유학은 인간에게 기본적인 일곱 가지 감정, '칠정(七情)'이 있다고 보았다. 기뻐하고, 성내고, 슬퍼하고, 즐거워하고, 사랑하고, 미워하고, 욕심내는 희노애락애오욕(喜怒哀樂愛惡欲)이 그것이다. 반면에 데카르트는 정념(passion)이라는 범주를 경이, 애정, 증오, 욕망, 비애라는 다섯 가지 감정으로 분류하였다. 그와 동시대인이었던 스피노자는 쾌와 불쾌라는 두 가지 기본 감정의 줄기에서 48개의 가지가 파생된다고 생각하였다. 그에 따르면 음주욕, 박애, 과대평가도 그러한 감정의 하나이다. 분류에 따라서 감정은 희노애락의 네 가지가 될 수도, 데카르트처럼 다섯 가지가

---

1 emotion이란 말이 처음 일상에서 사용되기 시작했을 때는 소란 혹은 소요를 의미했고, 대기의 emotion은 천둥을 의미했습니다. 사람들이 느끼는 요동치는 경험도 emotion이라고 했습니다. (……) 분트는 감각(sensation)과 느낌(feeling)을 처음으로 구분하여, 감각은 객관적인 것이고 느낌은 주관적이라고 했습니다. 그런데 감정에 대한 본격적인 심리학적 연구 결과는 미국 심리학의 아버지라고 불리는 윌리엄 제임스의 1884년 「감정이란 무엇인가(What Is an Emotion?)」라는 논문입니다. 그는 흥분을 일으키는 사실을 지각하면 바로 신체 변화가 나타나는데 이러한 변화에 대한 느낌을 감정이라고 했고, 곰에 대한 공포를 예로 들어 설명했습니다. 그는 상식적으로 곰을 보면 두려워서 도망간다고 생각하는데, 사실은 두렵기 때문에 도망간다고 하는 생각은 잘못된 것이고, 도망가기 때문에 두려움을 느낀다고 주장했습니다. (최현석, 《인간의 모든 감정》, 서해문집, 2011)

될 수도, 아니면 스피노자처럼 마흔여덟 가지가 될 수도 있다.

감정을 객관적으로 규정하려는 시도가 없었던 것은 아니다. 찰스 다윈은《인간과 동물의 감정 표현》에서 인간에게는 여섯 가지의 기본적이면서 보편적인 감정이 있다고 주장하였다. 20세기 가장 영향력 있는 심리학자의 한 명인 폴 에크만은 다윈의 이론을 과학적으로 검증 가능한 여섯 가지 일차 감정 이론(기쁨, 슬픔, 공포, 분노, 놀람, 혐오)으로 발전시켰다. 여기에서 그치지 않고 이러한 감정 변화를 얼굴 표정으로 읽어낼 수 있는 '얼굴 움직임 해독법(Facial Action Coding System, FACS)'도 개발하였다. 나는 에크만이 애써 만든 코드 체계의 가치를 야박스럽게 부정하려는 것은 아니지만, 감정이 보편적이며 객관적이라는 그의 주장에 동의하지는 않는다. 비록 똑같은 자극이 주어진다고 해도 누구나 똑같이 느끼지는 않는다. 성장 환경과 경험, 문화, 언어의 차이에 따라 사람마다 각기 다른 몸을 갖기 때문이다. 몸과 감정도 생애사와 역사, 문화를 갖는 것이다.

최근 우리나라에서 사회적 이슈가 되고 있는 분노의 감정을 보기로 하자. 호메로스의《일리아스》를 읽어본 사람은 다음과 같은 첫 구절을 결코 잊을 수 없을 것이다. "분노, 오 뮤즈신이여, 펠레우스의 아들 아킬레우스의 분노, 수많은 그리스 병사의 목숨을 앗아간 그 비극적인 분노에 대해 노래하게 하라!" 총사령관 아가멤논이 자기를 모욕했다고 생각한 아킬레우스의 몸에서는 분노의 화염이 시뻘겋게 솟구치고, 그 화염에 수많은 병사들이 전쟁터에서 잿더미가 되었다. 이 대목에서 우리는 고대 희랍인들이 얼마나 분노의 감정을 두려워하였는지 짐작할 수 있다. 분노는 불길, 열기와 같이 뜨겁고 폭발적이며 파괴적인 이미지로 묘사되곤 하였다. 이와 같이 갑작스런 분노의 발작은 오이디푸스왕이 파멸한 원인이기도 하였다. 말을 몰아 급히 달려가던 그는 어떤 낯선 사람을 만난다. 비키라고 했는데도 그가 길을 내주지 않자 자존심이 상하고 격노한 오이디푸스는 단칼에 그를 베어버렸다. 그가 자기 친아버지라는 사실을 알 리가 없이.

그렇지만 우리는 다른 문화권에서도 분노가 세네카의 말처럼 "모든 감정 중에서 가장 끔찍하고 광폭한 감정"이었다고 생각하면 안 된다. 에스키모인의 마을에 체류했던 인류학자 장 브릭스(Jean Briggs)는 그들이 분노의 감정을 모른다는 사실에 아연실색하고, 이때의 연구를 바탕으로 1971년에 《분노를 모르는 사람들(Never in Anger)》이라는 저서를 출간하였다. 굳이 에스키모 마을까지 갈 필요도 없다. 분노만큼 젠더 간의 차이가 크고 위계적인 감정도 많지 않다. 여성이 분노의 감정을 두려워했던 적은 역사상 일찍이 없었다고 말해도 과언이 아니다. 분노는 피지배자가 아니라 지배자의 감정이기 때문이다. 니체는 《도덕의 계보학》에서 기독교 문화권의 가장 지배적 특징은 분노가 아니라 원한의 감정이라고 주장하였다. 프로이트도 《문명과 불만》에서 고대 희랍과 달리 현대인의 주된 감정은 죄책감이라고 진단하였다.

그렇다면 감정은 인간의 항수가 아니라 문화적·역사적 변수이다. 해석이 불필요할 정도로 그 내용이 분명한 감정도 없다고 봐야 한다. 빨강이 진홍, 빨강, 다홍 등의 색으로 분절될 수 있듯이 감정도 그러한 해석의 프리즘을 가진다. 예를 들어 사랑을 감정이 아니라 질병으로 간주되었던 적도 있었다. 1601년의 일이다. 프랑스의 의사 자크 페랑(Jacques Ferrand)은 사랑을 "간과 뇌, 심장을 한꺼번에 괴롭히는" 정신적·육체적 질병으로 보았다. 트리스탄과 이졸데의 묘약을 비롯해서 에로스의 화살도 사랑을 정신병으로 간주하는 문화의 산물이다. 그렇다고 분노나 사랑과 같은 격정이 질병으로 간주될 수 있다고 말하려는 것은 아니다. 다만 몸에 발생하는 감정이 분노나 사랑, 슬픔, 질투 등으로 미리 그 내용이 결정되지는 않는다는 사실에 관심을 환기하려고 했을 따름이다. 해석이 없는 감정은 없다. 고통과 기쁨, 사랑과 미움, 질투와 칭찬, 공포 등도 해석의 결과임은 물론이다.

다시 말하지만 외부의 자극에 대한 몸의 반응이 감정이다. 그렇지만 파블로프의 개처럼 자극 자체가 반응을 자동적으로 결정하지는 않는다. 그러한 이유로 동일한 자극(대상)에 대한 반응이 기쁨과 사랑일 수도, 고통과 증오가 될 수도 있다. 혹은 양가적으로 두 감정이 한꺼번에 공존하기도 한다. 1962년에 있었던 유명한 심리 실험으로 이것을 설명할 수 있다. 스탠리 샥터(Stanley Schachter)와 제롬 싱어(Jerome Singer)는 대학생 184명을 대상으로 아드레날린을 투여하고 그 반응을 살피는 실험을 했다. 아드레날린이란 심장박동을 빠르게 하고 혈관을 수축하도록 만드는 화학물질이다. 실험의 목적은 그러한 몸의 변화(감정)를 학생들이 어떻게 주관적으로 의식하고 느끼는지 해석하는 것이었다. 이를 위해 샥터는 기발한 아이디어를 생각해냈다. 주사를 맞고 나서 학생들이 대기하고 있는 방에 실험을 보조하는 연기자를 투입하는 것이었다. 몇몇 연기자는 의도적으로 기쁜 표정을 지었고 또 다른 그룹의 연기자는 언짢은 표정을 짓도록 하였다. 그런 다음에 샥스와 싱어는 대기실의 학생들을 실험실로 불러서 기분이 어떠한지 물어보았다. 기쁜 표정의 연기자와 함께 있었던 학생들은 날아갈 듯이 행복하다고 대답했지만, 다른 그룹의 학생들은 왠지 괜히 화가 난다는 반응을 보였다. 결과의 확실성을 다지기 위해서 샥스와 싱어는 또 다른 방법을 고안해냈다. 일군의 학생들에게는 과거에 있었던 행복했던 일을 생각해보도록 요청하고, 다른 그룹의 학생들에게는 불행했던 사건을 생각하도록 했다. 그랬더니 연기자를 투입한 실험과 똑같은 결과가 산출되었다. 두 그룹의 학생들의 몸에서는 심장박동이 빨라지고 혈관이 수축되는 일련의 변화가 발생하였다. 그렇지만 몸의 변화에 대한 학생들의 체감은 극과 극을 달렸다. 아드레날린은 똑같이 급격한 몸의 변화를 야기했다. 그렇지만 당시의 생각과 환경에 따라서 학생들은 행복하게 느끼기도 하고 불행하게 느끼기도 하였다.

이번에는 문학작품에서 하나의 예를 가져오기로 하자. 조지 오웰은 젊은 시절 동전 한 푼 없이 파리와 런던을 부랑아처럼 전전했는데, 그러한 가난의 경험을 자전적인 소설《파리와 런던의 따라지 인생》에 담았다. 이 책에 다음과 같은 구절이 있다. "돈을 적게 가질수록 걱정도 덜 하게 된다. 모두 합쳐 100프랑밖에 없을 때는 가장 소심한 겁쟁이, 그러나 3프랑만 있으면 아주 무심해진다. 바닥에 왔다는 생각이 들면 쾌감 비슷한 감정을 느낀다." 100프랑의 돈이 있거나 없다는 사실을 의식하는 순간에 몸에 이러저러한 변화가 일어난다. 호주머니가 푸짐하면 일류 호텔에 숙박하면서 최고급 음식과 와인을 즐길 수 있다는 행복한 기대감이 부풀어 오를 것이다. 그런 생각이 떠오르면 행복 호르몬 세로토닌과 보상 호르몬 도파민도 흥건하게 분비되기 시작할 것이다. 그런데 오웰은 한 푼 없는 신세이지 않은가. 그런데도 쾌감 비슷한 감정을 느끼고 있다. 그의 기쁨과 고통은 돈의 분량과 비례하는 관계에 있어야 했다. 그렇지만 고통이 예상되는 최악의 상황에서 그는 거꾸로 기쁨을 느꼈다. 이러한 감정 변화를 이해하지 못하는 사람도 분명 있을 것이다. 혹은 그 이유를 '러너스 하이(runner's high)'를 통해서 설명하고픈 유혹을 느낄 수도 있다. 격렬한 통증을 느끼거나 극심한 스트레스를 받으면 방어기제로서 마약과 같은 엔돌핀이 뇌하수체에서 분비되는 것이다. 그렇지만 이러한 생리학으로 오웰의 감정이 설명되지는 않는다. 그는 지긋지긋한 돈의 압박과 구속으로부터 완벽하게 해방되었다는 생각에, 즉 해방감의 느낌에서 큰 기쁨을 찾았던 것이다. 그것은 오웰이기 때문에 가능한 일이었다. 만약 탐욕스럽거나 소심한 사람이었다면 죽고 싶은 생각이 들만큼 궁핍의 서러움을 느꼈을 것이다.

논의를 정리하기로 하자. 감정과 느낌은 외부에서 주어지는 자극에 대한 몸의 변화이다. 책상을 두드리면 둔탁한 소리가 나고, 와인 잔을 두드리면 상쾌한 소리가 난다. 그렇지만 같은 잔이라도 와인이 가득 찬 잔과 모래가 가득 들어 있는 잔, 그리고 빈 잔의 소리는 제각기 다르다. 잔에 들어 있는 내용물의 종류와 분량에 따라서 음향과 음색, 음질이 달라지는 것이다. 이와 같이 외부의 자극은 몸에 크고 작은 다양한 변화를 일으킨다. 심장이 빠르게 뛰고 혈압이 상승하고 호흡이 가빠지는 변화가 발생하는 것이다. 그것이 긍정적인 느낌일까, 아니면 부정적인 느낌일까? 스피노자는 삶의 유지에 도움이 되는 에너지(코나투스[2])의 증가를 기쁨, 그러한 에너지를 감소시키는 몸의 변화를 슬픔이라고 정의하

---

2 conatus. '노력하다'라는 뜻을 가진 동사 'cōnor'에서 파생된 말이다. 노력, 충동, 경향 등의 의미로 스스로를 발전시키려고 하는 경향성을 가리킨다. 아리스토텔레스학파와 스토아학파에 의해 발전된 이 개념은 스피노자에 의해 인간을 비롯한 신이 아닌 모든 사물이 양태로서의 존재를 보존하기 위한 노력을 지칭하는 개념이 되었다.

였다. 그렇지만 똑같은 자극에 대해서도 사람마다 각기 다른 감정을 느낀다. 슬픔인가? 기쁨인가? 자극 자체는 아무 것도 말해주지 않는다. 스트레스라는 용어를 처음으로 제안한 캐나다의 생화학자 한스 셀리에(Hans Selye)는 '변화를 요구하는 몸의 불특정 반응(the non-specific response of the body to any demand for change)'으로 스트레스를 정의했다. 여기에서도 중요한 것은, 스트레스 자체가 우리의 느낌을 결정해주지는 않는다는 사실이다. 스트레스를 받으면 좌절하는 사람이 있는가 하면 더욱 큰 의욕과 용기를 느끼는 사람도 있다. 똑같은 스트레스가 전자에게 나쁜 스트레스(distress)가 되고, 후자에게는 좋은 스트레스(eustress)가 되는 것이다. 느낌은 해석의 결과이다.

알파고와 현대사회의 감정 문제

왜 현대사회에서 감정이 문제가 되었을까? 학문의 세계에서도 문화적 전환이나 윤리학적 전환에 뒤이어서 '감정적 전환'이라는 신조어가 등장했다. 강준만은 《인문학은 언어에서 태어났다》의 한 항의 제목을 "왜 감정이 유행일까?"로 정했다. 서점에서 '감정'을 키워드로 검색하면 1000여 종의 도서가 나타난다.

'감정적 전환'이 도래되기 훨씬 이전에도 우리는 '감정'이라는 말을 입에 달고 살았다. '몸'과 마찬가지로 '감정'이라는 말만큼 일상적인 말도 드물 것이다. 그러나 일상에서 '감정'의 사용 빈도수가 높다고 해서 그것이 자동적으로 담론적 화두가 되지는 않는다. 그것이 사회적인 아젠다가 되지 않으면 본격적인 논의도 시작되지 않는다. 너무 자주 반복되어 식상해진 'ㅇㅇ의 위기'라는 표현의 후렴구로 '감정의 위기'가 도래했다고 보아도 좋다. 19세기 말에 인류학이 새로운 학문으로 부상했던 이유는, 지구상에서 원주민이 사라지고 있다는 징후가 포착되었기 때문이었다. 감정의 위기도 마찬가지가 아닐까?

감정적 전환이 발생한 이유 중 하나는 인공지능의 발전에서 찾을 수 있다. 2016년 3월에 알파고와 이세돌이 다섯 회에 걸쳐 바둑 대결을 펼쳤다는 사실을 우리는 잘 알고 있다. 알파고가 4승 1패로 승리를 거두었다. 이 사건이 충격적이었던 이유가 무엇이었을까? 그것은 이성적 존재(호모 사피엔스)로서 인간의 파탄과 패배를 TV를 통해서 두 눈으로 똑똑히 지켜보았기 때문이다. 계몽주의 이후로 동물과 인간을 구별하는 절대적 기준은 이성, 즉 사유 활동이었다. 그런데 인간이 기계에 패배한 것이다. 인공지능이 이성을 대체할 수 있을 뿐 아니라 훨씬 더 효율적이며 우수하다는 사실에 시청자는 경악하였다.

그렇지만 경악한 시청자들의 반응이 더욱 경악스러웠다고 해야 하지 않았을까. 인공지능의 눈부신 발전에 관심을 가진 사람이라면 충분히 예상할 수 있는 일이었다. IBM의 슈퍼컴퓨터 딥블루(Deep Blue)는 세계 체스 챔피언 가리 카스파로프(Garry Kasparov)를 1997년 이후 12년간이나 내리 연속으로 이겼다. 모든 가능한 경우의 수를 미리 읽고 계산할 수 있는 능력에서 인간은 인공지능을 따라갈 수 없다. 이것이 가능한 이유는 컴퓨터가 인간의 생각과 언어를 정보화할 수 있는 능력에 있다. 생각해보라. 인간의 사유가 신비한 무엇이 아니라 정보 처리 장치인 것이다. 이미 반세기 전에 인공지능의 창시자인 한스 모라벡(Hans Moravec)은 컴퓨터로 인간의 의식을 다운로드받을 수 있다고 주장하였다. 생각이 정보 처리 장치라면 충분히 가능한 일이다.

그런데 컴퓨터의 이 놀라운 능력에도 반전이 있다. 의식의 다운로드를 예언했던 모라벡은 이른바 '모라벡의 역설(Moravec's Paradox)'이라는 것을 내놓았다. "[인간에게] 어려운 일은 [컴퓨터에게] 쉽고, [인간에게] 쉬운 일은 [컴퓨터에게] 어렵다"라는 주장이 그것이다. 컴퓨터는 고차원적 연산을 눈 깜짝할 사이에 해치울 수 있지만, 책상 위의 연필을 잡는 일처럼 어린아이도 할 수 있는 아주 쉬운 일은 할 수가 없다. 두뇌 작업이 아니라 생명 유지를 위한 가장 기본적인 활동, 즉 밥을 먹고 옷을 입고 걷는 것과 같이 몸된(embodied) 활동에서 인공지능은 아직 인간, 아니 동물의 발뒤꿈치에도 따라오지 못하고 있다. 간단히 말해서 인간의 몸은 정보화되지 않는다. 몸은 정보 처리 장치가 아니라 생존과 적응의 장치라고 해야 옳다. 이 점에서 모라벡의 역설은 다음과 같이 풀이될 수 있다. 인간은 생각하는 동물이기 때문이 아니라, 몸을 가진 동물이기 때문에 인공지능보다 우월하다. 엄밀하게 말해서 우월한 것이 아니라 다르다고 해야 옳다. 이때 몸의 움직임, 즉 몸의 변화가 감정임은 두말할 나위가 없다.

인공지능은 몸의 관점에서 인간을 이해하고 재정의해야 할 필요성을 안겨주었다. "생각이 있는 곳에 나는 없고 생각이 없는 곳에 내가 있다"라는 라캉의 유명한 명제도 이러한 맥락에서 이해할 수 있다. 나의 몸에 일어나는 변화(감정)가 생각에 입력되는 순간은, 어찌 보면 0과 1의 조합으로서 정보로 전환되는 순간이다. 내가 정보화되고 텍스트화되는 것이다. 그리고 그와 같이 정보화된 나에게는 희로애락의 감정이 존재하지 않는다. 기쁘고 슬픈 것이 아니라 기쁘고 슬프다는 정보만 있을 따름이다.

최근에 인공지능이 인간의 감정까지 넘볼 정도로 발전했다는 소식도 심심치 않게 들린다. 이러한 소식은 과거의 어느 때보다도 더욱 절실하고 절박하게 감정에 대해 숙고하도록 만든다. 구글은 2015년에 행복과 공포, 놀람, 당혹스러움 같은 감정을 인간과 주고받을 수 있는 로봇을 특허 신청했다. 폴 에크만이 말한 기본 감정은 물론이고 미세한 얼굴 표정 변화까지 읽을 수 있는 로봇도 개발되고 있다. 《사피엔스》의 저자 유발 하라리는 "얼굴 표정 읽기나 언어 선택 분석에서 이미 사람보다 인공지능이 훨씬 더 뛰어난 능력을 보여주고 있다"라고 주장했다. 그러한 주장은 과장이 아니다. 바둑계를 평정한 로봇이 이제는 포커판으로 진출하고 있다. 상대방의 포커페이스를 인간보다 더 잘 읽어낼 수 있다는 기대와 함께 말이다.

내가 인공지능을 빌어서 감정적 전환을 설명한 이유는 인간의 인간 됨이 마음이라기보다는 몸을 통해 표출된다는 것을 지적하기 위함이었다. 로봇을 묘사하는 전형적인 표현은 '감정이 없는 표정'이나 '딱딱하고 경직된 태도' 등이었다. 미끄러운 얼음판을 로봇처럼 딱딱하게 걸어가다가 넘어지는 연기, 사람의 로봇 흉내 내기는 몸 개그의 단골 메뉴이다. 인간은 왜 로봇처럼 넘어지지 않을까? 이 질문에 대한 답은 '몸의 지혜'였다. 얼음판을 지각하는 순간 생각에 앞서서 몸에 물리적·화학적 변화가 일어난다. 생각이 아니라 감정 기제가 경고음을 울리는 것이다. 대부분 인간의 즉각적 반응은 몸이 주체가 된다. 생수라고 생각하고 마셨는데 쓴맛을 느끼면 나도 모르게 그것을 본능적으로 토해낸다. 이때 행동

0장 감정

의 주체는 나의 의식이 아니라 몸이다. 내가 '알기' 이전에 몸이 이미 '알고' 있었다.

만약 감정이 없다면 어떻게 될까? 철학의 본질을 자유로운 삶에서 찾았던 스토아철학자들은 무감정(apatheia)을 최고의 미덕으로 보았다. 감정을 철저히 배제함으로써 "애련에 물들지 않고 희로에 움직이지 않는" 완벽한 이성적 존재가 되기를 원했던 것이다. 철학자라면 칼에 찔리고 다리가 부러져도 고함을 지르지 않아야 한다.《남영동》에서 김근태는 남영동에서 고문을 당하던 당시 고통을 견디지 못해서 자신이 짐승처럼 울부짖었다는 사실을 회상하면서 굴욕감을 느껴야 했다. 만약 그가 무감정의 경지에 달했다면 그와 같이 극심한 고통 속에서도 평온한 자세를 잃지 않았을 것이다. 그런데 무감정의 이상이 과연 바람직한가? 로봇만큼 '희로에 움직이지 않는' 존재가 세상에 또 있을까.《오이디푸스왕》이나《로미오와 줄리엣》과 같은 비극을 읽으면서도 슬픔을 느끼지 않는다면? 우리는 자폐증 환자에게는 그러한 사회적 감정이 없다는 사실을 잘 알고 있다. 영화 〈레인 맨〉(1988)의 주인공 레이먼드는《로미오와 줄리엣》을 읽으면 텍스트를 송두리째 암기해버린다. 그렇지만 아무런 감정을 느끼지 못한다. 로미오와 줄리엣이 사랑을 이루지 못하고서 안타깝게 자살해야 하는 장면에서도 슬픔을 느끼지 않는다. 독약을 먹으면 죽는 것이 당연하기 때문에 슬퍼할 이유가 없다는 것이다.

슬픔이나 기쁨의 감정이 없는 사람은 타인의 기쁨과 슬픔에도 공감하지 못한다. 억울한 일을 당해보지 않은 사람은 약자의 슬픔을 이해하지 못한다. 물론 슬픔과 기쁨이 무엇인지 알지 못하는 것이 스토아철학자가 추구했던 이상은 아니었다. 슬픔을 개념적으로 아는 지식과 슬픔을 느끼는 감정은 동일하지 않다. 스토아철학은 감정을 배제한 인식의 경지를 추구하였다. 그런데 슬픔과 기쁨의 감정을 느끼지 못하는데도 양자의 개념적 차이가 유지될 수 있을까? 그러한 감정을 야기하는 몸의 변화가 없다면 슬픔과 기쁨은 물론이고 절망과 희망, 아름다움과 추함과 같은 개념도 의미를 상실하게 되지 않을까?[3] 《데카르트의 오류》에서 안토니오 다마지오는 무감정의 환자들은 옳고 그름의 차이에 대해 이론적으로 따지기는 하지만 어느 것이 옳다는 판단을 하지 못한다는 사실을 증명하였다. 감정이 없으면 옳고 그름을 분별하고 판단하지도 못하는 것이다.

이성과 마찬가지로 감정도 하나의 자질이며 능력이다. 스피노자적 의미의 코나투스가 증가하면 할수록 감정의 강도도 더 커진다. 이성과 감정, 마음과 몸, 생각과 느낌은 데카르트가 주장하였듯이 서로 분리된 실체가 아니다. 양자는 끊임없이 상호작용하는 관계에 있다. 이성과 감정이 서로 어긋나지 않으면 이성적 감정, 혹은 감정적 이성이 된다. 이때 우리는 아무런 마음의 거리낌이나 죄책감이 없이 자유롭고 자발적이며 유쾌하게 행동할 수 있다. 반대의 경우도 가능하다. 옳지 않다고 생각하면서도 그 길로 가고 있는 사람은 욕망의 유혹에 굴복하고 감각의 노예가 된다. 가는 것이 아니라 끌려가는 것이다. 성경의 《잠언》에 다음과 같은 구절이 있다. "그가 선뜻 그 [유혹하는] 여자 뒤를 따라가는데 도살

---

3 앤드로스는 무슨 일이 일어나도 아무 감정을 느끼지 못합니다. 자기만의 은둔의 세계에서는 짐승이나 파리를 죽이는 것과 자기 어머니를 죽이는 것이 마찬가지로 보이는 겁니다.(트루먼 카포트, 《인 콜드 블러드》, 박현주 옮김, 시공사, 2013, 486쪽) ; 나는 그 일에 아무 감정도 못 느껴. 나도 내가 뭔가 느꼈으면 좋겠어. 하지만 그 일에 대해서는 조금도 심란하지 않아. 그 일이 일어난 후 반 시간쯤 지나니까 딕은 농담을 해댔고 나는 웃었지.(위의 책, 448쪽)

장에 끌려가는 소와 같고 벌 받으러 쇠사슬에 묶여 가는 미련한 자와 같다." 소크라테스 이후로 철학자들이 격정을 경계했던 이유도 그것의 수동성에 있었다. 자석에 끌려가는 쇠붙이처럼 외부의 자극과 유혹에 이끌리는 것이다. 예수의 수난(passion)이라는 말도 있지만 감정은 곧 정념(passion)이다. 그것은 '고통을 겪다'나 '견디다'를 뜻하는 라틴어 'pati'에서 유래하였다. 고통처럼 선택의 여지가 있다면 극구 피하고 싶지만 달리 방법이 없어서 마지못해 겪어야 하는 불행이 정념이다. 이 점에서 최악의 고통은 죽음이다. 죽음만큼 커다란 몸의 변화가 어디에 있겠는가.

외부 자극에 의한 몸의 변화가 감정이라면 원칙적으로 자유로운 감정은 있을 수 없다. 나의 소망이나 의지와 상관없이 외부로부터 자극이 '폭력적으로' 주어지기 때문이다. 불시에 더위가 찾아와 땀을 흘리게 만들고, 불시에 찬바람과 추위가 옷깃을 여미게 한다. 고통, 절망, 공포와 같이 극심한 감정도 아닌 밤중에 홍두깨라고 예기치 않은 순간에 갑자기 몰아닥친다. 자빠져도 코가 깨진다는 말이 있지 않은가.

감정을 표출하지 않으면 병이 되는가?

이러저러한 압력이 몸의 변화를 초래한다. 더위와 추위 같은 자연의 압력은 몸에 변화를 가져온다. 땀이 나기도 하고 소름이 돋기도 한다. 이전까지 최적의 상태에 있던 몸의 균형이 망가지면서 다시 균형을 회복하기 위해 그러한 몸의 변화가 발생하는 것이다. 자연만이 아니라 사회도 그러한 압력을 가할 수가 있다. 실직과 이혼, 극심한 빈곤과 같은 사회적 충격이 오면 멀쩡했던 사람들도 쉽게 무너진다. 사회가 원인이 되어 생기는 감정이 사회적 감정이다. 사회적 감정이란 무엇일까? 폴 에크만은 동물과 인간에게 공통적으로 기쁨과 슬픔, 공포, 분노, 놀람, 혐오라는 여섯 가지 기본 감정이 있다고 말했다. 사회적 감정은 이러한 기본 감정보다 훨씬 다채롭고 미묘하며 복잡하다. 길을 가고 있는데 갑작스레 투견이 달려들면 우리는 공포와 놀람, 고통의 감정에 사로잡힌다. 그런데 주인이 말리기는커녕 팔짱을 끼고 재미있다는 듯이 지켜보고 있다는 사실을 깨닫게 되면 거기에는 수치감, 억울함, 당혹감, 적대감과 같은 사회적 감정들이 추가되기 시작한다. 옳고 그름, 정의와 불의 같은 도덕적 기준이 개입하면서 감정의 지형이 바뀌는 것이다. 과도한 세금이나 교통신호 위반으로 인한 불이익, 뉴스에서 접하는 권력의 횡포와 공권 남용 등의 사건도 사회적 압력이다.

사회적 압력이 없는 인간관계는 존재하지 않는다. 긍정적이거나 부정적으로 압력 방향의 차이가 있을 따름이다. 만나지 않으면 섭섭했던 친구와의 관계도 반목이 생기면 그의 전화 소리마저 부담스러워진다. 쾌적한 산책을 하다가도 피곤해지면 몸이 무거워지듯이 관계가 가하는 중압감도 있다. 관계하는 사람들이 많으면 많을수록 부담감의 몸집도 덩달아서 커지기 시작한다. 현대사회에서 쿨한 태도가 요구되는 이유도 여기에 있다. 쿨한 사람들은 그러한 관계의 풍랑에 잘 휘둘리지 않기 때문이다. 즉 상처를 덜 받는 것이다.

사회의 규모가 커지고 복잡해질수록, 그리고 문명이 발달할수록 사회가 가하는 압력은 증가하기 시작한다. 작은 규모의 원시사회에서 걱정할 필요가 없었던 새로운 변수들이 생겨나기 때문이다. 법이 그러하고, 경찰과 공무원이 그러하고, 시험이나 면허증과 같은 온갖 종류의 제도가 그러하다. 무언의 압력이 사방팔방에서 가해지는 것이다. 《문명 속의 불만》에서 대도시의 현대인을 작은 규모의 원주민 사회와 비교했던 프로이트는 양자의 차이를 투사(projection)와 투입(introjection)으로 설명하였다. 기분이 상하면 원시인은 길가의 돌멩이나 강아지를 발로 걷어차는 등 공격적 행위를 통해 화를 풀었다. 상한 음식을 토하듯이 부정적 감정을 밖으로 내던지는 것이다. 그 결과 사소한 일에도 시비와 다툼, 싸움이 일어났고, 정도가 심해지면 살인과 복수극으로 변해갔다. 내가 화가 났다면, 원인 제공자는 내가 아니라 타자로 간주되었던 것이다. 그러나 사회가 점차 제도화·문명화되는 과정을 거치면서 개인의 공격적 충동에 제동이 걸리기 시작했다. 모든 사람을 모든 사람의 적으로 돌릴 수 있는 위험천만한 공격성이 되었다. 평화로운 공존을 위해서 철저하게 억압되지 않으면 안 되었다. 그런데 문제는 문명화된 사회에 살고 있다고 해서 그러한 비사회적 충동이 약화되거나 사라지지도 않는다는 점에 있다. 프로이트에 따르면 인간의 감정에도 에너지 보존의 법칙, 혹은 풍선 효과가 작용하고 있다. 밖으로 분출되지 못한 에너지는 안으로라도 표출되어야 한다. 공격할 대상을 외부에서 찾지 못한 에너지는 방향을 돌려서 나의 내부를 공격하기 시작한다. 처벌과 비난, 공격의 대상은 외부가 아니라 나의 내부가 되는 것이다. 타자를 향한 에너지가 자신을 공격하는 에너지로 전환된 것이 죄책감이다. 이제 나쁜 것은 타자가 아니라 자기 자신이 된다.

억압과 죄책감은 문명화된 사회의 심리적 특징이다. 감정의 절제와 자제가 가장 중요한 미덕으로 간주되는 것이다. 이러한 관점에서 아킬레스와 같은 고대의 영웅들은 전쟁과 피의 축제를 즐기는 야만인처럼 보인다. 아킬레스의 감정은 아리스토텔레스가 권장했던 중용이 아니라, 규모와 강도에서 극과 극을 오갔다. 자만심과 명예욕이 강하고 무모하며 통이 큰 전사들에게 절제는 소인배의 미덕에 지나지 않는다. 호이징가가《중세의 가을》에서 잘 묘사하였듯이 그들은 술을 마셔도 적당히가 아니라 말술을 마셔야 직성이 풀린다. 박완서의《미망》에 등장하는 "통이 크고 성격도 호탕해서 선배를 대접하는 데 과하다 싶을 만큼 질탕하게 굴었"던 윤성규도 전근대적 인물의 전형이다. 이와 같이 겁 없이 감정에 탐닉했던 전근대의 에토스에 비하면 현대인은 지나칠 정도로 타자를 의식하며 감정을 절제한다. 무모한 용기보다는 비겁이, 명예욕보다는 실리가, 파렴치함보다는 부끄러움이, 잔인함보다는 수치심이, 호탕함보다는 분별력이, 이와 같은 감정의 축소 지향주의가 현대인의 일반적인 정서이다. 이러한 변화에는 과거에 본인이 나서서 해결해야 했던 복수를 공권력이 대신하게 된 것도 한 몫을 하고 있다. 그렇지만 CCTV와 같은 사회적 통제와 감시 장치의 영향력도 무시할 수 없다. 개인은 자기를 지켜보는 CCTV의 시선을 내면화하지 않으면 안 되는 것이다.

21세기인 현재는 탈근대의 시대이다. 그러나 근대의 특징이었던 자제와 죄책감의 미덕은 더욱 강화되는 대신에 약화되고 있다.《이데올로기의 종언》과《탈산업사회의 도래》의 저자인 다니엘 벨은 과거에 청교도적이며 근면성실을 좌우명으로 삼았던 미국 사회가 이제는 나르시시즘적이고 쾌락주의적인 사회로 변하고 있다고 진단하였다. 크리스토퍼 래시(Christopher Lasch)도《나르시시즘의 문화(The Culture of Narcissism)》에서 그러한 변화의 현장을 추적하였다. 그는 과거에 종교가 가졌던 권위가 무너지면서 이제는 개인적 힐링이 기승을 부리고 있다고 주장하였다. 중요한 것은 예수나 부처, 인류가 아니라 개인이 되었다. 종교도 개인적 힐링을 위한 문화 상품이 되었다. 템플 스테이의 유행이 한 예이다. 또 중세에 신과 가까워지기 위해서 고난의 행군을 했던 스페인의 산티아고 순례자의 길은 이제 현대인의 잃어버린 자아를 회복하기 위한 관광 코스가 되었다. 사회적 통합과 유대를 위해 필요했던 과거의 윤리적·종교적 규범이 더 이상 작동하지 않는 것이다. 그러면서 '우리'의 명분을 위해 억압되었던 '나'의 욕망과 감정이 소리를 높이기 시작하였다. "참아라!"가 아니라 "즐겨라!"가 새로운 시대의 구호이다.[4] 옳고 그름의 기준이 아니라 좋고 싫음의 감정이 우리는 지배하는 것이다. "쾌락주의적 전환"이 일어난 것이다.

　이러한 쾌락주의적 전환은 대타자의 죽음과 직결되어 있다. 이것을 가장 잘 보여주는 사회적 현상의 하나가 위선의 감소, 죄책감과 죄의식의 점진적 약화이다. 위선이란 무엇인가? 위선은 악인이 선한 사람에게 바치는 세금이라는 말이 있다. 선과 악의 기준이 사회적으로 분명하고 선한 사람이 환영을 받는 사회라면 그렇지 못한 개인도 선한 외양을 유지하려고 한다. 위선자가 많다면 그만큼 선의 아우라가 빛을 발하고 있다는 반증이다. 존 파울즈의 《마법사》 중 한 대목을 보자. "그 섬에 어떤 여자가 있고, 당신은 그 여자와 자고 싶어 해. 그게 다야. 하지만 물론 그것은 지저분하고 천해. 그래서 치장하고 있지. 늘 그러듯. 자신은 순진해

4　빅토리아시대나 청교도 윤리와 달리 20세기에 고등학생들은 적극적 성 활동을 하라는 압력에 시달린다.(Mary Pipher, *Reviving Ophelia*, New York: Puntum Adult, 1994)

서 경험을 쌓아야 하는 위대한 지식인인 것처럼 치장하는 거야." 이 인용문은 현대인이 아니라 근대인에 해당하는 것이라고 봐야 한다. 성적 쾌락이 더 이상 터부시되지 않는 사회에서는 그러한 위선의 치장이 필요하지 않다. 우리는 성 해방이 전 유럽을 휩쓸었던 1960년대 이후로 성적 수치심이나 죄의식이 자취를 감추게 되었다는 사실을 잘 알고 있다. 하룻밤 잠자리가 오락이나 게임처럼 사소하고 일상적인 사건이 되었다. 이러한 사회에서는 위선보다 위악이 더욱 지배적이 된다. 착하다는 것은 고지식하고 따분하다는 말과 동의어가 되었으며 "약간 모자라거나 별 재미없는 성향으로 여겨지고, 남의 마음을 거의 사지 못한다. 반면에 영악하다든가 앙큼한 것이 매력적인 것이 돼버렸다. 남을 매혹하기 위해서는 독하고 모질든지, 흉악하든지, 양심을 어기고 도덕률에서 벗어나야 한다."[5] 2001년 〈조선일보〉에 실린 사설의 한 대목이다. 이 글의 필자가 알고 있었는지 모르겠지만, 사실 이러한 주장은 이미 20세기 초에 막스 베버가 현대사회의 특징으로 지목했던 도덕의 심미적 전환이라는 명제와 궤도를 같이하고 있다. 그는 현대사회를 심미적 사회로 규정하였다.[6]

심미적 세계관은 건강과 웰빙을 우선시하는 현대인의 감성과 맞닿아 있다. 참고 견디면 복이 온다는 옛말이나 "여호와를 경외하면 장수하느니라. 그러나 악인의 수명은 짧아지느니라"[7]와 같은 경구는 이미 오래전에 효력을 잃었다. 이 구절을 제2차 세계대전 때 전폭기 조종사로 활

5 이청해, 「이런 위악자들…」, 〈조선일보〉, 2001. 5. 19.
6 Max Weber, "Religious Rejections of the World and Their Directions", *From Max Weber: Essays in Sociology*, Hans H. Gerth(trans. & ed.), Abingdon: Psychology Press, 1991.
7 《잠언》 10:27

약했던 클라우드 이덜리(Claude Eatherly)와 비교해보기로 하자. 그는 자기가 투하한 원자폭탄이 수많은 사람들의 목숨을 앗아갔다는 사실에 괴로워하면서, 평생 죄의식을 안고 살았다. 여기에서 내가 말하고자 하는 것은, 그러한 죄의식의 결과로 암이 발병하였다는 사실이다. 만약에 그가 과거를 말끔하게 잊고 유쾌하게 살았더라면 암에 걸리지 않고 장수했을 수도 있다. 암의 주요 원인이 스트레스라는 것은 현대인에게 상식이다. 전폭기 조종사는 죄의식의 과부하로 암에 걸렸던 것이다. "분노, 욕망, 두려움, 근심, 슬픔, 후회, 무기력, 절망, 죄책감, 비난, 굴욕감, 수치심 등의 부정적 정서가"[8] 암을 유발하고 또 악화시키기 때문이다. 이와 같은 부정적 감정은, 그것이 없었다면 조용히 잠자고 있었을 암세포를 두드려 깨워서 활동하게 만든다. 스트레스는 건강의 적인 만큼, 건강하고 행복하기 위해서는 어떻게든 부정적 정서가 내면에 쌓이지 않도록 관리를 철저히 해야 한다. 죄책감이나 후회 등의 감정이 생기면 그것이 내면으로 가라앉기 전에 재빨리 외부로 표출해야 하는 것이다. "감정을 상했으면 말로라도 푸는 게 좋아. 분노와 고통을 혼자서 꾹꾹 눌러 참으면 건강에 좋지 않아. 하지만 말만으로는 상처를 완전하게 치유할 수 없어."[9] 건강하게 살기 위해서는 혼자 삭힐 것이 아니라 감정을 상하게 한 사람에게 되갚음을 해야 한다는 것이다.

사회의 의료화라는 용어는 더 이상 우리에게 낯설지 않지만 '감정의 의료화' 현상은 별 주목을 받지 못했다. 19세기까지도 질병에 대한 가장

---

8 문형철, 「악성 종양 암의 호전은?」, 〈광주드림〉, 2016. 8. 29.
9 더글라스 케네디, 《파리 5구의 여인》, 조동섭 옮김, 밝은세상, 2012, 228~229쪽.

효율적인 치료법의 하나는 방혈이었다. 거머리를 몸에 붙여 피를 빨아먹도록 하는 치료법이 유행한 것이다. 그런데 스트레스라는 용어가 등장하면서 질병을 예방하기 위한 방법의 하나로 감정 표출이 각광을 받기 시작하였다. 표출하지 않으면 병이 된다는 것이다. 영화 〈파이트 클럽〉(1999)은 분노를 삭히려 들지 말고 주위에 있는 누구에게라도 주먹을 날리라고 조언한다. 그럴 용기가 없으면 영화 〈성질 죽이기〉(2003)의 주인공처럼 감정 관리 치료라도 받아야 한다. 그대로 놔둬서 화가 점점 쌓이면 처음에는 위장에 탈이 나고, 그러다가 독이 되고 병이 되며 나중에는 악성 종양으로 발전하는 것이다. 정찬의 단편 〈은빛 동전〉에서 주인공의 어머니는 가난한 살림에 시어머니를 모시고 열 식구를 먹여 살리기 위해 악착스레 돈을 벌지만, 자신을 위해서는 한 푼도 쓰지 않는다. 그러던 어느 날 어머니가 대오각성한다. "죽으면 그만인데 이래 살면 뭐하겠노"라면서 아들을 데리고 중국집에 가서 탕수육을 시키는 것이다. 지금까지 서러워도 참기만 했던 시어머니의 구박에 이제 정면으로 맞서기도 한다. 그렇지만 애석하게도 너무나 시기가 늦었다. 암으로 인해 시한부 선고를 받았기 때문이다.

현대사회에서 과거보다 감정이 더욱 문제시되는 이유는 감정의 의료화에 있다.《문명 속의 불만》에서 프로이트가 전개했던 주장도 의학에 토대를 두고 있었다. 그러나 이제 그의 주장은 의학적인 이유로 효력을 상실했다. 그는 개인이 충동을 억제하는 대가를 치르지 않으면 문명화가 불가능하다고 주장했다. 사회는 문명의 이름으로 개인에게 히스테리나 강박증을 앓도록 요구하는 것이다. 그렇지만 문명화된 현대인은 자신의 충동을 억압하기를 원치 않는다. 사회에서 발생한 악에 대해 개인적으로 책임을 느끼지도 않는다. 그 결과는 문명화된 야만인의 출현이다. 돌멩이를 발로 차는 원시인처럼 내면의 분노를 외부로 투사하는 것이다. 나쁜 것은 내가 아니라 타자이다. 그러한 투사의 논리가 작용하지 않았다면 아우슈비츠도 없었을 것이다. 제2차 세계대전 당시 독일인들은 자신의 불행의 원인이 유태인에게 있다고 느꼈다. 문명국가로서 자부심을 가지고 있었던 독일로서는 있을 수가 없는 일이 현실화되었던 것이다. 우리는 이 불가능한 사건을 설명하기 위해서 노베르트 엘리아스는 《독일인에 관한 연구(Studien über die Deutschen)》를, 한나 아렌트는 《예루살렘의 아이히만》을 집필했다는 사실을 잘 알고 있다.

우리 사회의 감정 지형

그렇다면 우리나라의 감정 지형은 어떠한가? 혹시 지금 우리 사회가 제2차 세계대전 당시의 독일을 닮아가고 있지는 않은가? 레이먼드 윌리엄스는 "특정 집단이 공유하는 특정 시기의 사회적 느낌"을 '감정 구조(structure of feeling)'라고 정의하였다. 우리나라의 감정 구조를 파악하기 위해서는 최근에 우리에게 엄청난 타격을 가했던 사건들이 무엇이 있었는지 되새겨봐야 한다. 이루 다 열거할 수가 없을 정도로 많지만 최근에 가장 충격적인 사건이 세월호 참사였다는 것을 부인할 사람은 아무도 없을 것이다. 그것은 우리가 믿고 의지했던 삶의 기반을 완벽하게 파괴하는 청천벽력이었다. 온 국민이 애도와 비탄, 우울증, 절망, 분노 등이 복합적으로 뒤엉킨 감정의 혼란에서 아직 벗어나지 못하고 있다.

2011년에는 구제역이 전국으로 확산되면서 가축 330만 마리를 살처분하였다. 이후로도 간헐적으로 행해진 살처분은 먹지 않으면 살 수 없는 삶의 기본 조건 자체를 송두리째 뒤흔들어놓았다. 2016년에 있었던 알파고와 이세돌의 바둑 대결은 기계가 인간을 앞지를 수 있다는, 아니 인간이 기계의 노예로 전락할 수도 있다는 무시무시한 미래를 생각하도록 만들었다. 그러나 무엇보다도 1997년 외환 위기가 점화한 경제적 위기가 계속해서 심화되고 있다는 사실이 가장 절박하게 우리의 피부에 와 닿는 사건일 것이다. 경기 침체와 노동시장의 유연화, 치솟는 실업률, 비정규직의 증가, 무한 경쟁 등의 사회적 압력이 우리를 항구적으로 짓누르고 있다. 울리히 벡이 현대를 "불안 사회"로 규정하였지만 우리는 만성적 불안과 공포에서 헤어나지 못하고 있는 것이다. 오죽하면 '헬조선'이나 '혐오 사회'라는 용어가 등장하였겠는가.

외부에서 가해진 충격의 강도가 너무나 강해서 우리 몸이 이전의 균형과 항상성을 되찾지 못하는 사건을 '트라우마'라고 한다. 이때 항상성은 "생물체 또는 생물 시스템이 외적 및 내적인 여러 가지 변화 속에 놓여 있으면서도 형태적 상태, 생리적 상태를 안정된 범위로 유지하여 개체로서의 생존을 유지하는 성질"을 의미한다.[10] 항상성 유지에 실패하면 만성적 긴장 상태나 스트레스, 소화불량, 불면증, 학습 장애, 우울증, 자살 충동 등의 증상에 시달리게 된다. 그러한 위험이 감지되면 될수록 우리는 그러한 위험으로부터 벗어나기 위해서 더욱 강박적으로 자기 방어기제

---

[10] 뉴턴코리아 편집부, 《과학용어사전》, 아이뉴턴, 2010.

를 강화하기 시작한다. 공격에 대한 방어의 시스템이 작동하는 것이다.

지금 우리 사회에서 감정 코칭, 감정 관리, 감정 장애, 감정 소비, 감정 싸움, 분노 조절 장애, 감정 노동, 감정 처리, 감정 교육, 혐오 사회 같은 감정 문제들이 지각을 뚫고 분출하는 이유는, 과거와는 달리 감정을 억제해야 할 명분이 사라졌기 때문이다. 그것을 대타자(권위, 윤리, 종교, 전통)의 실종이라고 말해도 좋다. "참으면 복이 온다"라는 윤리적 명제가 "참으면 암이 된다"라는 의학적 명제로 전환되었다. "참으면 복이 온다"는 타자 중심적인 윤리이다. 타자를 때리느니 차라리 내가 맞는 게 낫다는 것이다. 왜 그래야 하는가? 타자의 뒤에 대타자가 버티고 있기 때문이다. 그런 대타자의 권위와 보증이 사라지는 순간에 나는 나르시시즘적 주체가 된다. 이제 무조건 잘못의 책임은 타자에 있다. 왜 여성 혐오인가? 여성에게 나의 기쁨을 빼앗기고 있다고 생각하기 때문이다. 왜 질투와 시기심이 만연하는가? 나보다 많이 가진 자가 내 불행의 원인이라고 생각하기 때문이다. 왜 점점 더 우리가 뻔뻔스러워지는 것일까? 수치심을 느끼는 순간, 내 잘못을 인정하는 순간에 루저가 된다고 생각하기 때문이다. 왜 진정한 사랑이 점점 불가능해지는 것일까? 자신의 욕망을 완전히 포기하지 못하기 때문이다.

열린 감정을 위하여

우리 사회에서 문제시되고 있는 감정들은 21세기 현대사회의 감정적 전환, 즉 억제와 죄책감의 문화로부터 쾌락과 나르시시즘 문화로의 전환과 맞물려 있다. 여기에 심화된 양극화, 세대 간 가치관의 대립과 갈등, 만연하는 부정과 비리 등의 요소들이, 그렇지 않아도 상처받기 쉬운 감정들을 끊임없이 자극하고 있다. '건드리면 폭발'할 사람들이 도처에 깔려 있는 것이다.

감정이란 몸의 변화이다. 우리 몸은 외부의 자극과 충격에 고스란히 노출되어 있다. 외부의 크고 작은 사건들이 우리 몸을 자극함으로써 감정이 유발되는 것이다. 이때 우리 몸은 수동적이다. 우리가 감정을 강요당하는 것이다. 그러나 모든 감정이 수동적이기만 한 것은 아니다. 능동적인 감정도 있다. 한쪽 뺨을 맞았는데 상대방에게 반격하지 않고서 다른 한쪽 뺨을 대준다고 하자. 이것은 자신의 감정의 주인이 되지 않으면 불가능하다. 감정의 하인이라면 자신을 가격한 상대방에게 반사 신경적으로 주먹을 날릴 것이다. 그러나 감정의 주인이라면 반사적으로 반응하지 않는다. 상대방에 대해 연민의 감정을 가질 수도 있다.

인간은 몸이 있기 때문에 상처받기 쉬운 취약한 존재, 외부의 영향과 간섭에 열려 있는 존재이다. 외부에 취약하기 때문에 우리는 대수롭지 않은 일에도 쉽게 상처를 받는다. 반대로 그와 같이 연약한 존재이기 때문에 약자의 아픔과 고통에도 그것이 마치 자신에게 일어난 일이라는 듯이 느끼고 안타까워할 수 있다. 무소불위의 권력을 가진 왕이라면 가난하고 힘없는 약자를 동정하기는커녕 오히려 경멸할 것이다. 한 번도 약자의 처지에 서본 적이 없기 때문이다. 이 점에서 취약한 존재라는 사실은 한편으로 저주이면서 다른 한편으로는 축복이다.

상처를 많이 받은 사람들은 자폐증적으로 되기 쉽다. 타인들과 부대끼면서 생기는 마찰과 갈등이 두려워서 밖으로 향한 문을 꼭꼭 닫아 잠

근다. 과거의 상처에 동티가 재발할까 봐 몸을 사리는 것이다. 사랑에 처참하게 실패한 사람들은 사랑이라는 말만 들어도 기겁을 한다. 지나치게 방어적이 되는 것이다. 사랑이 고통을 동반한다면, 차라리 혼자서 고독하게 지내는 것이 낫다고 생각한다. 이것이 현대인의 자화상이다. 타자를 향해 자신을 개방하고 열어놓는 것이 아니라 자신의 밀실로 숨어드는 것이다. 자신만의 고독한 공간에서라면 온갖 감정에 탐닉할 수 있다. 그러나 타자와 감정적으로 부대끼는 것은 달가워하지 않는다. 이 점에서 현대의 감정적 전환은 감정과 상처에 대한 두려움과 떼어놓을 수 없다. 공적일 수 있는 감정이 지극히 사적인 방향으로 치닫는 것이다.

감정이 자폐증적이 되면 동정이나 연민과 같이 타자와 공유하는 감정이 들어설 자리가 사라지게 된다. 외부를 향해 열린 감정의 통로를 막기에 급급한 것이다. 예를 들어 최근의 여성 혐오 현상은 정작 여성에 대한 것이라기보다는 혐오자의 자폐증적 감정에 가깝다고 본다. 최선의 방어는 공격이라고 하지 않았던가. 자신이 내민 손길을 상대방이 거부할지도 모른다는 두려움에 미리 싫다면서 손을 잡아 빼는 것이다. 거부를 당할 바에는 차라리 거부하는 것이 낫다고 생각하는 것이다.

감정 코칭과 감정 관리, 분노 조절 장애, 감정 처리, 감정 교육과 같은 현상들도 어찌 보면 여성 혐오의 생리와 크게 다르지 않다. 타자와 관계에서 비롯되는 갈등과 고통으로부터 자신을 보호하고 방어하려는 심리가 바탕에 깔려 있다. 그러한 방어기제가 가동되기 시작하면 우리가 고립된 존재가 아니라 타자를 향해 열려 있는 존재라는 너무나 자명한 사실을 잊기 쉽다.

존재의 문을 개방하면 개방할수록 우리는 더 넓은 세계에 노출되고,

그러면서 더 많은 삶을 산다. 그것이 언제나 더 많은 행복만을 보장하는 것은 아니다. 다른 사람이라면 피해 가는 희로애락의 폭풍우와 온몸으로 부대끼면서 망가질 수도 있다. 그러나 망가질지 모른다는 두려움에서 우리가 '필론의 돼지'가 될 수는 없다. 필론의 돼지는 다른 사람에게 도움을 주지도 받지도 않는다. 꿈쩍하지 않고 똬리를 틀고 있는 파충류처럼 자신의 존재의 후미진 밀실로 침잠하고 칩거할 따름이다. 유치환이 노래한 "아예 애련에 물들지 않고/ 희로에 움직이지 않고 (……) 두 쪽으로 깨뜨려져도/ 소리하지 않는 바위"는 삶이 아니라 죽음의 풍경이다. 다시 말하지만 감정은 몸의 변화이다. 혼자가 아니라 더불어서 발생하는 몸의 변화이다. 타자에게 나를 열어놓지 않으면 그러한 변화의 사건도 발생하지 않는다. 변화 없는 삶이 있다면, 그것은 타성이고 관성이며, 역사의 종말이다.

감정도 코칭이 되나요?

최하영

한국계 미국 작가들에 대한 논문으로 박사 학위를 받았다. 건국대학교 융합인
재학부에서 교육 전임 교수로 재직 중이며, 영어 글쓰기와 더불어 연설, 대법
원 판결, 대중음악 등을 통해 미국 사회 바라보기를 가르치고, 연구하고 있다.

현대의 죽어버린 감정, 탈감정

흔히 감정은 어떠한 요인이나 자극에 의해 자연스레 마음에서 솟아나는 것으로 이해되지만, 우리는 그에 못지않게 그 요인이나 자극이, 많은 경우 어떤 의도를 지니고, 우리의 감정을 특정한 방향으로 형성하거나 조종, 조작해낼 가능성이 있음을 알고 있다. 비근한 예로 티어저커(tear-jerker)라는 조롱조의 이름으로 불리는 최루성의 영화나 드라마는 맨송맨송하고 건조한 마음으로 앉아 있는 관객의 마음을 이런저런 비극—불치병, 죽음, 전쟁, 사회적 불합리, 범죄, 금기의 위반, 운명의 장난 등—을 뒤섞어, 어떻게든 붉어진 눈시울로 극장 문을 나서게 한다. 극장 문을 들어설 때부터 영화가 조종하는 감정의 롤러코스터에 기꺼이 마음을 내맡기고 울 작정이 되어 있던 사람이나, 굳건한 방어벽을 치고 있다가 '이래도 안 울래? 이래도 안 울래?' 하는 공격에 마침내 함락당해 한 줄기 멋쩍은 눈물을 흘린 사람이나, 관객들은 자신들이 흘린 눈물이 자발적이고 자연스러운 '진짜' 눈물, 혹은 '진정한' 슬픔, 분노, 공감, 동정과는 차이점이 있음을 알고 있다. 그들의 눈가를 적신 눈물은 자신들의 감정과 관련된다기보다, 영화의 완성도나 흥행과 관계있는 것이다. 그렇기에 영화가 끝난 후, 우리들은 흘린 눈물이 많았으면 많았을수록, 차오르는 슬픔을 견디기 어려웠을수록, 영화 속 주인공들을 불행하게 하는 상황에 분노를 느꼈을수록, 아직은 눈물을 흘리며 울 줄 아는 자신에게 안심하고, 티켓 값과 들인 시간이 아깝지 않았음을 확인하며, '영화 괜찮네'라는 '만족감'을 최종적으로 느끼게 된다.

그런데 사실 이러한 허구적인—드물지만 순수하게 허구적이거나 실화에 기초하더라도 허구적인 각색을 거친—작품을 보고 느끼는 '가짜' 눈물과 현실의 삶에서 자연스레 발현되는 '진짜' 눈물을 구별하기는 생각보다 쉽지 않다. 아니 거의 불가능하다고 해도 틀리지 않을 것이다. 세계 각지의 거의 모든 뉴스가 실시간 기사와 영상, 혹은 당사자들의 SNS로 생중계되는 현실에서, 바꾸어 말해 모든 것이 매체화, 이미지화될 때, 현실과 허구, 실재와 시뮬라크르(simulacre)의 구분은 사실상 무화(無化)된다. 예를 들어, 우리가 얼마 전 저녁을 먹으며 보았던 파리, 브뤼셀, 니스 등지에서의 테러 장면과 액션, 첩보 영화가 묘사하는 테러 장면은 어떻게 다르며, 어떤 다른 감정, 다른 대응을 초래하고 야기하는지 알 수 있는가? 텔레비전 뉴스에서 매일이다시피 나오는 교통사고 소식 꼭지 속의 처참하게 찌그러진 차체, 희생자의 찢겨진 옷가지와 신발, 핏자국, 블랙박스에 기록된 다급한 비명은 우리들의 마음에 재난 영화와 비교하여 얼마나 오래 남는 잔영을 남기는가? 그것은 순간적이고도 즉각적인 놀람과 경악과 충격을 일으키지만 나의 살, 또는 나와 가까운 살들이 찢겨나가는 경우가 아닌 한 내일의 또 다른 뉴스에 의해 잊혀지고, 보다 더 중요한 나의 '일상'이 지속되기 위해서 잊혀야만 한다.

이 글은 감정에 전통적으로 뒤따를 것으로 생각되었던 행위는 증발된 채, '감정' 그 자체로만 소비되는 조작된 감정에 대해 고찰해보기로 한다. 현대사회에 편만한 이러한 '가짜' 감정에 대해 '탈감정(postemotion)'이라는 명칭을 붙인《탈감정 사회》의 저자 스테판 G. 메스트로비치의 이론 틀을 따라 현대의 대표적인 감정 조작의 예들을 살펴보며, 이것에서 탈출하고자 하는 노력까지 '진정성 산업'에 의해 포섭되고 마는 현대인의 딜레마를 그려본다.

집합적, 대중적으로 선동, 조작되는 감정에 대해 이야기할 때, 우리는 흔히 독일 나치 시대와 아돌프 히틀러를 떠올린다. 그가 대단치 않은 배경을 지닌 극우 군소 정당—후에 나치가 되는 독일 노동자당—소속 정치가에서 출발하여 15년이 채 되지 않는 짧은 기간 동안에 수상과 대통령을 겸한 무소불위의 권력자가 될 수 있었던 이유로 흔히 대내적으로는 제1차 세계대전 이후 독일의 혼란한 정치, 경제, 사회 상황과 대외적으로는 히틀러를 제어하지 못했던 유럽 열강의 외교적 무능, 무력, 안이함 등이 제시된다. 그러나 그것과 더불어 대중을 열광과 흥분의 도가니로 몰고 갔던 히틀러의 탁월한 웅변술과 계산된 무대 연출을 들지 않을 수 없다. 영화 〈킹스 스피치〉(2010)에는 말더듬증으로 분투하는 영국 왕 조지 6세가 나치의 선전용 다큐멘터리에서 연설하는 히틀러를 보고 부러움과 한탄 섞인 경탄을 표현하는 장면이 나온다. 선왕 조지 5세가 충고하듯 실권이 없는 현대 입헌군주제의 왕은 상징적 존재로서, 연예인과 비슷한 역할을 수행하는 '마이크 앞에서 연기하는 광대'가 되어야 하는데, 국민에게 호소할 수 있는 연설 능력이 없다는 것은 거의 무용한 존재가 된다는 의미이다.

히틀러는 사람이 가장 감상적이 되는 저녁 어스름의 시간, 이른바 '개와 늑대의 시간(L'heure entre chien et loup)'에 지는 해를 자신의 뒤에 두고, 군중이 자신을 역광 속에서 바라보게 하여, 붉은 노을 속에서 자신이 실물보다 크게 느껴지도록 연출하였다. 〈신념의 승리(Der Sieg des Glaubens)〉(1933), 〈의지의 승리(Triumph des Willens)〉(1934)와 같은 나치의 선전 다큐멘터리를 감독한 레니 리펜슈탈(Leni Riefenstahl)은 그녀가 첫 목격한 히틀러의 연설 장면에서 "자신 앞의 땅이 갈라져 강력한 물줄기가 하늘까지 솟아오르고, 다시 그 물줄기가 떨어져 온 땅을 요동치게" 만드는 것과 같은 강력한 "묵시록적 비전"을 경험했다고 고백한다.[1] 리펜슈탈과 같은 강렬한 재능, 지성, 정신의 소유자가 그러할진대, 평균의 대중, 나아가 예민한 감성의 젊은이들에게 미쳤을 영향이 어떠했을지는 더 말할 나위도 없다. 홀로코스트 생존자와 함께 순회 강연을 다니며 십 대 시절 나치의 청소년 조직인 히틀러 유겐트(Hitler Jugend)에서 활동한 경험을 증언한 알폰스 헥(Alfons Heck)은 히틀러 연설의 충격을 좀 더 감정적인 어조로 묘사한다. "우리들은 거의 히스테리아에 가까운 민족주의적 자부심의 열광에 빠져들었다. 몇 분 동안 연속해서, 우리는 목청껏 '승리 만세, 승리 만세'를 외쳤으며, 눈물이 우리의 얼굴을 타고 흘러 내렸다. 그

---

1 Taylor Downing, *Olympia*, London: British Film Institute, 2012.

1장 감정 코칭

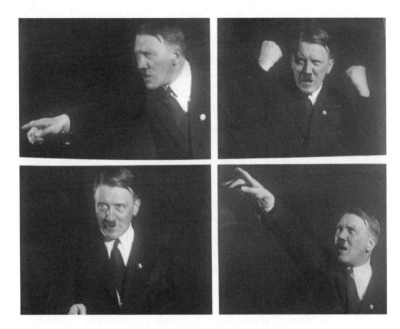

하인리히 호프만, 「연설 전 리허설 중인 히틀러」(1927) 연속 촬영 사진

순간부터 나의 몸과 마음은 아돌프 히틀러에게 속했다."[2] 이렇게 히틀러에게 사로잡힌 독일 국민들은 지척에서 벌어지는 유대인 이웃들의 고통에 대해 '모르는 채'로, 그를 자신들을 해하는 '늑대'가 아닌 충직한 '개', 즉 독일 제국에 옛날의 영광과 부활을 선사해줄 구세주로 믿었다.

히틀러의 선동이 가져온 감정 조작의 결과는 실로 끔찍한 것이고 다시는 되풀이되어서는 안 되겠지만, 메스트로비치가 분류하는 감정의 구

---

2 Alfons Heck, *A Child of Hitler: Germany in the Days when God Wore a Swastika*, Frederick: Renaissance House, 1985.

분법에 따른다면 이는 최소한 감정과 행동 사이에 연결고리가 존재한다는 점에서 죽어버린 감정은 아니다. 홀로코스트에 대해 알지 못했기 때문에 히틀러가 이끄는 감정 조작에 휘둘렸다는 것을 뒤집으면, '알기만 했다면' 결과가 달랐을 수도 있다는 인간과 공동체에 대한 희망적이고도 일견 순진한 믿음과 더불어, 그것을 지지하는 지식과 행위, 감정과 행위 사이에 존재한다고 여겨지는 인과관계가 드러난다. 토니 모리슨이 1993년 노벨 문학상 수상 연설에서 작가로서 언어에 대해 고찰하며 언어를 "부분적으로는 시스템, 부분적으로는 살아 있는 생명, 그러나 무엇보다도 어떤 결과를 초래하는 작인(作因)"[3]으로 여긴 것은 그러한 의미에서일 것이다. 모리슨은 생명력을 잃어버리고 죽어가면서도 "지성을 막고, 양심을 진창에 빠뜨리며, 인간 잠재력을 억압하는" 언어에 절망하면서도 반문하고, 비판하고, 지혜를 구하는 젊은 세대와 기성세대가 협동하여 이루어낼 언어의 소생에 대한 희망을 감추지 않는다.

그런데 메스트로비치가 '탈감정'이라 칭하는 "제조된 유사 감정"은 감정의 결과로서의 행위는 증발하고, '감정' 그 자체로만 소비될 수 있도록 편리하고 합리적으로 재단되고 포장되어 우리에게 제공된다. 탈감정이 범람하는 사회에서 '앎'은 어떤 '감정'을 불러일으키기는 하지만, 이 감정은 개인적 차원에서 소비될 뿐, 사회를 변혁할 '집합적 흥분(collective effervescence)'[4]이나 연대로 연결되는 일은 거의 없으며, 확대되고 증폭되

---

3 토니 모리슨의 1993년 노벨 문학상 수락 연설, 〈내 손 안의 새는 살아 있나, 죽어 있나?(Is the bird I am holding living or dead?)〉(https://www.nobelprize.org/nobel_prizes/literature/laureates/1993/morrison-lecture.html)
4 에밀 뒤르케임의 《종교 생활의 원초적 형태》의 토대가 되는 개념으로, 수렵과 채취 등의 세속적

1장 감정 코칭

고 압도하기보다는 대동소이한 다른 감정으로 대체된다. 예를 들어 우리를 포함한 세계인은 시리아에서 유럽으로 유입되는 난민들의 참상에 대하여 실시간으로 갱신되는 소식과 이미지를 접하면서 잘 '알고' 있으며 가슴 아파하기도 하지만, 터키 해변에서 죽음을 맞은 알란 쿠르디(Alan Kurdi)가 먼지를 뒤집어쓴 알레포 소년 옴란 다크네시(Omran Daqneesh)로 대체될 뿐 그것이 어떤 구체적 조치를 위한 행동이나 도움의 손길로 연결되지는 않는다.

메스트로비치는 이러한 감정의 기계화, 합리화, 대량 생산화를 조지 리처(George Ritzer)가 주장한 "사회의 맥도날드화"에 비겨, "감정의 맥도날드화"[5]라고 부른다. 모든 것을 표준화하고 계량화하여 고도의 효율과 경제성을 추구하는 '맥도날드화'가 사회, 정치, 경제, 문화 영역에 이어 "자연의 마지막 요새"인 감정의 영역에까지 이르렀다는 것이다. 이와 관련한 그의 논의 중에서 "감정의 '해피밀'"이라는 표현은 특히 흥미로운데, 현대사회가 아이의 감정을 대하는 태도에 대한 의미 있는 암시를 던진다.

'해피밀'은 맥도날드의 어린이 전용 메뉴로, 햄버거나 치킨 너겟, 해시 브라운, 주스(또는 좀 더 염려가 많은 부모를 위해서는 우유)와 간단한 장난감으로 구성되어 있다. 미래 소비자에 대한 투자의 일환으로 상당히 저렴한 가격에 제공되는 해피밀의 모든 메뉴는 아이의 기호와 취향, 저작 능력과 소화 능력을 고려하여 적당한 크기와 단단함, 온도를 유지하며, 그때그때 유행하는 애니메이션을 모티브로 한 장난감의 포장에는 비닐

일상을 이어가던 부족이 부족의 상징물인 토템을 중심으로 모여 종교적 제례를 행할 때, 개개인의 개성은 소실되고, 집단을 하나로 묶는 통일된 감정이 '비등'하는 상태를 말한다.

5 스테판 G. 메스트로비치, 《탈감정 사회》, 박형신 옮김, 한울아카데미, 2014. 16쪽.

맥도날드 해피밀 세트

포장이나 작은 부품에 의한 질식 위험에 대한 경고까지 주의 깊게 표시되어 있다. 그리하여 아이와 부모가 모두 '행복한 식사'—해피밀(happy meal)—이지만, 모두가 알다시피 이것은 영양학적으로나 정서적으로 '진정으로' 균형 잡힌 식사는 아니다. 예를 들어 치킨 너겟은 문자적 의미는 '작게 자른 닭고기 덩어리'이지만 그것을 싸고 있는 포장지만큼이나 치킨과는 거리가 먼 것으로, 분쇄한 닭고기와 닭 뼈, 기름, 밀가루, 조미료, 그리고 알 수 없는, 그리고 제조사가 알려주려고 하지도 않는 몇 가지 성분의 의심스런 조합이다. 그러나 이는 확실히 준비와 조리에 있어 편리하고, 치킨과 비교하여 아이의 작은 입을 위해 고기를 발라주거나 먹은 후손에 묻는 기름을 닦아주어야 하는 부모의 수고를 덜어준다. 아이들도

1장 **감정 코칭**

드래곤 모양을 하거나 웃는 얼굴 모양을 한 한입 크기의 너겟에 흥미를 보이고, 그 자극적인 맛에 빠르게 중독된다. 닭에서 통닭, 그리고 닭 날개나 닭 가슴살, 닭 다리로 분해된 치킨은 이제 산산이 갈린 너겟이 되었다.

매뉴얼화된 감정 처리─감정 코칭

현대사회는 아이들의 감정을 대하는 데 있어서도, 비유하자면, 통닭 대신에 너겟을 제공하도록 권유한다. 요즘 부모 교육에서 빈번히 다루어지는 '감정 코칭'을 한 예로 들 수 있을 것이다. 거칠게 요약하자면, '사랑의 기술'로서 '감정 코칭'은 아이의 감정을 존중하고 꾸짖지 말고 있는 그대로 인정해주되 행동에는 한계를 지어주어, 바람직한 행동이 나오도록 선도하는 것이다. 이 분야의 대표적인 저서《내 아이를 위한 감정 코칭》을 보면, 코칭의 과정 동안 부모는 자신의 감정이 격렬해져 있거나 다른 사람이 있을 경우, 혹 부모 자신이 그것을 통해 달성하려는 어떤 목적이 있을 때에는 '코칭'을 시도하지 말아야 하며, 스킨십과 놀이를 통해 아이의 '긍정성'을 향상해주고, 일관성을 가지고 대하며, '나 전달법'으로 이야기하며, 아이에게 불안감 또는 죄책감을 유발해서는 안 되며, 아이의 기준에 맞게 도덕적 기준을 하향 조정해야 한다. 이렇게 의식주와 지덕체의 영역을 넘어 감정에서까지 부모의 '코칭'을 받은 아이는 "집중력이 높고, 기분이 나쁘더라도 자기 진정을 잘하고, 심리적 면역력이 강하고, 또래 관계가 좋고, 변화에 능동적으로 대처하며, 감염성 질병에 덜 걸리며", 아마도 가장 중요한 효과일 "자기 주도 학습 능력이 우수해 높은 학업 성취도"를 보이게 된다는 것이다. 거의 초연할 정도의 자제력을 발휘하여 자신의 감정은 아이와의 공감을 위해서만 표현하는 부모에게 세심한 '감정 관리'를 받은 아이는 스스로 자신이 계획을 세우고, 즐기면서 공부하는 '자기 주도 학습'을 실행하게 된다. 물론 이 '자기 주도 학습'도 잘 시행하기 위해서 필요한 '코칭'이 제공된다.

아이의 감정을 '그 자체로' 존중해주되, 감정이 이끄는 대로 행동하지 않도록 한계를 지어주자는 '감정 코칭'의 의도는 물론 좋은 것이다. 문제는 '자연스러운' 아이의 감정에 대한 부모의 대응이 지극히 합리화, 자동화, 매뉴얼화되어 있다는 것이다. 예를 들어, 코칭 과정을 (1)아이의 감정 인식하기, (2)감정적 순간을 좋은 기회로 삼기, (3)아이의 감정 공감하고 경청하기, (4)아이가 감정을 표현하도록 도와주기, (5)아이 스스로 문제를 해결할 수 있도록 하기 등 다섯 단계로 분류하고, 본격 코칭의 단계인 3, 4, 5단계를 반복하여 실행할 것을 권유한다. 더불어 각 단계를 실행하는 구체적이고 세부적인 지침이 존재한다. 〈우리 아이가 달라졌어요〉로 대표되는 유·아동 교육 프로그램은 이 매뉴얼의 작동 시연에 다름 아니다. 시청자들은 시작 부분에서 도저히 고칠 수 없어 보이는 심각한 문제를 지닌 아이도 의사, 심리학자, 교사 등의 전문가가 행하는 비슷한 과정을 거쳐 '좋은' 아이가 될 것임을 이미 알고 있다. 아이도 행복하고, 부모도 행복한 이 반복되는 해피엔딩이 불편하다면 왜인가? 아마도 아이의 감정을 '존중'하고 '공감'한다는 슬로건 아래, 그 감정이 흘러가야 할 물길이 자율적으로 탐색되기보다는 이미 정해져 있기 때문일 것이다. '코칭'을 거슬러 분출하는 감정은 드물거니와, 그것은 잘못된 '감정'이거나, '코칭'의 실패이다. 실패할 경우, 앞서 말한 대로 부모는 '3, 4, 5단계를 반복하여 실행'하면 되기 때문에, 적어도 아이의 '실패'는 아니다. 수많은 학원과 사교육, 학습법, 교육법이 학습과 진로에 있어서 아이의 실패를 방지하는 것과 같은 맥락에서 '감정 코칭'은 감정의 시행착오를 막고, '바람직한' 방향으로 감정이 흐르게 한다.

이전 세대의 부모들이 아이들의 감정을 인정하기보다는 옳고 그름에 대한 도덕적 기준을 가르치는 것을 중요시한 경향이 있었다면, 현재의 부모들의 경우 '옳고 그름'도 중요하지 않은 것은 아니지만 내가 그것을 좋아하는지 싫어하는지 혹은 남들이 그것을 좋아하는지 그렇지 않은지를 양육과 교육의 더 중요한 기준으로 삼는다. 메스트로비치가 표현한 대로 가치는 "도덕에서 사기로(From moral to morale)" 흐름을 바꾸었으며, 아이는 '바른' 사람이 되기보다는 '친절'하고 '나이스'한 사람이 되도록 교육받고 다른 사람들에게도 그것을 기대하게 된다. 신과 이웃에 대한 사랑을 등위에 놓는, 절대적이고도 무거운 자기희생의 명령이었던 "그러므로 무엇이든지 남에게 대접을 받고자 하는 대로 너희도 남을 대접하라 이것이 율법이요 선지자니라"[6]라는 기독교의 황금률은 아이들 간의 다툼을 중재하는 가장 쉬운 수사, "친구가 네가 한 것처럼 하면 기분이 어떻겠어?"로 지소화(指小化)되고 축소된다. 부모들은 아이들의 '기'를 죽이지 않고 즐겁고 쾌활한 기분을 유지하기 위하여 지루할 틈 없이 '체험'[7]

---

6 《마태복음》 7:12
7 책이나 학교 안에서의 배움을 넘어 현장에서 직접 '체험'하는 배움이 권장되지만, 딸기를 따는 체험이나, 우주인 체험, 법원 견학, 방송국 견학 등의 활동들은 15~20분 내에 각 직업에 대한 '체험'이 끝나는 키자니아류의 직업 테마파크에서처럼 매우 전형적이고 인공적인 경험을 제공하는 데서 그치는 듯하다.

프로그램과 액티비티를 마련하고, 중간중간에 생기는 대기 시간에는 스마트폰이나 아이패드 등의 전자기기를 쥐여준다. 패밀리 레스토랑을 비롯한 많은 음식점들이 주문을 하고 음식이 나오는 시간까지, 혹은 어른들이 식사할 동안 아이들이 지루해하지 않도록 색칠 공부―그림을 그릴 수 있는 빈 종이가 아닌 색칠을 할 수 있는 그림이 그려진―와 크레파스, 게임기, 놀이터를 제공한다. 아이들의 지루함이 허용되는 것은 그것이 창의성을 증진한다는 연구 결과가 나왔을 때이다. '멍 때리기'조차 자연스러움이나 무의식적으로 발현되는 것이 아니라 목적을 두고 계획되고 의도된다.

포섭(co-optation)된 감정의 전시: 쇼핑몰

쇼핑몰은 감정 조작이 극명하게 최첨단의 방식으로 이루어지는 대표적인 장소이다. 거의 모든 것이 최초에는 있었을 울퉁불퉁함이나 어색함, 거기에서 나오는 자연스러움이나 '진정성'을 상실한 채로 닳고 닳은 자연스러움을 가장하고, '진정성이라는 거짓말'[8]을 전시한다. 국내에도 론칭된 적이 있었던 '빌드어베어 워크숍(Build-a-Bear Workshop)'이라는 인형 가게에서는 단순히 다양한 인형들을 구비하고 아이들을 유혹하는 데에서 한발 더 나아가, '세상에서 하나뿐인 나만의 곰 인형'을 만들 수 있는 시스템을 제공한다. 아이들은 곰 인형의 크기에서부터 털 색깔, 성별,

8 앤드류 포터의 동명의 책《진정성이라는 거짓말》, 노시내 옮김, 마티, 2016)에서 따왔다.

종류 등을 고르고, 직접 '원하는 만큼' 솜을 채워 넣고, 곰에게 입힐 옷과 신발, 가방 등의 악세서리를 구매한 후, 그것이 살아 있는 강아지 혹은 고양이인 양 이름을 짓고, 구입이 아니라 '입양'해 온다. 대량생산된 공산품이면서도, 주어진 옵션에서 몇 가지 선택을 교차시킴으로써 생산자가 해오던 일을 소비자에게 전가하여 역설적으로 소비자가 직접 만들어낸 유일한, 독창적인 '나만의 것'이라는 착각을 하게 만든다. 이러한 시스템은 옷이나 가방에 이름의 이니셜을 새겨주는 전통적인 모노그램 서비스를 변용한 것이나, 하와이의 '플립플랍 워크숍(Flip Flop Workshop)'이 제공하는 샌들의 조립과 장식, 마이크로소프트(Microsoft)사의 조이스틱의 디자인, 자동차의 옵션 선택에 이르기까지 산업 전반에 퍼져 있다. 선택을 위해 고민하고 본질적 차이가 없는 것들을 두고 부단히 저울질을 하고 조합하는 과정을 통해, 상품은 '나의 곰 인형', '예쁜 아이', '애정템', '나의 애마'가 된다.

쇼핑몰의 브랜드들은 시즌마다 바뀌는 윈도우 디스플레이를 통해 자연을 재현하고,[9] 혼란을 보여주고,[10] 저항과 해방마저도 매끄럽게 포장하여 수백, 수천 개의 매장에 똑같이 전시한다. 쇼핑몰의 푸드 코트는 세계 각국―미국, 이탈리아, 중국, 일본, 인도, 태국, 멕시코, 한국―음식의 패

---

9 예를 들어 2016년 봄·여름 시즌의 에르메스(Hermes)는 해마와 철갑상어가 헤엄치는 바닷속을, 루이비통(Louis Vuitton)은 천체와 우주를, 몽클레어(Moncler)는 사람을 뒤에서 위협하는 백곰을 쇼윈도에서 보여준다. 인간을 위협하는 야생의 실감 나는 표현을 위해 백곰의 이빨에는 피까지 묻어 있다.

10 발리(Bally)는 페인트 물감이 어지럽게 튀거나 묻은 사다리, 콘크리트 덩어리 사이에 그들의 제품을 배치하는데, 고급 명품 브랜드와 공사장의 병치는 희귀하지는 않더라도 일견 신선한 시도이지만, 수백 개 매장에 똑같은 얼룩이 존재할 것을 생각하면 신선함은 기괴함으로 변한다.

스트푸드화한 레시피를 원산지가 뒤섞인 재료로 조리하여 제공한다. 매주 주말 오후 하와이의 알라모아나(Ala Moana) 쇼핑센터의 중앙 무대에서 이용객들의 여흥을 위해 폴리네시아인처럼 '보이는' 남녀 무용수들이, 여자는 꽃목걸이 레이(Lei)를 걸고, 남자는 상의를 탈의하고서 제의적·종교적 의미는 온통 휘발되어버린, 숙련되었으나 지극히 클리셰화된 훌라 댄스를 추는 모습은 쇼핑몰, 나아가 현대사회가 추구하는 '진정성'을 꼭 맞게 보여준다. 쇼핑몰의 바닥은 대리석의 단단함과 반들반들함으로 무장되어 천장과 쇼윈도의 조명을 고급스럽게 반사하고, 휴지 하나 찾아보기 어려울 만큼 깨끗하며, 상점의 직원과 안내원들은 적절히 친절하게 고객을 응대하면서 얼굴에 웃음을 짓고 있지만, 누구도 이곳을 인간적으로 따뜻한 장소로 여기거나 직원이 자신을 좋아해서 잘 대해준다고 여기지는 않는다. 비즈니스와 이윤 추구의 공간으로서 쇼핑몰은 윤기 나는 공간의 이면에 수많은 규제와 통제를 담고 있다. 예를 들어, 직원들은 엄격히 정해진 옷차림과 머리 모양을 준수해야 하며, 몇 분 이상 앉아 있어도 안 되고, 몇 분 이상 매장을 비워서도 안 되고, 쇼핑몰의 전체적 활기를 위해 개인이 운영하는 매장이라 할지라도 일정 기간 이상의 휴점이 금지된다. 여름에 시원하고 겨울에 따뜻한 공간의 지하에서는 거대한 규모의 냉동 설비와 보일러가 돌아가고 쾌적한 화장실 밑에는 가스로 가득 찬 정화조가 존재하지만, 반짝반짝하는 쇼핑몰의 표면은 그 모든 것을 까맣게 잊게 만든다.

하와이 호놀룰루에 위치한 알라 모아나 쇼핑 센터　　　　©Daniel Ramirez(flickr/danramarch)

'진짜' 진정성 찾기?

　이러한 '가짜' 감정, '모조' 진정성에 지친 사람들은 '진짜' 감정, '진정한' 진정성을 찾아 나서지만, 이것은 터무니없는 위험이나 불편함을 초래하기도 하고 많은 경우 자본이 제공하는 '진정성 산업'의 회로로 회귀하고 만다. 앤드류 포터는 이러한 '진정성에 대한 갈구'가 현대에 들어와 시작된 어떤 새로운 사조가 아니라. 근대 이후의 낭만주의의 루소에서 본격적으로 시작하여 윌리엄 워즈워스, 헨리 데이비드 소로, 랄프 왈도 에

머슨, 그 후의 비트 세대와 히피들, 20세기 말의 반(反)문화 세대로 이어지는 장구한 역사를 지니고 있다고 지적한다.[11] 그는 《진정성이라는 거짓말》의 서두에서 "본질적인 것에 집중하는 삶"[12]을 위해, 직장에 사직서를 내고, 중고 요트를 구입하여 프랑스에서 록 밴드 퀸의 프레디 머큐리가 태어났다는 탄자니아 해안의 잔지바르 제도까지 항해를 시작한 이십 대 젊은 부부의 예를 통해, '진정성'의 추구가 때로는 이성적, 상식적 판단을 거스르는 어리석은 선택이 될 수 있음을 보여준다. 세 살배기 아들을 "경직된 관료주의, 천박한 대중매체, 무의미한 소비주의, 환경 파괴"로부터 보호하는 것이 꿈이었던 이들 부부는 위험하니 돌아가라는 프랑스군의 경고에도 불구하고 인도양의 위험 해역을 항해하다 소말리아 해적에게 잡혔고, 구출 작전 중 남편이 사망하였다.

포터는 정도의 차이가 있을 뿐 이러한 '진정성'에 대한 갈망이 현대인들 사이에 광범위하게 존재하고 있음을 지적한다. 화장품 없이 살기, 샴푸 없이 머리 감기, 설탕 없이 살아보기, 냉장고 없이 살아보기, 심지어 소비 없이 살아보기를 실험하는 사람들의 경험담[13]이 인터넷과 출판물, 다큐멘터리를 통해 화제가 되고 실험자는 '용자(勇子)'로 칭송받지만, 그것은 화장품 회사, 샴푸 회사, 제당 회사, 나아가 자본주의를 실질적으로 위협하기보다는 그 모든 것들에 대한 우리의 의존을 재확인해주는 것으로 마무리된다. 비료와 살충제를 고농도로 사용하여 대량생산한 후 화석

---

11 앤드류 포터, 앞의 책, 86쪽.
12 위의 책, 9쪽.
13 그레타 타우베르트, 《소비 사회 탈출기》, 이기숙 옮김, 아비요, 2014 ; 콜린 베번, 《노 임팩트 맨》, 이은선 옮김, 북하우스, 2010.

연료를 사용하는 운송 수단으로 원거리를 이동한 식재료보다, 지역의 농부가 친환경·유기농으로 길러낸 농산물이 훨씬 몸에 좋으며 정치적으로도 올바르다는 것을 알고 있지만, 생산자의 이름과 '진실해 보이는' 사진이 박힌 로컬·오가닉 제품은 그렇지 않은 제품보다 훨씬 비싸기에 서민들은 지역의 농부가 생산해낸 포도 대신 지구를 반 바퀴 돌아 당도한 칠레산 포도를 장바구니에 담기 마련이다.[14]

돌잔치, 결혼식, 장례식 등 삶의 중요한 의례들이 그 의미보다는 온갖 옵션의 더하기/빼기로 이루어진 요식 절차가 된 지는 이미 오래지만, 그것에 반발하는 움직임, 예를 들어 돌상을 직접 차리거나 친한 친구들만을 초대하는 간소한 결혼식 등도 빠르게 자본에게 포섭(co-optation)된다. 즉, 거기에서 생성되는 시장을 목표로 '엄마표 돌상' 전문 이벤트 회사나 '스몰 웨딩' 전문 플래너들이 생겨난다. 이 모든 것이 싫어서 결혼식을 생략하는 커플들이 늘어난다면, '노웨딩족을 위한 전문 패키지'가 만들어질지도 모르겠다. 포터는 문화 영역에서의 '포섭'을 설명하면서, 하위문화에서 고유한 형태의 예술이 등장했을 때 자본을 장착한 주류에서 그 예술 형식의 "거친 부분을 사포로 갈아"내어 "말랑해진 버전"으로 대중에게 공급하는 동안 그 예술의 원래 제창자들은 잊힌다고 비판한다. 요즘 도시 공간과 관련하여 쟁점이 되고 있는 젠트리피케이션(gentrification)도 비

---

14 앤드류 포터, 앞의 책, 156쪽. 포터는 소규모로 생산되어 지역의 이곳저곳에 운송되는 '로컬' 농산물의 단위당 에너지 소비는 대규모로 재배되어 대량생산·운송되는 농산물보다 오히려 더 높을 수도 있음을 지적하며, 유기농이나 지역 재배 생산품, 나아가 '진정성'과 관련된 제품들이 결국은 소스타인 베블런이 《유한 계급론》에서 주장한 '지위재(positional goods)'의 성격을 지니고 있다고 비판한다.

슷한 맥락에서 이해될 수 있을 것이다. 이는 1964년 영국의 사회학자 루스 글래스(Ruth Glass)가 도시빈민이 거주하고 있던 지역에 중산층이 들어옴으로써 공간의 성격이 변화하고, 임대료 등의 거주 비용이 증가하여 결과적으로 원주민이 내몰리는 현상을 두고 만들어낸 용어이다. 우리나라에서는 홍대, 상수동, 신사동 가로수길, 삼청동, 성수동 등의 지역에 개성과 특색을 지닌 (보헤미안적) 예술가들—1차 젠트리파이어들—이 들어가 그들의 창작 활동과 감수성으로 아지트를 만들면, 자본을 갖춘 2차 젠트리파이어들이 지역의 상승된 부동산 가치를 알아보고 들어와 그동안의 장점이었던 저렴한 임대료와 주거 비용을 올리며 이익을 취하는 동안 공존하고 있던 원주민과 1차 젠트리파이어들은 이주하게 된다. 무라카미 하루키의 《1Q84》에서 일본 전학공투회의 투쟁 후 산으로 숨어든 학생들의 코뮌이 도시의 중산층들에게 유기농 식품을 조달함으로써 그들의 조직을 유지하는 동시에 조직의 성격이 사이비 종교 집단으로 변한다는 설정은 '혁명'의 타락에 대한 뼈아픈 풍자이자 '진정성'의 상품화를 복잡한 층위에서 보여준다.

"여러분, 부자 되세요"

고등학생 시절 대학 입시 전날 라디오 진행자가 엔딩 멘트에서 "지금까지 고생하신 수험생들 힘내세요. 모두들 시험 대박!"이라고 말할 때면 고개가 갸웃거려졌다. 지원자가 정원보다 많은 시험에서 모두들 "대박"을 낼 수 없음은 분명함에도 불구하고, 빈말에 가까운 말을 어떻게 저렇게 따뜻한 진심을 담아 할 수 있는지 궁금했다. 그 뒤 "여러분, 부자 되세요"나 "열심히 일한 당신 떠나라"라는 무수한 '빈말'들이 우리를 사로잡을 때 그 말들을 비웃고 비꼬기도 했지만, 이런 행운의 기원, 막연한 격려가 행사하는 위력에 무감해져갔다. 모두가 부자가 될 수 없는 이유, 열심히 일했지만 떠날 수 없는 이유에 대해 생각하고 모두가 부자가 되지 않아도 살 만한 사회를 상상하고 열심히 일하는 것의 의미를 재정의하기보다는, 설원을 배경으로 빨간 산타 옷을 입은 여배우가 '진심'을 담아 "꼭이요" 하고 외치는 주문에 핏, 헛웃음을 치면서도 '행복'해졌다. 바바라 에런라이크는 《긍정의 배신》에서 자신의 유방암 투병 경험을 서술하며, 고통스러운 암을 다루는 데 있어서도 '암은 축복'이라는 식의 긍정주의가 지배하고 있으며, 기업은 경영의 잘못으로 구조조정을 하면서도 노동자에게 '긍정적인' 마음가짐을 지니고 새로운 구직 작업에 나설 수 있도록 동기 유발 행사를 개최하는 현상을 비판한다.[15] 이토록 뻔뻔할 정도로 정치(精緻)하게 들어찬 감정 조작의 네트워크를 벗어나거나 횡단할 방법은 없는가? 메스트로비치가 리처를 비판하며 지적하듯, 맥도날드화된 사회에서 탈출하는 방법 자체가 맥도날드화되어 있을 정도로 현대인이 가공되지 않은 '진정'한 감정, 행위와 연결되는 실천의 작인으로서의 감정을 느끼는 일은 요원해 보인다. 더불어 앞서 지적한 대로, 조작된 감정과 '진정'한 감정은 얽히고설켜 있어 구분하기도 쉽지 않다. 그렇다면 이대로 항복하고 각성에 이르지 못하는 판타스마고리아(phantasmagoria)의 중간 단계에 몸을 맡길 것인가, 아니면 칠흑 같은 어둠 속에서 섬광처럼 짧게

---

15 바바라 에런라이크, 《긍정의 배신》, 전미영 옮김, 부키, 2011, 164쪽.

지나가더라도 언젠가 도래할 집합적 흥분의 순간을 기대하며, 쉬지 않고 기다리는 "검은 새(blackbird)"[16]가 될 것인가? 그 어느 선택도 만족스럽지 않다는 것이 오늘날 우리가 처한 딜레마이다.

16 비틀즈의 폴 매카트니가 1968년 발표한 노래의 제목으로, 1950~1960년대 흑인 민권 운동—특히 1957년 백인 고등학교에 등록한 아홉 명의 흑인 학생들을 지칭하는 '리틀 록 나인(Little Rock Nine)'—에서 영감을 받았다. 노래에서 분투하는 흑인들을 상징하는 '검은 새'는 "깊은 밤에 노래하며/ 평생 부러진 날개를 가지고 날기를 연습하고(Blackbird singing in the dead of night/ take these broken wings and learn to fly)" "움푹 패인 눈으로 보기를 연습하며(take these sunken eyes and learn to see)" "이 순간이 도래하기만을 기다리다(waiting for this moment to arise)" 마침내, "어두운 검은 밤중의 빛 속으로 날아(fly into the light of the dark black night)" 간다. 검은 새의 비상은 한 줄기 올리브 잎을 우리에게 안겨줄 희망이 될 것인가, 아니면 헛된 제스처에 불과할 것인가?

2장
감정 방어

대도시에서
상처받지 않고 살아남기

최은주

건국대학교에서 영미문학비평을 전공하고 박사학위를 받았다. 현재 건국대
학교 몸문화연구소 소속의 NRF 학술연구교수로 재직 중이며, 난민을 둘러싼
언어·공간·건축에 대해 연구를 시작하였다. 그동안 '본다'라는 문제를 통한
여성, 몸, 그리고 주체·타자의 문제에 관심을 두고 제인 오스틴, 샬롯 브론
테, 에드거 포의 작품들에 관한 논문을 발표하였고, 《죽음, 지속의 사라짐》,
《질병, 영원한 추상성》, 《책들의 그림자》, 《런던 유령》 등의 저서를 펴냈다.

개인화된 개인

사실주의 화가 에드워드 호퍼의 「객차」(1965)에는 각기 다른 곳에 시선을 던지고 있는 현대인들의 고독이 엿보인다. 꽉 차지 않은 객차의 앞쪽에 책인지 노트인지를 보고 있는 여자의 표정은 정확히 어떤 기분인지 드러나지 않는다. 대각선 맞은편 여자는 어딘지 알 수 없는 텅 빈 시선을 던지고 있다. 후면의 두 사람은 뒷모습만 보일 뿐이다. 등을 돌린 뒷모습 자체가 스스로를 소외시킨다. 실내 전체를 초록색으로 채운 빛은 전반적으로 차갑다. 그림을 보았다면 누구라도 고독과 허무, 무감각의 인상을 받을 것이다. 지금 우리가 타고 있는 전철 객차의 모습과 일면 닮은 데가 있다. 단, 고독과 허무는 잘 드러나지 않는다. 객차 안에서 두리번거리거나 텅 빈 시선을 던지고 있는 사람은 거의 없다. 사람들은 중요한 업무라도 보듯 스마트폰에 얼굴을 대고 검색하는 데에 열중한다.

에드워드 호퍼, 「객차」(1965)
대도시 삶의 특징은 개인의 자유를 보장한 고독과 허무, 무감각으로 이루어져 있다.

한때 스포츠 신문에 얼굴을 빠뜨리던 시절이 있었고, 메트로 신문이 유행하던 때도 있었다. 스마트폰의 열풍은 이 모든 것을 대체했다. 부수적으로 객차 선반에서 신문을 수거하던 노인들도 사라졌다. 전철역의 역무원과 안전 요원이 사라진 지도 오래다. 무인 판매소와 이중 슬라이드 도어의 설치가 우리를 더욱 안전하게 지켜줄 것이라는 합리적인 발상이 사람과의 대면을, 대화를 점점 더 어렵게 만든다고 하면 비약일까. 역무원이 없고 무인 판매소만 있는 전철역은 승객이 집중되는 환승역을 제외하면 휑하고 을씨년스럽기까지 하다.

　이런 환경은 우리로 하여금 더 이상 말이 필요 없게 만든다. 혼자서도 칸막이가 있는 일인석 테이블이 마련된 식당에서 전혀 어색하지 않게 밥을 먹을 수 있고, 차를 마실 때도 소음 없이 노트북이나 스마트폰 속으로 빠져들 수 있다. 우리의 감정은 스마트폰의 세계에서 비로소 스위치-온이 된다. 수많은 사람들이 모여 있는 장소조차도 더없이 조용하다. 사람들은 전화를 걸어 시끄럽게 상대방을 불러내지도 않는다. 다양한 소셜 네트워크 서비스(SNS)로 끊임없이 누군가와 접속하면 된다. 입이 아니라 손으로 여러 명을 한꺼번에 소환해내는 것으로 충분히 바쁜 것이다. 동시에 모든 스케줄과 약속이, 뉴스가 나의 손안에서 조망된다. 이제 그 조그마한 사물 내부의 지도 속에서 웃고 울며 화를 낸다. 옷깃이 스치고 살이 닿는 옆 사람을 바라본다면 당신의 시선은 공허하게 바닥으로 떨어지고 말 것이다. 막상 실제로 누군가와 부딪치거나 몸이 닿는다면 화들짝 놀라면서 위협을 느끼고 움츠러든다. 밀집된 공간에서의 거리는 저 우주만큼보다도 멀다. 더 이상 가까이에 있는 사람에게 말을 거는 법을 모를 뿐만 아니라 말을 건다면 타인에게는 아주 위험한 신호이다. 나 또한 누군가 말을 건네 온다면 슬금슬금 피하고 만다. 물어볼 일이 있다면 뭔가 아쉬운 소리일 것이라고 아예 들으려 하지도 않는다. 물어야 할 게 있는 것은 노인들뿐이다.

스마트폰 조작이 어려운 노인들을 제외하면 길을 찾을 때도, 전철의 노선이 헷갈릴 때도, 바깥 날씨가 궁금할 때도 스마트폰을 열고 위치 검색을 하면 된다. 무료 와이파이는 서비스의 이름으로 전철역과 전철 내부를 별천지로 만들었다. 음악을 듣고 있으면 발 딛고 있는 세상 속에서 다른 세계를 느끼게 된다. 이어폰을 귀에 꽂는 순간 자발적으로 세상과의 차단이 이루어진다. 차량 소음은 물론이고 전단지를 배포하는 사람을 피할 수도 있다. 역설적으로 스마트폰이 없다면 스마트폰의 네트워크 세계와는 단절될 것이다. 자유로워지고 싶다고 해서 스마트폰을 없앨 수도, 메시지나 메일에 답하고 싶지 않다고 무한정 묵묵부답할 수도 없는 노릇이다. 그렇게 되면 완전히 고립되고 말 것이다. 사람들은 이 점을 아주 두려워한다. 막상 약속을 잡고, 만나서 눈을 마주치고, 악수를 하는 만남보다 일회적인 문자나 SNS에 더 능숙하고 자연스러운 방식으로 관계를 맺고 있다.

이렇게 된 배경이 무엇일까? 전통 사회가 사람을 상호 의존적 성원으로 이해했다면, 시장 특권이 확장된 이후부터 사람은 자족적 자아로 받아들여졌다. 시장이 지배하는 상황에서 기본적인 조직 단위는 개별 인간이며 이해관계와 요구는 좁은 범위로 축소되었다. 게오르크 짐멜에 따르면, 19세기 자유주의의 이상뿐만 아니라 경제적 노동 분업에 의한 이상이 생겨난 이래로, 현대의 대도시에 사는 개인들은 급속도로 바뀌는 외적·내적 자극들에 의한 심리적 영향으로 인해 신경과민을 겪게 되었다. 그들은 빠르게 교체되거나 밀려오는 이미지들, 또는 예기치 못한 인상들에 대해 큰 부담을 가졌고, 이로 인하여 외부 환경의 흐름이나 그 모순들에 의해서 삶이 통째로 위협받는 상황에 대응하기 위하여 "방어 메커니즘"[1]을 만들어냈다. 이와 같은 환경에서 인간의 관계란 만남의 연속이지만 단편적이고, 정체성은 "계속 바꿔 쓰는 가면들"[2]이다. 익명의 군중이 모여들면서 낯선 이들이 만나는 곳이 바로 대도시인 것이다.

---

1 게오르크 짐멜, 〈대도시의 정신적 삶〉, 《짐멜의 모더니티 읽기》, 김덕영·윤미애 옮김, 새물결, 2005, 37쪽.
2 지그문트 바우만, 《방황하는 개인들의 사회》, 홍지수 옮김, 봄아필, 2013, 145쪽.

현대는 쉼 없이 흘러가는 감각적 속도에 직면하면서 강렬한 감정에 대처하기 위해 감정적 차단막을 발전시켜야 했다. 관리된 우리의 모습은 주로 무표정하고 무관심하다. 최대한 놀라지 않고 반응하지 않아야 도시의 발 빠른 변화에 부응할 수 있다. 옷 속의 살갗은 긴장하여 곤두서 있다 하더라도 최선을 다해 무감각한 체해야 한다. 대도시에서 살아가려면 어떠한 외부의 위험과 모순에 대해서 태연할 수 있는 방어 표면을 지니고 있어야 하는 것이다. 웬만한 일에는 놀라지 않고 감동받지도 않는 최소한의 반응을 익혀왔고, 그렇게 해서 생겨난 방어 능력은 점차 두터운 습관으로, 그리고 축소된 감정으로 대체되었다. 상호 무관심이나 속내 감추기의 정신적 생활 조건들이 전제되는 이런 대도시의 특징 때문에 사람들은 외롭고 쓸쓸하다고 느낄 수도 있지만 이것은 자유의 이면이기도 하다.[3] 여기서 자유란 다른 누구로도 대체될 수 없는 각자가 사는 방식이지만 막상 개인의 고유한 인격이 대도시 삶에서 펼쳐지기란 어렵다. 개인은 하나의 집합체로 여겨질 뿐이다.

물론 사회를 경제적 범주로 개념화하는 경우에는 비인격적 관계들이 지배적이라고 생각할 수밖에 없다. 개별 인간의 입장에서 볼 때도, 대부분의 타인과 비인격적 관계만 맺을 수 있다. 택배 기사나 가스 검침원과 같이 기능만을 객관적으로 평가할 수 있는 관계에서는 풍부한 감정의 정서적 관계가 성립되지 않는다. 서로에 대해 전혀 알지 못하는 생산자와 소비자의 관계에서는 몰인정한 객관성과 엄격성이 자리한다. 그렇다 하더라도 감정이 정지되는 것은 아니다. 부정적인 양상으로라도 감정은 경

3 게오르크 짐멜, 앞의 책, 47쪽.

험되고 형성된다. 따라서 현대사회를 비인격적인 대중사회로만 특징지을 수는 없다. 관리되는 감정과 달리 동시에 "인격적 관계들에 집중하면서 자신에게 가장 고유한 것이라고 여기는 많은 것들을 타인과 나누고 타인 속에서 확인받고자 하는"[4] 성향은 더욱 커졌다. 비인격적 관계만이 아니라 집중적인 인격적 관계에 대한 기대도 그만큼 커졌다는 것이다.

집중적인 인격적 관계도 두 가지로 나눠볼 수 있다. 한쪽에 소외당하지 않을 정도에서 소통의 규칙이나 코드를 알고 '쿨'하게 대응하는 지인이나 친구, 나아가 우리 시대의 '썸'이라고 하는 남녀 관계를 놓을 수 있을 것이다. 지그문트 바우만도 지적했듯이 '개체화'가 만연한 세계에서는 가볍고 느슨한 관계 정도만이 바람직할 수 있다. 따라서 사람들은 타인이 그들의 존재와 "가상의 괴리를 부각하지 않을 만큼 무관심하게 박자를 맞추어주는 데 의지하게 되는 것"[5]이다. 즉 상대를 이상화하고 과대평가하면서 지속적으로 요구하는 것에 대한 불편한 경험으로 생겨난 괴리감 같은 것이 현대사회에서는 거의 사라졌다. 다른 한편은 모든 감정을 다 드러내도 좋다고 믿는 가족이나 연인 관계의 경우다. 가정 폭력과 데이트 폭력은 극단적인 감정의 폭발이 심각한 수위에 이르렀음을 반증해준다. 특히 사랑한다는 이유로 애인에게 집착한 나머지 폭행을 가하고, 헤어진 이후에도 협박과 폭력을 행사하기도 한다. 폭력은 뿌리 깊은 고독과 불안, 사회로부터의 거부, 고립 등에 대한 공포에서 기인한다. 이렇게 보면 우리는 예전보다 쿨해지고 무감각해진 것이 아니라 변

---

4 니클라스 루만,《열정으로서의 사랑: 친밀성의 코드화》, 정성훈·권기돈·조형준 옮김, 새물결, 2009, 27쪽.
5 위의 책, 242쪽.

2장 감정 방어

화된 구조에 스스로를 바꾸면서 적응하도록 요구받은 것이다. 개인화된 개인이 속한 사회의 원리가 그것이다.

다시 전철 안으로 돌아가보자. 얼굴을 들어 하차할 역이 맞는지를 확인할 때, 사람들 사이를 뚫고 문을 향할 때 사람들은 무표정하며 주위의 사람들에게도 공허한 눈빛을 보낸다. 물론 이러한 풍경은 개인화와 자유를 반영하고 있다. 이것은 어쩌면 개인주의의 어두운 면이다. 자기 자신에게 초점이 이동된 우리의 삶이 덤덤하고 협소해졌다는 것을 나타내주기 때문이다. 찰스 테일러의 '자기 결정의 자유' 관념을 살펴보면, 사람은 어떤 것을 스스로 결정할 때 자신이 자유로운 존재라고 사고하지만 막상 자신의 결정을 중시하는 자유란 "행동이 사회에 부합할 것을 요구하는 그 사회의 법칙들에 의하여 형성되고 영향을 받고 있는"[6] 자신과 공존한다. 이제 "자유 자체가 사회적으로 생산되며 특정한 시간과 장소에 지니게 되는 의미를 사회적으로 부여받는다"[7]라는 점을 상기할 필요가 있다. 타인의 얼굴을 빤히 쳐다보거나 말을 거는 일, 또는 예쁘다고 아이를 쓰다듬거나 사탕을 쥐여주는 등의 행위는 피해야 할 공중도덕이 되었다. 우리가 할 수 있는 일은 오로지 시선의 각을 좁히고 최대한 다른 사람과 부딪치지 않으면서 피해 다니는 것이다. 대중교통을 이용한다면 방관적이면서 무감각한 태도를 익혀야 한다. 나의 몸은 나의 의지대로 어디든지 갈 수 있고 눈은 무엇이든 바라볼 수 있을 것 같지만 분명한 것은 법칙이 있다는 것이다.

---

6 찰스 테일러, 《불안한 현대사회》, 송영배 옮김, 이학사, 2013, 43쪽.
7 지그문트 바우만, 《자유》, 문성원 옮김, 이후, 2011, 58쪽.

대도시 삶과 관리된 감정

한국의 일인 가구 비율은 2010년에 비해 16퍼센트가 늘어 2015년에 21퍼센트에 육박했다. 앞에서 택배 기사와 가스 검침원의 비인격적 관계에 대한 이야기를 했지만, 낮에 일을 하는 일인 가구의 경우 택배나 가스 검침을 받을 수 있는 사람이 없다. 혼자 사는 여성의 경우 집에 있을 때조차 문을 열어주지 않는다. 대신 '문 앞에 놓고 가라'라고 한 다음 택배 기사가 떠나면 그때 물건을 수거해 들어간다. 씁쓸한 이야기지만 택배를 위장한 범죄가 증가한 데 대해 소비자의 반응이 반영된 것이다. 이 때문에 배송원이나 가스 검침원은 자주 여성으로 바뀌기도 한다. 심지어 아파트 단지의 경우 지상에 주차장이 없으면, 단지 내 도보 안전을 이유로 택배 차량 진입을 막고 걸어서 배송하라는 요구를 하기도 한다. 택배 기사들은 이에 대해 '우리는 노예가 아니다'라면서 물품을 반송하는 소동을 빚기도 하였다.[8] 자신이 자리를 뜬 후에야 문 앞의 물건을 수거해 간 소비자를 목격한 택배 기사나 아파트 초입에서부터 걸어서 택배 물품을 배송해야 하는 택배 기사들 모두 상황에 굴복해야 하는 입장이지만, 그들에게도 감정은 정지되지 않고 계속되는 과정 속에 놓인다.

한편, 소비자와 생산자의 관계에만 부정적인 감정이 내재되는 것이 아니다. 승강기에 남성과 둘만 탑승하기를 거부하고 옆 승강기를 이용하는 여성들도 늘어났다. 남성 입장에서는 자신의 외모나 옷차림을 돌아보게 만드는 불쾌한 상황이지만 '저는 위험인물이 아닙니다'라고 말

---

8 「"노크하다가 장갑 닳을 정도였는데"…문도 마음도 닫은 택배 고객」, 〈뉴스1〉, 2016. 2. 5.

할 수도 없다. 이러한 사례들은 택배 기사와 승강기를 기다리는 남성의 감정에 상처를 내는 역설적 상황을 만들어낸다. 앞으로는 남성이 먼저 여성과 단둘이 탑승하는 것을 피할 수도 있다.

현대의 삶에서 개인은 사회나 역사적 유산, 외적 문화 및 삶의 기술의 압도적인 힘들로부터 자기 자신의 독립과 개성을 지켜내려고 한다.[9] 도식화된 정확성 속의 삶과 대면하고 있다 할지라도 개인은 그 속에서 누구에게나 똑같이 적용될 수만은 없는 삶의 가치를 발견하기 때문이다. 그렇다 하더라도 신경을 자극할 정도의 급격한 대도시의 변화는 오히려 개인의 감각을 둔화시키면서 반응할 능력을 상실하게 만든다. 웬만한 외부의 자극에 대해 똑같이 반응하는 마비 증세가 바로 무감각함의 본질이다. 승강기 앞에 선 남성이 그러한 예다. 도구적 합리성 속에서는 둔감하다고 할 수 있는 감정 방어에 가까운 이 무감각함을 유지할 필요가 있다.

이렇게 자신이 몸담고 있는 장소에 걸맞은 태도와 무감각을 익히기만 하면 어느 만큼의 자유가 보장된다. 반면, 조건을 채우지 못한다면 개인의 자유는 속박된다. 개인화는 다수에 의해 성취된 선택이 아니기 때문에 누군가에게는 무조건 받아들여야 할 일이고, 그러면서도 마치 개인화를 스스로 성취한 양 행동하도록 강요받는다. 원하든 원하지 않든 개인에게는 모든 사회적 모순과 위험에 혼자 대처해야 하는 역할 책임이 부여된 것이다. 개별적으로 감정은 관리되어야 하는 것이 되었고, 자기 통제는 자신을 우월하게 만드는 힘이라 믿게 되었다. 그렇다고 감정

9 게오르크 짐멜, 앞의 책. 35쪽.

이 저절로 질서정연하게 관리된 것만은 아니다. 영국 빅토리아시대에 만연했던 히스테리가 단지 성적 통제만이 아니라 감정 억제에서 비롯되었던 것처럼, 감정을 통제할 수 있는 것에 대해 스스로 자제력을 가진 자로서의 우월감을 가질 수는 있다. 그러나 억제된 감정은 찌꺼기가 되어 히스테리의 증상으로 나타났다. 현대에는 우울증을 대중적으로 치유하기 위해 자기 계발서나 '힐링' 서적들이 봇물 터지듯 쏟아져 나왔다. 이러한 서적들은 겉으로는 열등감이나 두려움, 죄책감, 우울증과 같은 부정적 감정을 바꾸는 방법들을 제시해주는 것 같지만, 정작 개인을 병리화할 뿐 시련과 좌절감으로부터 구제해주거나 보호해주지 않는다. 그렇다 해도 이런 책들이 꾸준히 팔려나간다는 것은 무감각에 길들여진 현대인들의 가면 뒤에 점점 깊어지고 있는 우울증의 징후가 있음을 반증한다.

이렇게 보았을 때 감정이나 느낌은 사라지는 것이 아니다. 감정은 "자기가 관여하는 세계와의 직접적 접촉"[10]이라고 할 수 있다. 따라서 감정이 축소되고 이성이 확대된 합리적 세계에서 이성의 규율에 종속하게 되었더라도 정작 감정을 표출할 수 있는 내밀성의 세계의 이중 구조로서 가족 영역이 출현하였다.[11] 시장 영역인 도구적 합리성의 세계가 사람을 이성만으로 채우지 못했다는 이야기다. 이로써 감정이 시장 가치를 지니지 못하기 때문에 감정 그 자체는 외연적으로 표출되지 못하는 것이 되었지만, 대신 감정을 표출할 수 있는 가족에 대한 기대나 업종에서

10 잭 바바렛, 《감정과 사회학》, 박형신 옮김, 이학사, 2009. 8쪽.
11 잭 바바렛, 《감정의 거시 사회학》, 박형신·정수남 옮김, 일신사, 2007. 104쪽.

2장 감정 방어

의 감정 노동의 부담이 커졌다. 따라서 '가족만은 이래야 한다'라는 식으로 가족은 이상화되었으며, 서비스 업종만큼은 소비자의 감정을 최대한 만족시키도록 요구되었다. 이것이 감정이라는 사적 영역과 소비라는 공적 영역을 결합시키게 된 면모이다. 개체화, 개인화가 모든 삶의 작동 원리가 되면서 가족이나 시장만큼은 내밀성이라는 이점과 소비의 주체라는 이점을 이용하여 감정 분출의 출구가 된 것이다.

그런데 가족 내에서도 덜 거슬리는 방식으로 생각하는 법과 좀 더 낮은 강도의 감정을 느끼도록 강요하는 이성의 규율이 침투하였다. 이것은 고상한 감정이 중요시되는 문화적 토대로부터 기인하며, 교양 있는 감정의 발전과도 연관된다. 그렇기 때문에 가정 폭력은 가족에 대한 감정적 기대와 교양 있는 문화에 의한 감정의 축소라는 대립적 가치관 속에서 벌어지는 극단적 양상이 아닐 수 없다. 따라서 가정 폭력이 극한에 이르거나 가족 자체가 붕괴되기도 쉬워졌으며, 가족 형성은 훨씬 더 어렵게 되었다. 개인은 결혼뿐만 아니라 소수 커뮤니티에 소속되거나 형성하는 것도 어려워졌다. 감정을 표출할 곳이 점차 상실되면서 고독하고 위태로운 삶을 홀로 감당하게 되었다. 이렇듯 개인화에 따라 개별 주체들이 자유로워진 만큼 감정적 강도가 제한되는 압력을 경험하면서 무력감은 더 커졌다. 그리고 감정에 대한 관심이 오히려 감정적인 통제를 강화하는 방식으로 초점이 맞춰지면서 개인의 감정 경험은 더욱 축소되었다. 감정이 획일성을 갖추고 공적으로 서사화됨에 따라 개인의 감정이 관리되기 시작한 것이다.

개인에게 전철 안의 사람들은 불투명한 '그저 사람'의 얼굴일 따름이다. 네트워크를 통해 접속하는 다수의 사람들이 더욱 가깝고 친밀하게 느껴진다. 그런데 옆에 있는 사람보다 더 집착해도 좋을 만큼 네트워크 속의 사람이 개인에게 사랑의 매개가 될 수 있을까? 네트워크 속의 존재는 니클라스 루만이 이야기한 상대방의 경험을 자신의 행위 동기로 여기는 것과 달리 그 경험을 실질적인 것으로 만들어줄 수 없다. 네트워크의 핵심적 특징인 '일방적 종결에 대한 권리' 때문이다. 이것은 앤서니 기든스의 '순수한 관계' 개념을 통해 설명될 수 있다. 순수한 관계란 오로지 관계에서만 비롯되는 만족감으로, 관계를 맺고 있는 양쪽이 우연히 동시에 만족하기 때문에 유지되는 관계를 말한다. 따라서 진정한 상호성에 이르지 못하고 한쪽의 일방적 거절로 관계가 종결될 수 있다는 점을 서로 예상할 수 있다. 이런 예상 자체는 바로 "개인의 자유에 대한 무시할 수 없는 제약"[12]이기도 하다.

자유와 감정은 긴밀하게 연결된다. 감정을 잘 조절하고 무감각을 유지한다면 자유는 유지될 수 있다. 가정 폭력이나 데이트 폭력은 바로 이 자유와 감정 간에 적절한 대처가 불가능해서 생기는 문제이다. 분명한 것은 현대가 개인으로 하여금 삶의 형태를 선택할 수 있게 하는 '허용하는 사회'지만, 그만큼 자기중심적이며 자기도취가 만연해 있다는 것이다. 반면, 자기 진실성의 본질을 이해하려는 노력은 결여되어 있다. 사람들은 네트워크 속에서 소통하고 있지만 '의미 있는 타인들'과의 의사 교환을 통한 상호 대화 과정을 생성해내지는 못한다. 앞에서 말한 것처럼, 우연히 동시에 만족하게 되어 유지되는 관계는 바로 개인의 자유라는 특성 때문에 오히려 쉽게 종결될 수 있다. 이 관계에서는 책임과 같은 어

---

12 지그문트 바우만·레오니다스 돈스키스, 《도덕적 불감증》, 책읽는수요일, 2015, 259쪽.

2장 감정 방어

떠한 도덕적 감각도 배제된다.

적지 않은 사람들이 네트워크의 소통이 진정한 상호성에 이르지 못한다는 점을 인정하지 않을지도 모른다. 그러나 자유를 등에 업고 언제든지 거절당할 수 있는 관계는 '독백적'으로 이루어질 수밖에 없다. 이들의 대화는 서로의 요구나 욕망을 채워주는 데 전혀 책임이 없으므로 한쪽이 이어 가고자 하는 어떤 주제에 대해 언제든지 무시하거나 삭제해 버릴 수 있다. 이러한 것은 찰스 테일러가 이야기하는 대화 기능의 위상에 속할 수 없다. 그가 주장하는 타인들과의 의사 교환은 나르시스트적인 자기 독백이 아니라 사랑하는 사람들과 언어를 통해 좋은 것들을 함께 즐기는 것이다.

앞에서 소개한 전철의 풍경은 자발적인 스마트폰 사용자에 관한 것이었다. 그것은 사용자의 선택적 자유라고 하는 배경을 가지고 있다. 물론 그 자유는 제한적이다. 개인은 여러 가지 종류의 스마트폰 중 하나를 선택할 수는 있어도, 스마트폰을 사용하지 않아도 될 자유는 없다.

십여 년 전에 체류 중이던 외국에서 돌아왔을 때의 일이다. 어떻게든 족쇄가 되지 않으려고 몇 달째 휴대전화 구입을 피하고 있었다. 그때 급한 일로 내게 연락을 하려던 동기는 내가 있을 법한 학교 구석구석을 후배를 시켜 찾도록 하였다. 다행히 연락이 닿았지만 동기는 화를 냈다. 어째서 휴대전화를 구입하지 않느냐는 것이었다. 그리고 나를 위해서 '휴대전화를 사용 안 할 아무 이유가 없다'라는 결론까지 내려 주었다. 이제는 개인용 휴대전화가 없다는 것을 상상조차 할 수 없다. 심지어 다른 사람들과 소통할 수 있는 어떤 특정 어플리케이션을 설치하지 않는 이유로도 비난을 받는다. 그럼에도 불구하고 나는 스마트폰의 무절제한 메시지에 개인이 파괴된다고 생각한다. 사람들은 생각나는 대로 한 단어씩, 한 문장씩 수십 개의 문자를 연속적으로 날려 보낸다. 어떤 문제에 대해 토론을 하는 것도 아니고, 업무를 논하는 것도 아니다. 문제는 사람들이 그나마 이런 방식의 네트워크가 아니고는 소통할 커뮤니티를 찾기 어렵다는 점이다. 나르시시스트적인 자기 독백에만 익숙한 개인은 막상 마주보고 깊은 대화를 나누지 못하므로 '자기 진실성'의 관계로 나아가지 못한다. 좋은 청자로서의 태도가 결여된 것은 물론 자신을 넘어서는 영역에 대해 무지하기 때문이다. 분명 이런 상태에서는 네트워크의 단편적인 소통만을 자유롭게 누릴 수 있다. 그러나 이때의 자유가 정작 개인과의 결속을 어떻게 와해하는지를 고려해야만 한다. 무감각에 길들여진 세대들이 '괜찮다,' '상관없다'라고 하는 반응은 과연 어디까지 진실일까?

상처받지 않을 자유

궁금하다고 해서 신종 용어 '썸'이 무감각을 체화한 지금 세대의 용의주도한 사랑 방식인지, 또는 세련되지 못한 자신에 대해 자괴감을 느끼고 상처받으면서도 겉으로는 태연한 척하는 건지 진위 여부를 가리는 작업은 무의미할 것이다. 아마도 양쪽 다 어느 만큼은 사실일 것이다. '썸'은 지금 세대의 생존 전략이라고 말할 수 있다. 그러나 인간은 본성상 타인의 인정을 바란다. 현대 문화에서 강조되어온 사랑은 '썸'과 대척점에 있는 것 같지만 사실은 그렇지 않다. 사랑은 다른 여타 관계와 달리 자기 탐구와 자기 발견의 정점으로 간주되며 자기실현의 가장 중요한 형식으로 이해된다.[13] 알랭 바디우가 현대 세계의 철학에 사랑을 포함시킨 이유는 사랑을 단지 정념으로만 바라보지 않았기 때문이다. 사랑은 이전까지는 존재하지 않았던 세계가 개인의 삶에 불쑥 솟아오르는 것과 같은 경험이다. 그것은 하나의 사건이며 충실성의 실재적 과정이기도 하다. 사랑이 단지 정념이었다면 '발생'만 있었을 것이다. 그러나 사랑은 개인을 주체로 만드는 계기이며 진리 과정으로 구축하는 절차이다. 자기 정체성은 결코 고정 불변한 것이 아니라 타인과의 대화 속에서 상호 인정을 통해 실제로 변화하기 때문이다. 사랑은 최소의 코뮤니즘이며 세계를 재구성하게 되는 흔치 않은 경험이다.

　어떤 면에서 '썸'은 급변하는 불안정한 현실세계에 밀착된 세대들에게는 감정을 아끼면서 상처를 덜 받기 위한 자구책일 수도 있다. 신자유주의 시대의 경제적 원리에 의해 사랑의 감정 또한 경제적 소비 개념에 맞추어 출현한 것이리라. 따라서 한때를 풍미한 대중가요 「썸」 때문에 갑자기 생겨난 것이 아니다. 이미 사회 깊이 잠복해 있었던 것이다. 노래를 통해 언어로 정립되면서 인식되고 공감된 것뿐이다. 이것을 나르시시스트적인 것으로 해석할 것인지에 대해서는 좀 더 지켜봐야겠지만 공공연히 합리적인 방식처럼 인정하는 현상은 견제할 필요가 있다. '썸'의 바로 옆자리에 아예 연애와 결혼, 출산 세 가지를 포기한 '삼포 세대'가 있다고 해서, 삼포 세대와는 대조적으로 쿨하고 세련된 사랑 방식을 택한 것으로 인정하는 것은 위험 소지가 있다. 그렇게 되면 서로에게 감정

13　찰스 테일러, 앞의 책, 64쪽.

을 내보이지는 않되 적당한 거리를 두면서 상호 간에 어떤 책임도 질 필요가 없다는 사실이 정당화될 것이다. 우리 사회가 공식화해야 할 것은 현대에 사적인 영역으로 축소된 사랑의 가치에 대한 정당화이다. 개인 간의 인격적 소통은 개인의 능력뿐만 아니라 사회적 상황에 따라 좌우되는 것이다. 삼포세대와 썸은 바로 그러한 환경에서 자생된 현상들이다. 분명한 것은 자기 발견과 자기 확립의 결정적인 열쇠가 인간관계에 있다고 보았을 때 사랑이야말로 "내면에서 생성된 정체성을 단련해내는 용광로"[14]이기에 결정적으로 중요하다.

관계의 갈등을 인정하지 못하고 폐쇄적이 된다면 "자신의 고유한 세계를 타인에게 완전히 확인받을 가능성을 포기하는 것"[15]이 될 수 있다. 이때 '폐쇄적'이 되는 것이 자발적 선택인지 비자발적 선택인지가 의문이다. 왜냐하면 지금까지 대도시를 특징짓는 길들여진 무감각이 바로 그 '자발성'에서 삐걱거리기 때문이다. 무감각의 얼굴 밑에는 더욱 강렬한 욕망이 자리하고 있으며, 나아가 타인의 인정에 호소하기 위한 다양한 형태의 폭력적인 행위가 생성되고 있는 것이다. 이런 의미에서 니클라스 루만이 제시하는 인간이 나누어야 할 친밀성의 코드화로서의 사랑은 주목할 만하다. 이때의 사랑은 자신을 타자에게 융합하기 위하여 '자기를 없애버리는' 희생적인 것이 아니라 자신을 다른 개인들과 구별하려고 연인에게 시도하는 소통으로, "자신에 관한 자유로운 대화"[16]로 실현될 수 있는 것이다. 따라서 타인의 체험 세계 속에 맞추어지고 그 세계에서

---

14 찰스 테일러, 앞의 책, 69쪽.
15 지그문트 바우만, 앞의 책, 257쪽.
16 니클라스 루만, 앞의 책, 241쪽.

2장 감정 방어

재생산되어야 하는 사랑이지만 나의 "지속적인 성향을 표현하는 가치도 잃어버려서는 안 된다".[17] 이렇게 조성된 인격적 관계는 외부세계의 불안정성을 해소할 수 있는 '타인에 대한 몰두'를 가능하게 한다. 두 사람으로 이루어진 최소의 코뮤니즘이 외부의 비인격적 관계까지도 극단적인 모든 차이를 통합할 사유를 가능하게 하는 단초가 될 수 있는 것이다.

합리주의와 감정

앞에서 개인화된 개인에게 동반되는 자유에 대한 이야기를 하면서, 그 자유가 타고난 인류의 보편적인 조건이 아니라 역사적이고 사회적인 창조물이라는 점을 강조했다. 자유는 개인이 원하는 행동을 금지하지 않는다. 대신 개인이 하고자 하는 일이 그 또는 그녀에게 반드시 이익을 가져다준다는 보장은 없다. 따라서 자신의 의도에 대한 책임 또한 자신이 져야 한다. 현대인은 상대방에 대해 도덕적 책임을 지지 않는 동시에 자유를 방해받지 않으려는 자기 폐쇄적인 면모를 강하게 드러낸다. 개인의 태도에 영향을 미칠 '삶에 의미 있는 것들' 또한 이미 자극적이고 선정적인 화젯거리에 자리를 내주었다. 찰스 테일러는 이런 자기 폐쇄적인 나르시시스트적 삶에 대해 '자기 진실성'의 요구와 배치된 진부한 삶이라고 정의 내렸다. 그는 역사, 자연, 사회, 연대적인 요구들이야말로 자신의 좁은 한계 너머에 있는 자기 초월적인 문제이며 삶에서 필수

---

17 위의 책, 254쪽.

불가결한 것이라고 여긴다. 이는 도덕적 이상과 관련한 공동체 의식으로서 에마뉘엘 레비나스의 '어느 타자의 얼굴'에까지 이른다. 타자에 대한 도덕적 명령과 책임, 그것을 피하고 무시했을 때 남게 될 "양심의 가책이나 도덕적 망설임이라고 불리는 씁쓸한 뒷맛"[18]이 그것이다.

'타자의 얼굴'을 지나치지 못하는 예술가들은 자신들의 작품들을 통해 대중과 소통을 하려고 한다. 허먼 멜빌 또한 마찬가지였다. 그가 1853년에 발표한 《필경사 바틀비》는 특히 상호 소통과 감정의 문제를 떠올리게 한다. 이 소설이 쓰인 시기야말로 개인적인 것을 구제하려는 방식과 몰개성화되는 측면의 대립적 양상이 생겨난 때이다. 바틀비는 곧 불특정의 '그저 사람'의 표본일 것이다. 경제 중심지인 뉴욕의 월가 한가운데에서 보호 감호 시설로 수용되고 마는 바틀비는 무기력한 현대판 '루저'로 보일 수도 있다. 그는 "100단어당 4센트의 임금을 받고" 글씨를 베끼는 필사의 업무를 위해 고용되었다. 그리고 계약서에는 명기되지 않았지만 사본을 검토하고 심부름을 갈 수도 있는 "당연하고 합리적인" 직무가 있다. 그리고 화자 '나'는 대도시의 건물과 기술, 공동체적 삶의 형태들, 그리고 국가의 제도들 안에서 삶에 대해 방어적 태도를 취하고 어떤 변화로부터도 자신을 안전하게 차단하는 데 최선을 다하는 인물이다. 골치 아프고 복잡한 일은 피하면서 사무실에 틀어박혀 "야심 없는" 변호사로 "편하게 사는 것"을 최고로 알고 있다.

바틀비와 화자는 고용의 성질에 따라 공적 계약 관계를 맺고 경제 영역의 담론과 가치에 매이게 되며, 이렇게 맺어진 관계는 당사자들의 이

---

18 지그문트 바우만·레오니다스 돈스키스, 앞의 책, 33쪽.

2장 감정 방어

익, 또는 자기실현이 우선이므로, 관계 자체는 부차적이다. 소설은 '을(乙)'의 위치에 있는 바틀비 때문에 평화가 침해되는 일을 결코 만들지 않았던 화자가 감정을 억누르지 못해 화를 내는 과정은 물론, 그가 심적 당혹과 고민으로 고통을 당하는 등 계속해서 유발되는 감정을 주체하지 못하는 것에 주목한다. 화자는 주로 바틀비를 구제하지 못한 실패의 인물로 해석하지만, 현대인의 무감각한 감정을 짚어보기에는 적합한 인물이다. 어느 날 자기가 필사한 것이 정확한지 검증해야 하는 '당연한' 작업을 요구하자 바틀비는 정중하게 거절한다. 피고용자라면 받아들여야할 '당연한' 지시를 무시하는 바틀비 때문에 화자가 속해 있는 "일반적인 관례와 상식에 따라 요청된" 합리성은 갑자기 무의미해진다. 화자와 바틀비는 바로 그 '합리적'이라는 거래에 의해 이루어진 관계이다. 화자는 순간적으로 자신의 지시에 대한 정당성 여부를 의심한다. 화자 또한 합리성을 따져서 받아들인 질서가 아니라, 자신을 그 질서에 길들여온 것이다. 화자는 그런 바틀비에게 "나와서 자네 의무를 다하란 말이야"라고 말한 후, "내가 옳지 않은가?" 하고 다른 필경사들의 동의를 구한다.

이후 사사건건 바틀비가 화자의 지시를 단호하게 거절하면서 소통 자체가 무의미해져 화자의 사무실 체제의 패턴에 균열을 가져오고, 사무실 사람들은 바틀비에게 함락되고 만다. 바틀비가 거절하는 횟수가 늘어나면 늘어날수록 지시하는 화자 쪽은 무심결에 점차 지시를 삼가게 되는 것이다. 여기에서 '소통'에 대한 의문이 생긴다. 소통은 "상대방의 감정을 수용하고 공인하는 규범 및 테크닉을 창출"[19]함으로써 가능해지

---

19 에바 일루즈, 《감정 자본주의》, 김정아 옮김, 돌베개, 2010. 51쪽.

는 것이지만, 동시에 사회적 능력으로 요구되는 전략적 장치로서 정당화된 것이기 때문에 '을'에 대한 일방적인 폭력의 변형임을 간과할 수 없다. 바틀비는 어떠한 권위도 인정하지 않으면서 혼자 스스로 갇히게 되며 무감각해지고 평온 가운데 잠잠해진다. 그리고 마침내는 자신이 하던 필사의 일을 영원히 그만둔다.

바틀비가 합리주의에 희생되었다면, 화자는 합리주의에 순응하고 복종하면서 '인간 됨'을 상실하였다. 돈에 기반을 둔 경제에서 대도시의 삶은 감정적이기보다 합리적으로 반응된다. 시장 합리성에 의해 타산성을 염두에 둔 사고가 감정을 대체하는 것이다. 이 합리성은 감정의 통제에서 발생한다. 그리고 거리감과 냉담함과 같은 무감각한 태도는 혼란스러운 격한 감정적 삶으로부터 보호해준다. 화자의 편안함은 '무감각'이라는 고유의 적응 현상으로 전환된다. 원래는 급변하는 외부 상황에 대해 반응할 능력이 없어지게 된 것이 '무감각함'이지만, 그 무감각함만이 도시의 삶에 적응할 수 있는 유일한 방책이다. 화자는 테일러가 이야기하는 자기애 혹은 자만에 사로잡힌 자로서, 모든 다른 감정을 배제하고 그 자체로 고귀하고 기분 좋은 '향락에 가까운 만족'을 누리는 자이다.

감정의 발굴

감정은 지극히 주관적이고 눈에 보이지 않는 개인적인 경험이지만, 화자는 바틀비를 통해 갈등과 연민, 우애, 증오, 혐오 등에 빠지는 자신의 감정에 주목하기 시작한다. 사실은 바틀비가 돌아갈 집도 없이 사무

2장 감정 방어

에드워드 호퍼, 「밤 지새우는 사람들」(1942) 부분
바틀비는 필사 일을 영원히 그만두고 자신만의 세계에 갇힌다.

실에서 먹고 잔다는 사실을 알게 된 바로 그날 화자는 사람이 다 빠져
나간 일요일 월가의 사무실에서 좁은 소파에 몸을 누이고 있는 바틀비
를 통해 죽음 자체를 연상한다. 잠시이기는 하지만 화자는 바틀비에게
서 욕망을 최소화하고 죽음으로 향하는 '쇠락한 모습'을 보며, 비로소 죽
음의 이미지뿐만 아니라 죽음에서 비롯된 '다 같은 인간이라는 유대감'
을 품으며 어두운 우수로 빠져든다. 물론 이런 화자의 감정은 일회성일
가능성이 크다. 누구나 멀리 있는 타인이 아니라 같은 공간에 있는 타인
의 행불행에 무관심하기란 불가능하다. 그렇다 해도 타인에 대한 동정

심은 이기심과 맞닥뜨리면 취약성이 드러난다. 동정심은 고통을 느끼게 할 수는 있지만, 자신의 이익을 희생시키기는 어렵다. 바틀비로 인해 자신의 직업적 명성이 훼손된다는 생각이 들자, 경관을 시켜 그를 끌어내지도 부랑자로 신고할 수도 없었던 화자는 바틀비를 놔두고 자신이 건물을 떠난다.

이후에도 건물을 떠나지 않는 바틀비 때문에 찾아오는 세입자들에게 시달리고 싶지 않아, 화자는 업무까지 내팽개치고 도망치듯 돌아다닌다. 그는 이제 대도시 삶의 내용과 형식에 맞게 바틀비에 대한 반응을 중단하고만 싶다. 그는 외적 제약 속에 초개인적이고 초주관적인 사고에 젖어 있으므로 자신의 명료하지 않은 감정을 적극적인 행위로 만드는 데 한계를 가진다. 마침내 화자가 손을 떼자 바틀비는 보호 대상자가 되어 부랑자 감호 시설로 격리된다. 감호 시설까지 찾아간 화자가 비록 바틀비를 대변하고, 그의 식사를 책임지고, 그의 주검을 처리하며, 그의 이해할 수 없는 행동을 해석해내려고 할 만큼 바틀비에 대한 정서적 감응을 느꼈다 하더라도, 일관적이거나 지속적이지 못했기 때문에 바틀비는 자주 화자에게서 망각되었다. 그러나 화자가 바틀비를 통해 감정적 충격을 경험했다는 사실 자체는 간과할 수 없다. 그는 바틀비에 대해 부정적으로 느끼고 적절하게 반응하지 못한 것에 대해 양심의 가책을 느끼는데, 이것이 악셀 호네트가 이야기하는 '인정하는 자세'이다. 현대인은 이러한 화자의 행위조차 경솔한 감상이라고 여길 것이다. 자신을 숨기는 감정의 내적 삶으로 숨어들면서 외부에 대해서는 허무주의와 냉소주의에, 그리고 자신에 대해서는 이기적인 욕망을 채우려 들면서 합리화할 것이다. 이미 사회적 연대와 공동 책임의 토대는 약화되었고 사회정의의 관념은 더럽혀졌다.[20] 위험과 모순을 만들어내는 사회에서 위험에 대처하는 일이 개인의 몫으로 전가된 이후, 사람들은 공동체적 삶을 부정하는 것이 아니라 공동체적 삶이 불가능해졌다고 믿고 있기 때문이다. 이러한 상황은 지속적인 삶에 대한 충만함 대신 새로운 자극을 찾으면서 순간적인 만족에만 빠져들게 만든다.

그러나 '자기 진실성'을 이야기하면서 타인들과의 의사 교환이 없이는 자기도취적인 인간밖에 될 수 없다는 테일러의 주장이나, "인간은 다른 인간 없이는 불완전할 수밖에 없다"[21]라는 바우만의 지적은 현 시대적 상황을 간과하고 단순히 과거를 낭만화하는 것이 아니다. 연관 없는 사람들로부터 감정을 저지당하면서 행동에 이르기까지 특별한 색조를 부여받는 것이 바로 평범한 우리들이다. 평범한 우리들의 감정은 행동으로 옮기기도 전에 사라져버리거나 행동 중에도 좌절된다. 그럼에도 불구하고 이 감정은 잠재적 공동체의 밑그림으로 작용한다. 최근 2030세대에게 유행하는 '느슨한 모임'도 그러한 맥락의 하나로 볼 수 있다. 사람에 지쳐 혼밥·혼술·혼놀[22]에 적응은 했어도 사람과의 만남 자체를 꺼리는 것이 아니므로 공감과 위로를 찾아 모임을 형성하는 것이다. 이런 모임에서는 나를 완전히 드러내기 싫은 만큼 남에게도 요구하지 않는다는 취지를 철저히 고수한다. 모임의 효과가 부작용을 낳든 그렇지 않든 중요한 것은 사람들이 새로운 방식의 관계 맺기를 끊임없이 발견하고 수정해나간다는 것이다.

20 지그문트 바우만·레오니다스 돈스키스, 앞의 책, 116쪽.
21 위의 책, 284쪽.
22 순서대로 '혼자 밥 먹기', '혼자 술 마시기', '혼자 놀기'를 줄인 말이다.

무감각하면서 감수성을 잃어가는 것에 대한 멜빌이나 호퍼의 의식적 예술 작업은 인간이 자신을 이해하고 "자신들을 정의하는 표현 양태들"[23]이다. 특히 멜빌은 인간의 마음이 직면해야만 하는 모순과 모호함에 주목하면서 지극히 평범한 인간의 잠재력을 밝혀내려고 했다. 예술 작업뿐만 아니라 우리가 기본적으로 타인과 나누는 대화 또한 자기 정체성을 규정하는 행위에 속한다고 할 수 있다. 혼자서 도달할 수 있는 깊이의 내적 생활도 타인과의 소통을 배제한 상황에서는 의미 있는 담론과 합의까지는 이르지 못한다. 개인은 자기 안에서만이 아니라 타인과의 소통에 관여하면서 타인의 경험을 자신의 행위 동기로 여김으로써 그 경험을 실질적인 것으로 만들어갈 수 있다.《필경사 바틀비》의 화자에게 바틀비가 단순히 타인이 아니라 자신과의 관계 속에서 감응할 때 망각될 수 없는 존재가 되는 것과 같다.

23　찰스 테일러, 앞의 책, 49쪽.

낭만적 사랑 따위는 없어

김운하

소설가이자 문화비평가로 활동하고 있다. 서울대학교 언론정보학과를 졸업하고 뉴욕 대학교 대학원에서 철학을 공부했다. 현재 건국대학교 인문대학 몸문화 연구소 연구원으로서 활동 중이다. 〈죽은 자의 회상〉으로 등단했고, 제 1회 동아일보 인산재단 창작기금을 수상했다. 인문 저서로는 《새벽 2시, 페소아를 만나다》, 《선택, 선택의 재발견》, 《릴케의 침묵》, 《카프카의 서재》 등이 있고 소설로는 《137개의 미로카드》, 《언더그라운더》, 《그녀는 문밖에 서 있었다》가 있다. 공저로 《지구에는 포스트휴먼이 산다》, 《우리는 가족일까?》, 《권태》, 《포르노 이슈》, 《애도받지 못한 자들》, 《그로테스크의 몸》 등이 있다. 번역서로는 《너무 이른 작별》이 있다.

열정과 냉정, 동경과 냉소 사이에서

크리스마스를 바로 며칠 앞둔 어느 날, 일본에서는 재미있는 사건이 벌어졌다. '혁명적 비인기 동맹'이라는 단체 소속 남성들이 도쿄 시부야 거리에서 "크리스마스 분쇄! 연애 자본주의 반대!"를 외치며 시위를 한 것이다. 2006년 혁명적 비인기 동맹이 설립된 이래 발렌타인데이, 크리스마스 등 연인들이 주인공이 되는 날이면 벌어지는 진풍경이다.

그 시위가 한국의 광화문 네거리에서 벌어졌다고 해도 우리는 전혀 생뚱맞다고 생각하지 않았을 것이다. KBS 〈개그콘서트〉에서 유머 코드로 사용했던 '솔로테리아(솔로+프롤레타리아)', '커플주아(커플+부르주아)'라는 신조어가 유행하고, 연애 자본주의의 횡포(?)에 분격한 일부 솔로들이 아예 "남이사! 하든지 말든지!"라고 외치며 연애하지 않을 자유, 혹은 비연애주의를 공공연하게 선언하는 그런 시대가 아닌가? 연애와 결혼, 출산을 포기해버린 '삼포 세대'라는 단어가 있다. 이제는 거기서 한걸음 더 나아가 연애와 결혼, 출산에 더해 노후와 희망까지 포기한 '오포 세대'라는 말까지 회자되는 시대가 아닌가? 때문에 일본이나 한국 청춘들의 분노와 좌절은 분명 이 시대의 연애와 사랑이 직면하고 있는 어떤 사회학적 진실을 드러내고 있다고 봐야 할 것이다.

사실 자본주의 사회에서 연애와 연애의 필수 코스인 데이트는 돈이 많이 드는 활동이다. 연인들의 데이트 과정 자체가 돈을 쓰고 소비를 하는 행위와 연결되어 있다. 카페, 식당, 극장, 모텔, 여행, 쇼핑, 각종 이벤트에 드는 선물 등 연애 파트너의 경제력이 연애의 격을 좌우할 정도가 아닌가? 한마디로 오늘날 사랑의 낭만은 소비 능력의 크기에 비례한다고 해도 과언이 아니다.

그러나 경제 불황과 사회적 양극화의 심화, 취업난과 비정규직의 양산은 연애를 하고 싶어도 할 수가 없는 무수히 많은 소외된 솔로테리아들을 양산하고 있다. 다른 한편으로는 경제적 합리성에 따라 투자 대비 효용을 극대화하는 계산적이고 합리주의적인 연애나 단기적 쾌락만을 향유하려는 풍조도 늘고 있다. 속전속결로 끝나는 인스턴트식 사랑, 어떤 위험도 감수하지 않으려는 계산된 연애가 그것이다. 이런 시류에 편승해 각종 데이트 서비스나 기업화된 결혼 중개 업체들이 호황을 누리고 있다. 사랑마저도 자본주의적 합리성, 쾌락적인 소비문화에 물들어버린 것이다. 그래서 철학자 한병철은 《에로스의 종말》에서 사랑마저도 신자유주의적인 성과주의로, 계산적이고 합리적인 비즈니스로, 나르시스트적인 향락으로 타락해버렸다고 개탄하기도 한다. 사랑이 위기에 처했다는 것이다.

그러나 사실 현대인들의 마음은 외롭고 고독하다. 신자유주의적인 삶의 불확실성, 불안정과 함께 정글을 방불케 하는 약육강식적인 무한 경쟁 속에서 개인들의 삶은 원자화되고 파편화되어 외롭고 이기적인 섬 들로 움츠러들게 하고 있다. 더욱이 공동체적 유대감과 정서적 친밀감 을 구할 수 있는 거의 모든 공동체도 사실상 파괴되고 말았다. 최후의 친 밀감의 섬이라고 할 수 있는 가족 공동체마저도 때문에 해체되어가는 탓에, 점점 더 마음 둘 데가 없어지고 있다. 역설적이게도 이런 경향의 반대급부로 열정과 헌신, 긴밀한 결속을 추구하는 낭만적 사랑에 대한 갈망도 커진다. 어쩌면 현대사회의 유대감 상실과 고독의 심화가 연애 나 사랑의 관계에서 감정적인 집착에 더욱 매달리게 하고, 그것이 데이 트 폭력이라는 현상으로까지 이어지고 있는지도 모른다.

사회학적으로 현대의 사랑이 사회구조적인 문제로 인해 어떤 다양한 문제를 발생시키든 간에, 실존의 차원에서 사랑은 매혹과 동경의 대상 이며, 사람들은 이에 대해 끊임없이 스스로에게 묻거나 대화의 주제로 즐겨 삼곤 한다. 더구나 최근에 급증하고 있는 데이트 폭력 사건들을 보 면서 사랑의 진정성 자체에 의혹을 품기도 한다. 이 글의 문제의식도 그 런 질문과 의혹들에서 시작한다. 사랑의 진실은 무엇일까? 연애 감정은 오직 하나일까, 아니면 여러 개일 수 있을까? 진정한 사랑이란 '순수한 열정'이라는 감정을 절대화하는 낭만적인 사랑일까? 사랑의 관계에서 감정의 취급과 감정의 위상은 어떤 것이며, 감정과 이성은 또 어떤 관계 에 있는 것인가?

사랑과 감정의 취급

오늘날 연애나 사랑에서 대개 배타적이고 독점적인 일대일 연애 관계가 주류가 되고 있다. 일자 연애 관계에서 배타성과 독점권은 마치 사랑의 본질적 요소인 것처럼 생각되기도 한다. 연인 관계에서건 부부 관계에서건 파트너의 외도는 질투와 비난의 대상이 된다. 네 것, 내 것 하는 소유권적 언어로 설명하는 것이 자연스럽게 느껴질 정도로 배타성은 본질적인 것처럼 생각된다. 그리고 이 관계에서 두 파트너를 묶어주는 근본적인 유대는 바로 감정이다.

그래서 오늘날 사랑을 정의할 때, 무엇보다 감정에 특권적인 지위를 부여한다. 감정적인 이끌림, 첫눈에 반하기, 통제 불가능한 감정적 동요와 몰입, 그리고 오직 단 한 사람에 대한 집중과 헌신. 감정이 특권적인 지위를 갖는다는 사실, 그리고 감정에 대한 배타적인 독점권을 전제한다는 점에서 일대일 연애 관계의 사랑은 분명 감정-사랑이라고 할 만한 특징을 갖는다. 사랑이라는 관계에서 드러나는 감정의 특징은 온도뿐 아니라 그것이 대상에 대한 애착의 형태를 띤다는 것이다. 특히 타자에 대한 강한 애착으로 표현되는 감정인 열정은 그 감정이 향하는 대상과 육체와 영혼 전체의 완전한 합일과 융합을 갈망하는 욕망이기도 하다. 조르주 바타유처럼 존재의 연속성을 향한 갈망이든, 정신분석학의 관점에서 태아 시절의 모성과의 완전한 합일 상태를 갈망하는 불가능한 욕망이든 간에, 사랑의 감정은 타자와의 합일과 항구적인 유대 상태를 추구하는 열정이라고 할 수 있을 것이다.

이런 감정-사랑은 한마디로 감정의 깊이를 사랑의 본질로 규정하는 사랑이다. 누군가를 감정적인 이끌림이나 열정 없이 그저 이성적이고 합리적으로 상대의 어떤 특성에 대한 선호로만 선택하고 사랑한다고 하면 우리는 분명 그 사랑의 진정성을 의심할 것이다. 어떤 사랑의 진실성은 감정의 진실성으로 판단된다. 그러나 과연 감정의 깊이나 크기가 사랑의 필요충분조건일까? 오히려 감정 에너지는 사랑의 필요조건이나 출발 조건일 뿐, 충분조건은 다른 데서 찾아야 하지 않을까?

사랑에서 감정을 배제하기란 불가능하다고 하더라도 감정만으로 사랑이 완전하게 설명될 수 있는 것은 결코 아니다. 오히려 감정적인 황홀함과 이끌림, 즉 열정은 본질적으로 휘발성을 갖고 있고 지속성 차원에서 그것이 연인들이 갈망하는 것처럼 영원하지 않다는 점에서 감정-사랑이 많은 문제를 야기하는 것도 사실이다.

물론 감정-사랑이 주가 되고 있는 오늘날, 사랑만큼 모든 감정들을 두루 경험하게 하고 소모하게 하는 것도 없다. 유대감이나 황홀감, 행복, 도취 같은 긍정적인 감정뿐 아니라 불안, 질투, 슬픔, 두려움, 공포, 분노, 권태, 미움, 시기심, 증오, 울분, 짜증, 혐오 같은 고통스럽고 끔찍한 감정들도 모두 겪게 만든다. 들끓는 감정들의 용광로, 그것이 사랑이라는 현상이다.

그러나 만일 사랑의 본질이 열정 자체라면 사랑은 또한 그만큼 취약함을 벗어나지 못한다. 감정의 본성 자체가 변덕인 탓이다. 시계추처럼 열정과 냉정 사이를 수시로 변덕스럽게 오간다. 불같이 타오르다 어느 순간 얼음처럼 차갑게 변해버릴 수도 있다. 감정의 온도계는 롤러코스터를 탄다. 애정과 증오 사이는 그리 멀지 않고, 한 감정은 쉽게 다른 감정으로 전이된다. 사랑이 원초적으로 불확실하고 불안한 이유가 변동성과 전이 가능성 때문이다.

그러므로 사랑과 감정의 온도와 관련하여 이런 질문을 던지는 것이 가능하다. 만일 대상에 대한 감정적인 애착의 강도가 사랑이라면 애착을 넘어서는 집착도 사랑일까? 집착을 넘어서 그것이 폭력적인 행동으로까지 나아가도 그것이 사랑이라는 감정으로 정당화되는 것일까? 사랑은 한 자아가 빠져드는 감정, 즉 '감정-사랑'일 뿐이고, 윤리는 사랑과는 무관한 것 혹은 전혀 불필요한 어떤 것일까?

미국 작가 레이먼드 카버의 소설집《사랑에 대해서 말할 때 우리들이 하는 이야기》에 실린 표제작은 현대 개인주의 시대에 일자 연애 관계에서 나타나는 감정과 윤리와 관련된 복잡 미묘한 스펙트럼에 관해 많은 걸 생각하게 한다.

어느 날 부부가 식탁에 앉아 술잔을 주고받으며 대화를 나누다 결국 사랑에 관한 이야기로 흘러간다. 의사인 집주인 멜과 아내 테리는 재혼한 부부다. 그런데 테리가 재혼하기 전에 같이 살던 남자 이야기가 나오면서 대화가 격렬해진다. 그 남자는 테리에게 평소에 폭력을 휘둘렀고, 심지어 테리를 죽이려고까지 했던 남자다. 멜은 그건 결코 사랑이 아니라고 말하지만 테리는 아니라고, 자긴 사랑이라고 믿는다고 주장한다. "그는 나를 사랑했어요. 자기 나름대로의 방식이었는지는 모르지만 아무튼 그는 나를 사랑했다고요. 거기엔 사랑이 있었어요, 멜. 그렇지 않다고 말하진 마세요."[1]

---

1 레이먼드 카버, 〈사랑에 대해서 말할 때 우리들이 하는 이야기〉,《사랑에 대해서 말할 때 우리들이 하는 이야기》, 안종설 옮김, 집사재, 2009, 36쪽.

사랑한다면, 상대에게 폭력을 휘둘러도 그것이 사랑의 이름으로 정당화되고 면죄부가 주어질 수 있을까? 그러나 멜은 끝까지 그건 사랑이 아니라고 주장하면서 이렇게 되묻는다. "우리들 가운데 진정한 사랑이 무언지 아는 사람이 있을까?" 멜은 자신의 전처에 관해 이야기한다. "나는 때때로 내가 내 전처를 얼마나 진정으로 사랑했었나 하는 생각 때문에 고민스러운 적이 있어. (……) 한때는 내가 내 전처를 목숨보다 더 사랑한다고 생각했던 적이 있었어. 하지만 지금 나는 그녀 생각만 하면 욕지거리가 나올 만큼 그녀를 미워하고 있어. 그걸 어떻게 설명할 수 있나? 그 사랑은 도대체 어떻게 된 거지? 난 그게 알고 싶어."[2]

우리는 사랑에 빠져 있을 땐 "사랑이 어떻게 변하니?" 하고 생각하지만, 결국 사랑은 끝나고 우리는 "사랑이 어떻게 안 변하니?" 하고 되묻는다. 냄비에 물을 끓이는 것처럼 한순간 팔팔 끓지만, 불이 꺼져버리면 결국 물은 차갑게 식어버린다. 처음 사랑에 빠질 땐 운명이었지만, 마음이 식고 나면 그저 살면서 한순간 스쳐지나가는 우연한 에피소드들의 하나로 치부된다.

그렇다면 도대체 우리가 믿기 원하고 믿고 싶어 하는 변치 않는 사랑, 영원한 사랑은 어디에 있는 것일까? 그런 사랑은 신화, 환상, 혹은 부르주아 계급이 만들어낸 이데올로기 같은 것일까? 사랑의 감정이란 유전자의 책략인 줄 알면서도 빠져들 수밖에 없는 매혹적이고 황홀한 것이지만, 동시에 파괴적으로 위험하기도 한 어떤 감정의 일시적인 격동에 불과한 것이 아닐까? 혹은 이런 감정-사랑의 파괴성은 그 자체가 일대

---

2 위의 책, 39쪽.

일 연애, 즉 일자 연애 관계에서 불가피하게 나타날 수밖에 없는 본질적 한계인 것은 아닐까?

로버트 버턴은 《우울증의 해부》에서 사랑에 관해 이렇게 말한다. "사랑은 방황하며 떠도는 유령 같은 것으로서, 때로는 화려하게 뽐내고, 때로는 폭군처럼 상대를 지배하려고 하며, 한계도 없고 옳고 그름을 따질 수도 없는, 사람을 파괴하는 격렬한 감정이다."[3]

로버트 버턴의 명제를 증명이라도 하듯 레이먼드 카버의 소설 속에서 테리의 전남편은 사랑이란 이름으로 자주 폭력을 휘두르고, 자해 소동을 벌이고, 심지어 아내뿐 아니라 지금의 남편인 멜까지 찾아와 죽이겠다는 협박까지 서슴지 않다가 끝내는 자신을 파괴하고 만다. 테리는 그런 행동조차도 자기 나름대로 사랑을 표현한 것이라고 주장한다.

테리는 감정-사랑에 대한 전형적인 태도를 보이고 있는 것이다. 감정의 온도와 강도가 사랑의 본질이고 그것이 사랑과 비사랑을 나누는 유일한 잣대라는 믿음. 이런 그릇된 믿음은 최근 점증하고 있는 데이트 폭력의 피해자들에게도 심심치 않게 나타난다. "그래, 그가 나를 때린 건 날 너무 사랑하기 때문일 거야. 나한테도 잘못이 있어. 그의 사랑은 확실해." 폭력을 사랑의 과잉 표현쯤으로 생각하는 치명적인 오해가 결국 폭력의 반복을 허용하게 만들고 결국 위험한 사태를 초래하는 원인이 되기도 한다.

멜은 테리의 믿음에 전혀 동의하지 않는다. 멜은 관계-사랑을 말한다. 관계의 성격과 질을 말한다. 멜의 입장에서 테리의 생각은 사랑이란

---

3 로버트 버턴, 《우울증의 해부》, 이창국 옮김, 태학사, 2004, 229~230쪽.

3장 연애 감정

이름으로 오해된 그릇된 소유욕과 병적인 집착의 광기일 뿐이다. 그것은 사랑과는 다른 폭력 자체, 오늘날 우리가 '데이트 폭력'이라고 부르는 범죄에 불과하다. 사랑을 열정으로만 볼 때 일어나는 오해와 착각, 그리고 위험이 바로 여기에 있다. 감정이 아무리 순수하더라도 그것이 집착과 폭력으로 이어질 때, 그것은 이미 사랑 밖의 사건일 뿐이다.

이렇게 감정-사랑을 절대화하고, 그것의 순수성과 고결함 자체를 사랑의 진정성으로 숭배하는 경향은 인간의 본성에서 우러나온 자연스러운 것이 결코 아니다. 그것의 기원은 사실 낭만주의 시대에 출현한 감정 방정식에서 찾아질 수 있다.

낭만적 사랑이라는 가치의 발명과 순수의 함정

순수한 사랑이란 관념은 그 자체가 역사성을 가진 가치 판단이 부여된 문화적 상부구조의 개념이다. 그것은 자본주의의 발흥과 18세기 말 유럽을 풍미한 낭만주의 운동과 관계 깊은 가치 체계이다. 순수한 사랑이란 무엇인가? 불순물이 완전히 제거된 사랑, 모든 이물질이 제거된 증류수다. 감정과 열정의 순수함에 대한 열렬한 예찬과 숭배다. 그것이 바로 순수한 사랑의 핵심이요, 낭만적 사랑의 이상 자체이기도 하다.

파스칼 키냐르가《은밀한 생》에서 내린 사랑의 정의가 그런 낭만적 사랑의 이상을 정확하게 표현하고 있다. "사랑의 열정은 자신이 아닌 다른 육체로의 접근을 위한 비의지적이고 억제할 수 없는 집착이다. 이 갑작스러운 애착이 영혼을 끌어올리고—혹은 영혼을 공포에 빠뜨리고—

가족, 부부, 사회와의 관계를 위험하게 만든다."4

키냐르는 이러한 정의에 근거하여 사랑은 자신의 이익과 사회의 이득에 맞서는 것이자 사리사욕이 없는 헌신이라고 결론 내린다. 순수하고 열정적인 사랑은 모든 이해관계, 금기를 초월하는 것이다. 이러한 전복성, 관습과 체제 파괴적인 무정부적인 힘, 바로 여기에 낭만적 사랑의 고결함과 숭고함이 존재한다. 낭만적 사랑의 매혹과 동경의 원천이자, 오늘날까지도 비판적인 학자들과 작가들이 낭만적 사랑에 주목하는 이유이기도 하다. 모든 사회적인 관계를 초월하고 능가하는 그런 사랑은 두 개인만의 절대적으로 자유로운 공동체라는 이상을 꿈꾸게 하는 힘이 있기 때문이다. 낭만적 사랑이 갈망하는 유토피아다.

에바 일루즈의《낭만적 유토피아 소비하기》에 따르면 낭만적 사랑은 "무사무욕, 비합리성, 부에 대한 무관심과 같은 가치를 상징"한다. 동시에 그것은 개인주의에 대한 열렬한 찬양으로 "개인 주권에 대한 갈망과 유토피아적인 개인 주권 모델을 표현"하는 것이기도 하다.5 시인 단테가 노래한 프란체스코와 파올로, 괴테의 젊은 베르테르, 셰익스피어가 그려낸 로미오와 줄리엣의 신화적인 사랑 이야기 속에 들어 있는 사랑의 유토피아적 실천 속에서 우리는 그러한 모델들을 발견한다.

에바 일루즈는 같은 책에서 사랑을 아가페적인 사랑과 에로스적인 사랑으로 구분한다. 무사무욕, 이유 없는 몰입, 희생을 마다하지 않는 절대적 헌신을 특징으로 하는 낭만적 사랑을 아가페로, 사랑하는 사람이

---

4 파스칼 키냐르,《은밀한 생》, 송의경 옮김, 문학과지성사, 2001, 125쪽.
5 에바 일루즈,《낭만적 유토피아 소비하기》, 박형신·권오현 옮김, 이학사, 2014, 28쪽.

확인 가능한 속성과 이유에 근거하는 사랑을 에로스적 사랑으로 구분한다. 아가페적 사랑, 즉 낭만적인 사랑은 일종의 신비한 감정이요 열정으로 인식된다. 맹목적인 열정인 연애 감정, 그러한 감정만이 진짜이며 순수하고 진정성 있는 연애 감정으로 인식되는 것이다.

열정이 순수하다는 단 하나의 이유만으로 그 사랑은 무죄가 되고 찬양의 대상이 되는 것은 서구 문화에선 낭만주의 이래 하나의 핵심적인 가치가 된 지 오래다. 20세기 초반에 나온 스콧 피츠제럴드의 소설 《위대한 개츠비》도 그런 전형 가운데 하나다. 주인공 개츠비는 온갖 범법과 비리를 저지르며 졸부가 된 후에 잃어버린 사랑을 되찾기 위해 광적으로 낭비적인 파티를 벌인다. 하지만 목숨까지 건 순수한 열정을 바친 여성 데이지는 솔직히 그런 사랑을 받을 가치가 없는 이기적이고 속물적인 여성이었다. 과연 목숨을 걸 가치가 없는 대상에 헌신하는 것도 찬양

영화 〈위대한 개츠비〉(2013) 중에서

되어야 마땅할까? 열정이 순수하다는 이유 하나만으로? 행위의 동기가 열정과 사랑이라고 해서 모든 부도덕이나 악조차도 승인된다면, 사랑을 명분으로 자행되는 각종 끔찍한 데이트 폭력들도 승인되어야 할 것이다. 그럼에도 불구하고 개츠비는 그 순수한 열정 때문에 독자들에게 일말의 '위대함'이 있다고 찬사를 받는다. 어리석지만 순수한 열정이었기에 위대한 사랑이었다고.

순수한 사랑의 감정은 무죄라는 판단, 순수한 감정은 항상 옳고 정당하다는 사고는 역사적으로 18세기 말 낭만주의 시기에야 최초로 등장한 것이다. 그것은 가치가 개입된 판단이다. 감정을 가치로 정립하는 것이다. 감정을 느끼는 것과, 그것을 하나의 가치이자 모든 개인들이 사회적 삶 속에서 느끼고 추구해야만 하며 그것을 이성 교제와 결혼 제도의 기본 원리로 격상하기까지 하는 것으로서 정립하는 것은 전혀 다른 차원의 문제다. 다시 말해 '낭만적 사랑'이라고 부르는 가치는 근대 유럽에서 '발명'된 것이다.

밀란 쿤데라는 소설 《불멸》에서 유럽에서 감정이 어떻게 숭고한 가치로 정립되었는가를 자세히 분석한다. 그에 따르면 유럽 문명은 이성에 바탕을 뒀다고 간주되지만 동시에 유럽은 감정의 문명이기도 하다. 유럽은 "감정적 인간, 호모 센티멘탈리스라 명명하고 싶은 인간형을 탄생시켰다."[6] 호모 센티멘탈리스(homo sentimentalis)란 감정을 가치로 정립하는 인간이다. 호모 센티멘탈리스의 출현, 즉 감정이 가치로 전환된 것은 12세기 즈음, 중세 귀족들의 궁정에서 음유시인들이 귀부인에 대

---

6 밀란 쿤데라, 《불멸》, 김병욱 옮김, 민음사, 2011, 294~295쪽.

3장 연애 감정

한 기사들의 무한한 열정을 노래하기 시작하면서부터다.

《사랑 그 딜레마의 역사》를 통해 서양 역사에 나타났던 다양한 사랑의 계보를 추적한 볼프강 라트는 "낭만적 사랑이라는 이름으로 알려진 감상적 사랑은 계몽주의의 2단계, 곧 감상주의가 만들어낸 작품"이었고 "18세기 사람들은 감정과 헌신, 사랑 앞에서 어쩔 줄 몰라하다가 눈물의 바다에 빠져 익사했다"[7]라고 쓰고 있다. 특히 낭만주의는 부르주아 계급의 합리주의와 계몽주의에 반발하여 감정의 가치를 감상주의로까지 확대했다.

낭만주의는 어떻게 감정 과잉과 감정 숭배주의인 감상주의와 혼동되었는가? 그것은 이성주의인 계몽주의와 구별되는 지점에서 확연하게 드러난다. 계몽주의는 이상과 이념의 객관적 진리성 여부를 중요하게 여겼다. 반면에 낭만주의는 어떤 가치를 추구하는 인간의 열정과 헌신, 감정의 순수함과 강렬함 자체를 숭배하는 분위기를 만들어냈다.

낭만주의가 이전의 다른 사고 체계와 역사적으로 구별되는 궁극적인 차이점이 바로 그것이었다. 추구하는 이상이나 대상의 미덕이나 악덕 여부와 관계없이 추구되는 감정과 열정 자체를 숭배하는 사상, 그것이 바로 감상주의로 치닫기도 하는 낭만주의였다. 그리고 죽음을 두려워하지 않는 이상에 대한 열정과 고결한 헌신, 감정의 순수 자체를 숭배하면서 그것을 사랑에 적용한 것이 낭만적 사랑의 이념이었던 것이다. 이렇듯 감정이 가치로 정립되고 순수한 열정을 사랑과 결혼의 전제조건으로 삼게 된 것은 18세기 말 부르주아 계급이 승리하고 낭만주의 운동이 그

---

7 볼프강 라트,《사랑 그 딜레마의 역사》, 장혜경 옮김, 끌리오, 1999, 160쪽.

런 가치를 이념적으로 확립하게 된 후부터다.

그러나 순수하고 낭만적인 사랑의 가치는 부르주아 계급이 추구한 개인주의 이념과 일부일처제 결혼 제도와 결합하면서 호모 센티멘털리스, 즉 감정주의적인 경향을 더욱 심화했고 공고하게 만들었을 뿐이다. 그리고 낭만주의 시대가 지난 오늘날에도 자본주의 문화 산업은 낭만적 사랑으로 포장된 눈물 콧물 쏙 빼는 감상주의라는 판타스틱한 기본 공식을 끊임없이 애용하고 있는 것이다.

감정의 순수성을 가치로 확립하는 순간 낭만성은 감상성과 혼동되기 시작한다. 동시에 이기적 소유욕과도 쉽사리 뒤섞인다. 데이트 폭력에 나타나듯 잔인하고 이기적인 폭력 자체도 감정의 순수성으로 합리화할 가능성이 생기는 것이다. '감정-사랑'으로 이해되는 사랑은 언제든 감정 과잉의 감상주의나 이기적 나르시시즘이나 광적인 소유욕에 불과한, 사랑을 빙자한 폭력으로 쉽게 변질되어버리는 것이다.

감정과 이성의 소통과 조화

그러므로 우리는 감정-사랑과는 다른 사랑의 관점을 가질 필요가 있다. 무엇보다 명확히 해야할 사항은 사랑은 본질적으로 '소통 관계'라는 사실이다. 즉 그 관계는 감정을 포함한 많은 것들이 소통되는 유대와 소통 관계의 한 형식이다. 다시 말해 사랑을 발동시키는 에너지인 감정 자체와 사랑은 구분되어야 한다. 감정은 그저 사랑을 촉발하는 계기이고, 사랑이라는 욕망의 기관차를 내달리게 하는 엔진이며, 그런 의미에서 사랑을 구성하는 필요조건이지 충분조건은 아니다. 또 사랑은 동시에 윤리적인 관계 형식이기도 하다. 왜냐하면 '소통의 방식과 소통의 성격'이라는 윤리성이 문제되기 때문이다. 관계의 핵심은 소통이다. 감정의 소통뿐 아니라 공감 능력, 배려, 헌신, 용기, 절제, 심지어 결별의 윤리까지 포함하는 소통의 윤리적 관계인 것이다.

주체들 간에 이루어지는 유대감의 질은 감정뿐 아니라, 상호 존중과 배려, 책임감, 가치관, 취향, 그리고 무엇보다 사랑하는 대상의 안녕과 행복을 위해 신중하고 심사숙고하는 윤리와 소통 능력의 발휘를 통해 결정되는 것이다. 감정이 아닌 관계로 이해되는 사랑에서 이성이 요구되는 이유가 여기에 있다.

성숙한 사랑일수록 지속성과 유대감의 강화를 위한 의지적이고 지성적인 노력을 요구한다. 많은 커플들이 최초의 열정 단계를 지난 후에 쉽사리 관계가 파탄 나는 것은 성숙한 단계로 진입하기 위해 필요한 사랑의 지혜, 혹은 윤리적 이성의 지혜가 부족하거나 결여되어 있기 때문이다. 에리히 프롬은 《사랑의 기술》에서 그 사실을 강조하고 있다. 프롬에 따르면 현대인들의 의심할 여지 없이 사랑을 '사랑에 빠지는 것' 즉 감정으로 착각한다고 지적한다. "그들은 이렇게 정신 나간 상태—즉 서로에게 '미쳐버린' 상태—의 강도를 그들 사랑의 강도의 증거로 생각한다. 그렇지만 그것은 그들이 전에는 얼마나 고독했던가를 증명하는 것일 뿐이다."[8]

프롬에 따르면 그런 착각이 현대인의 사랑을 실패로 이끈다. 그런 착

---

8 에리히 프롬, 《사랑의 기술》, 권오석 옮김, 홍신문화사, 1995, 13쪽.

각은 사랑을 '사랑할 수 있는 능력'의 문제가 아니라 단지 사랑에 빠질 기회나 운, 혹은 대상의 문제로만 국한해버린다. 그러나 사랑이야말로 열정 이상으로 지식과 노력이 필요한 '기술과 기예(art)'의 영역이다. 그 것을 프롬은 '사랑할 수 있는 능력'으로 개념화한다. 책 제목에 '기술'이 라는 단어를 사용한 이유가 바로 그것 때문이다.(물론 프롬이 말한 기술 은 조건을 따지는 계산적 사랑의 기술이나 상대를 '꼬시는 데'에만 관심이 있는 '작업 기술' 즉 '픽업아티스트'들이 사용하는 '픽업' 기술이 아니다.)

프롬이 말하는 사랑할 수 있는 능력이란 소통 능력과 이성의 지혜를 말한다. 감정을 올바로 활용하도록 이끌어주고 방향을 잡아주는 이성의 능력이다. 그 능력은 투자 대비 이득을 따지는 경제적인 합리성을 추구 하는 경제적인 이성이 아니다. 그것은 윤리적인 이성이다. 왜 윤리적인 가? 그 타자에게서 자아의 이득을 추구하는 것이 아니라 관계에 더 충실 하고, 더 아름답고 조화롭고 완전한 사랑으로 만들기 위한 지혜의 발휘 이기 때문이다. 때문에 그것은 결국 조화로운 관계를 지향하는 소통적 이성이기도 하다. 공감 능력, 배려심, 올바른 헌신, 책임감, 취향의 조율, 대화의 기술, 이 모든 것이 결국 유대를 강화하는 소통, 즉 조화로운 사 랑을 완성하기 위한 것이기 때문이다.

《내가 연애를 못하는 건 아무리 생각해도 인문학 탓이야》라는 재미있 는 제목을 가진 책에서는 욕망과 윤리의 문제를 이렇게 제기한다.

실존적 연애는 '욕망'과 '윤리'의 문제로 정식화할 수 있을 것이다. 자아의 욕망이 있다. 사랑받고 싶고, 인정받고 싶고, 내가 바라는 대 로 그가 움직여주기를 바라는 욕망이 있다. 한편 내 마음과 같지 않은 타자가 있다. 내 마음과 같지 않은 그를, 같을 수 없는 그를 내가 사랑한다는 사실이 윤리의 문제를 발생시킨다. 내 욕망은 상대를 집어삼킬 수도 있다. 내가 사랑과 인정을 원하는 타자가 그 사람인 한 나는 내 욕망을 성찰하고 제한하고 협상해야 한다. 이 성찰과 제한과 협상의 능력이 관계의 질을 결정할 것이다. 그러므로 누군가를 사랑하는 순간 우리는 욕망과 윤리의 문제를 고민하게 된다.[9]

누군가를 사랑하는 순간 윤리의 문제를 피할 수 없다. 그러나 사랑에 관한 한, 눈먼 욕망과 감정은 얼마나 자주 이성과 대립각을 세우면서 자신의 특권적이고 독점적인 권리를 요구하곤 하는가? 비합리적 욕망과 감정은 합리적 이성과 영원토록 평행선을 달리는 것처럼 보이기도 한다. 그러나 이성 본연의 역할은 욕망을 억압하거나 억제하는 것이 아니다. 스피노자가 날카롭게 통찰한 바와 같이 이성은 우리를 슬픔에 빠뜨리는 정서나 감정보다 훨씬 더 강력한 욕망과 감정이 솟구치게 하는 데 있다. 하나의 감정은 그보다 더 강력한 감정을 통해서만 변화될 수 있다. 그러한 변화의 방향으로 감정이 솟아나게 하고, 더 나은 방향으로 유도하는 것이야말로 이성이 가진 진정한 힘인 것이다.

지그문트 바우만은 《방황하는 개인들의 사회》에 실린 에세이 〈사랑은 이성이 필요할까?〉에서도 이런 이성의 역할을 강조한다.

---

9 정지민, 〈사랑의 오래된 문제들과 새로운 문제들〉, 《내가 연애를 못하는 건 아무리 생각해도 인문학 탓이야》, 인문학협동조합 엮음, 알마, 2014, 44쪽.

사랑과 도덕은 결국 대안적인 행동들을 심사숙고해야 하고 그에 따른 위험과 기회, 득실을 저울질해야 하기 때문이다. 사랑과 도덕은 자신의 행동이 자신이 사랑하는 대상이나 염려하는 대상의 복지에 어떤 영향을 미칠지 예측하려고 최선을 다해야 한다. (……) 자신들이 쓸 수 있는 재원을 배분할 수 있는 최선의 방안, 가장 해를 끼치지 않는 방법을 찾아내야 한다. 이런 과제와 이 비슷한 과제들을 해결하는 데 이성은 그 누구보다도 적임자이다. 인간의 다른 어떤 능력들도 이성보다 더 이 과제를 잘 해결할 수 없다.[10]

바우만에 따르면 사랑은 도덕과 마찬가지로 끊임없이 불확실한 상태를 피할 수가 없다. 사랑은 자칫 무관심으로 변질되는 관용과 너무나도 쉽게 강제라는 암초에 부딪치는 소유욕 사이를 위태롭게 헤쳐 나가야 한다. 사랑의 주체는 이 불확실하고 위태로운 망망대해를 스스로의 힘으로 헤쳐 나갈 수밖에 없다. 이때 필요한 것이 바로 이성이라는 나침반인 것이다. 그러므로 사랑의 관계에서 이성을 배제하는 것, 욕망과 감정의 순수성만을 고집하는 것이야말로 사랑에 대한 가장 큰 오해일 것이다. 오히려 진정으로 낭만적인 사랑이 가능하기 위해서라도 감정과 이성은 가장 큰 조화 능력을 가져야만 한다. 지고한 사랑을 위한 자기희생이 요구될 때조차도, 욕망을 그런 숭고함으로 이끌어주는 동반자는 바로 이성이기 때문이다.

---

10 지그문트 바우만,《방황하는 개인들의 사회》, 홍지수 옮김, 봄아필, 2013, 280쪽.

3장 연애 감정

또 다른 연애 감정의 취급?

소통 관계로서 사랑은 낭만적인 사랑 관념과 마찬가지로 지극히 인간적인 관념이다. 낭만적 사랑이 열정을 과도하게 강조한다면 소통 관계로서의 사랑은 열정 못지않게 이성과 지혜의 윤리성을 강조하기 때문이다. 아마도 사랑에 관한 이토록 다양한 담론들이 생겨나는 것도 결국 인간의 섹슈얼리티가 근본적으로 동물과는 다르기 때문일 것이다. 무성애자에게서 보듯이 성적 욕구는 있어도 타자에 대한 성적 끌림이나 충동이 존재하지 않는다면, 그런 이들에게서 지금까지 논의한 사랑 이야기는 그들의 삶과는 지극히 동떨어진 얘기일 수밖에 없을 것이다. 다시 말해 열정이든 소통이든 간에, 그것이 원초적으로는 생물학적인 짝짓기 본능이라는 동물적 본성에 뿌리박고 있다는 사실은 결코 간과할 수 없다는 말이다.

사실 사랑에 빠졌거나 사랑을 갈망하는 개인 실존의 관점에서는 사랑은 너무나 낭만적이고 아름답고 황홀한 시적인 것일지언정, 종의 관점에서는 리처드 도킨스 같은 생물학자들의 주장처럼 이기적인 유전자의 프로그램에 각인된 유전적 본능이거나 혹은 쇼펜하우어의 냉소적인 주장처럼 맹목적인 종의 의지가 개별적인 의지를 통해 관철하는 종족 보존 본능에 불과할 수도 있다. 즉 사랑의 열정은 성욕이라는 본능에 근거한 것으로 "남녀의 사랑은 이 본능이 특수화되고 한정되고 개체화된 것이다."[11]

11 아르투어 쇼펜하우어, 《쇼펜하우어 인생론》, 최만홍 옮김, 집문당, 1988, 59쪽.

종의 관점에서는 그것이 진리일 수 있다. 성애적 사랑의 감정이 우정이나 부모의 자식에 대한 사랑과 다른 것은 그것이 육체적인 욕망과 결합되어 있는 '관능성' 때문이다. 그럼에도 인간의 사랑은 동물들의 생식 욕과는 전혀 차원을 달리하기도 한다. 육체적 정신적 결합과 유대에 대한 갈망의 감정은 생물학적인 본능에 근거를 둔 매우 자연스러운 감정의 발로이지만 그것이 드러나는 표현 양상은 매우 복잡하고 다양하다.

사랑이 동물적 생식과 다른 건 크게 두 가지 이유 때문이다. 그 차이를 사랑의 하부구조와 상부구조로 구분하여 설명할 수 있을 것이다. 인간 성의 생물학적 토대가 사랑의 하부구조를 이루며, 성과 사랑의 문화적 표현 형태가 상부구조를 이룬다. 하부구조란, 영혼과 육체의 분리에 근거한 성의 유희 가능성이다. 인간의 성은 생식과는 무관한 유희적인 섹스 형태로 진화해왔다. 즉 사랑 없는 섹스와 섹스 없는 사랑 모두가 가능한 영혼과 육체의 분리가 근본 토대인 것이다. 인간 사회에서 온갖 종류의 다양한 형태를 갖게 되는 것도 이런 하부구조적 특징 때문이다. 육체와 영혼의 분리는 불륜, 외도, 삼각관계나 그로 인한 배반의 드라마, 치정 살인 등 인간의 사랑에 특수한 딜레마를 가져다주며, 무수한 재난과 불행, 감정의 과잉 소모와 감정적 고통의 원인을 제공한다.

사랑의 상부구조는 인간의 정신성에 바탕을 둔 문화적 표현 형태들이다. 인간의 성욕은 단순 욕구가 아니다. 의식된 충동 즉 욕망이다. 인간의 사랑은 '문화화'된 정신적인 형식이다. 사랑이 실현되는 사회적 형식과 사랑의 감정을 대하는 태도, 가치관은 그것이 발생한 문화의 형태에 의존한다. 시대마다 문화마다 사랑과 성, 결혼에 대한 가치관이 다른 것도 그 때문이다.

결혼 제도만 보더라도 시대와 문화에 따라 실로 다양한 형태를 띤다. 일부일처제는 물론이고 일부다처제, 일처다부제 등 역사적으로는 매우 다양한 결혼 제도들이 있어왔다. 사실 오늘날 대부분의 문명권에서 일부일처제를 채택하고 있지만 인간의 생물학적 하부구조로 볼 때 일부일처제는 인간의 본성과 맞지 않는다는 지적이 끊임없이 제기되고 있는 것도 사실이다. 또한 천부인권과 민주주의, 개인주의를 사회 구성 원리로 채택하고 있는 사회가 채택하는 자유연애와 자유결혼 제도도 실은 특수한 역사적 맥락을 가진 '상대적인' 제도에 불과한 것이다. 반면에 부모의 승인 없는 자유연애가 명예 살인의 빌미가 되어 매년 수백, 수천 명의 여성들이 잔혹한 명예 살인의 희생자가 되고 또 일부다처제가 공식적으로 인정되고 있는 이슬람 문화권이나, 엄격한 카스트 제도가 관습으로 남아 있어 카스트 외혼이 사실상 금기로 작용하고 있는 현대 인도 사회 같은 문화도 있는 것이다. 이런 문화권에서는 자연스럽게 일어나는 두 개체 간의 감정을 자유롭게 교류할 자유나 권리가 없는 것이나 마찬가지다. 즉 낭만적 사랑의 전제는 근대 자본주의가 촉발한 개인주의와 선택의 자유이며, 감정이나 영혼의 소통과 이끌림이라는 감정의 특권화도 그런 전제가 없는 사회들에선 불가능한 문화인 것이다.

이처럼 사랑의 하부구조와 상부구조는 긴밀하게 연결되어 있다. 두 구조 간의 연결은 사회조직의 구성 방식에 따라 크게 달라진다.

극단적인 사례이긴 하지만, 예를 들어 올더스 헉슬리가 그려낸《멋진 신세계》같은 사회도 상상할 수 있을 것이다. 생식과 양육을 국가가 전담하고 사적 소유나 가족제도 자체가 존재하지 않으며, 개인들 간에는 완전하게 자유로운 섹스 문화가 도입된 사회. 그런 사회에서도 과연 사

올더스 헉슬리의 《멋진 신세계》를 각색하여 1980년 미국과 영국에서 방영된
텔레비전용 영화의 한 장면.

랑의 낭만이나 연애 감정 같은 것이 개입될 여지가 있을지는 의문이다. 그런 사회에서는 육체와 영혼의 분리로 인한 고통은 사라질 것이고, 소설에서 그리듯이 무한한 성적 자유 속에서 사랑의 감정조차 소멸할 것이며, 따라서 하부구조와 상부구조의 분열도 사라질 것이다.

또 최근에는 실제 현실에서도 하부구조와 상부구조 사이의 딜레마, 특히 배타적인 독점 관계로 인한 문제를 해소하기 위한 다양한 시도들이 이루어지고 있다. 다자 연애에 대한 실험들이다. 다자 연애, 폴리아모리(polyamory)란 두 사람 이상을 동시에 사랑하는 관계의 형태를 일컫는 말로 종종 집단혼 형태의 가족 관계를 형성하기도 한다.

이런 다자 연애 관계는 지금까지 상식처럼 인정되던 배타적 독점 관계에서 드러나는 질투심, 그로 인해 나타나는 데이트 폭력이나 성적 불만족 같은 문제들을 해결할 수 있는 하나의 대안으로 시도되어왔다. 무엇보다 다자 연애는 성적인 관계만이 아니라 감정적으로도 파트너와 관계를 유지한다는 점에서 단지 성적으로 자유분방한 것과도 구분된다. 이런 다자 연애 관계에서 나타나는 연애 감정의 흐름은 배타적인 감정의 투입을 요구하는 일자 연애 관계의 흐름과는 많이 다를 것이다.

미시건 대학 심리학과의 테리 콘리(Terri Conley) 교수 연구 팀은 일부일처제를 유지하는 1507명과, 열린 관계(open relationship)를 맺고 있거나 다자 연애주의자인 사람들 617명을 대상으로 연구 조사해 분석한 바 있다.[12] 연구에 따르면 다자 연애가 종종 전통적인 일부일처제보다 더 잘 기능할 수도 있다고 한다. 열린 관계를 맺고 있는 사람들이 일부일처제인 사람들보다 성적 만족도가 더 낮은 경향을 보인 반면, 다자 연애 관계를 맺고 있다고 말한 사람들은 일부일처제 관계에 있는 사람들과 비슷하거나 더 높은 성적 만족도를 보인 것이다. 또 일부일처제 관계보다 질투심도 적고 파트너를 더 잘 믿는 경향도 있다고 한다. 그리고 이들 다자 연애주의자들은 상대적으로 진보적이고 더 잘 교육받았을 확률도 높은 것으로 나타났다.

이처럼 개방적인 관계를 지향하는 다자 연애 관계는 아직은 극소수 개인들 사이에 나타나는 실험적인 연애 형태일 뿐이다. 그러나 이런 실험들은 우리가 사랑, 특히 일자 연애 관계에서 나타나는 낭만적 사랑에 대해 가지고 있는 상식이나 선입견에 대한 문제 제기이자, 보다 개방적이고 다양한 관점에서 성과 사랑 그리고 연애 감정의 취급에 대해 고민하게 한다는 점에서 의미가 있다는 사실은 분명하다.

12 Terri D. Conley, Jes L Matsick, Amy C. Moors, Ali Ziegler, "Investigation of Consensu-ally Nonmonogamous Relationship: Theories, Methods, and New Directions", *Perspectives on Psychological Science* Vol. 12 No. 2, 2017. 3. 1.

특히 감정 문제에 관한 한, 올더스 헉슬리의 문학적 실험이나 다자 연애 관계의 감정 취급은 사랑의 관계에서 감정을 어떤 방식으로 취급해야 하는지, 그리고 감정이 어떤 위상을 갖는 것이 옳은지에 대한 질문을 던진다. 다자 연애 관계에서 여러 명의 연인들에게 동등하게 감정 에너지를 투입할 수 있을까? 일자 연애 관계에서처럼 극단적인 질투심이나 소유욕으로 인한 데이트 폭력 같은 사태는 발생하지 않을까? 감정의 강도나 밀도는 어떻게 다를까? 배타적이지 않은 감정의 소통이 정말 가능할까? 확실한 것은 연애 감정 문제에서도 우리가 상식처럼 생각하듯이 일자 연애 관계에서 나타나는 배타적인 열정의 형식만이 다양한 사랑 형태 모두를 포괄할 만능 키가 아니라는 사실이다. 그것은 사회구조의 변화와 인간의 성, 감정들 사이의 복잡한 관계 양식들 속에서 보다 더 다양하고 폭넓은 시선으로 관찰해야 할 문제일 것이다.

프랑스의 모럴리스트 프랑수아 드 라 로슈푸코는 "우리가 사랑에 관해 배우지 않았더라면 사랑하는 법을 몰랐을 것"이라는 유명한 말을 남겼다. 연애 감정의 취급 방식도 결국 역사적이고 문화적으로 상대적인 상부구조적인 산물에 불과하다면, 사회와 가치관의 변동에 따라 연애 감정도 앞으로 얼마든지 지금과 다른 형태로 변화할 가능성도 있다. 따라서 현재 일자 연애 관계가 근거하고 있는 사랑의 소통 방정식이 가진 문제와 한계도 그런 차원에서 재검토해볼 필요가 있을 것이다.

4장
혐오

혐오하라,
그러면 구원을 받으리니

김종갑

건국대학교 영어영문학과를 졸업하고 미국 루이지애나 주립대학교에서 영문학 박사 학위를 받았다. 현재 건국대학교 영어영문학과 교수로 재직하고 있으며, 몸문화연구소 소장으로도 활약하고 있다. 지은 책으로는 《타자로서의 몸, 몸의 공동체》, 《문학과 문화 읽기》, 《근대적 몸과 탈근대적 증상》, 《내 몸을 찾습니다》(공저), 《생각, 의식의 소음》, 《우리는 가족일까》(공저), 《성과 인간에 관한 책》, 《혐오, 감정의 정치학》 등이 있다.

그렇게 흉측하고 구역질 나게 말하는 여자는
아무 짝에도 쓸모가 없어. 살 권리도 없어.
너는 영혼을 가진, 그리고 품위 있게 말할 수 있는 인간이잖아.
셰익스피어와 밀튼, 그리고 성경, 그것이 영어야!

_버나드 쇼, 《피그말리온》 중에서

여성 혐오와 함께 조명된 혐오의 정치성

언제부터인가 혐오라는 말이 사회를 휘젓고 다니기 시작했다. '혐오의 시대'라는 신조어도 등장하였다. 그리고 2015년, 한국 사회에 만연한 여성 혐오적 발언들에 대응하기 위한 전략으로 메갈리안은 '남성 혐오'를 들고 나왔다. 이를 기점으로 세간에서 떠돌던 혐오가 하나의 학문적 주제로서 공론화되었다. 그것을 주제로 내건 학술 대회, 계간지의 특집호, 그리고 관련 도서의 출판이 줄을 이었다. 어느 날 불쑥 등장하더니 유행어의 대열에 오른 '헬조선'도 그러한 혐오의 정서와 맞물려 있다.

혐오는 기쁨, 슬픔, 공포, 분노, 놀라움과 더불어 인간의 기본적인 감정의 하나이다. 감정이란 무엇일까? 그것은 외부에서 주어진 자극에 대해 몸이 보여주는 반응이다. 예를 들어 기쁘면 얼굴 근육이 파도처럼 일렁이면서 가슴이 활짝 펴지고, 놀라면 입이 열리고 동공이 확대되는 반응이 일어난다. 그리고 맹수를 만나면 움츠러들거나 죽어라 도망가는 반응이 생긴다. 그리고 땀도 분비가 된다. 이때 맨눈으론 볼 수 없는 우리 몸의 내부에서도 급격한 변화가 발생한다. 아드레날린이나 도파민과 같은 화학물질이 방출되고 호흡과 맥박이 빨라지는 것이다.

이런 다양한 감정 가운데서도 혐오는 몸이 마비될 정도로 강도가 높고 격한 반응을 유발한다. 심하면 구역질과 구토까지도 동반한다. 다른 감정이 잔잔한 물살이나 파도라면 혐오는 쓰나미처럼 격하게 몰려온다. 더욱 고약한 것은, 그것의 강도에 파급의 속도(번식력)까지도 더해진다는 것이다. 굳이 혐오스런 대상을 보지 않아도 된다. 그런 말만 들어도 속에서 혐오의 감정이 꿈틀거리며 고개를 내밀기 시작한다. 그리고 중세의 페스트처럼 순식간에 모든 사람을 사로잡아버린다. 유럽 근대사의 지워지지 않을 상처이자 수치인 인종 혐오를 보라. 최근 미국에서 백인 경찰이 무고한 흑인 청년을 사살한 사건은 "모든 백인 경찰을 죽여라"라는 극단적 혐오의 후폭풍을 몰고 왔다. 텍사스 댈러스에서는 한 흑인이 백인 경찰관 다섯 명을 정조준해서 사살하였다. 여기에서 내가, 그와 같이 극단적인 혐오감이 우리 사회를 휩쓸고 있다고 말하려는 것은 아니다.

듣기만 해도 혐오감에 사로잡히기 쉽다는 사실, 그것이 개인적일 수 있는 감정을 정치적으로 만든다. 한때 "유대인을 죽여라!" 하는 혐오의 함성이 전 독일에 울려퍼졌다. 그렇게 외쳤던 독일인의 대다수는 혐오스런 유대인을 한 번도 본 적이 없는, 혐오의 이유를 해명할 수 없는, 그럼에도 혐오의 말에 감염된 사람들이었다. 이처럼 대상 자체가 아니라 외양, 외양이라기보다는 소문에서 혐오의 독기가 흘러나온다. 대상을 가리지 않는지라 그것은 카사노바처럼 가리지 않고 아무것하고나 붙어서 교접하기를 좋아한다. 외국인 혐오, 동성애 혐오, 종북 혐오, 빨갱이 혐오, 전라도 혐오, 장애인 혐오, 이주민 혐오 등, 이렇게 혐오는 번식력이 강하다.

이 점에서 혐오의 정치라는 용어의 등장은 새삼스러운 일이 아니다. 그것이 정치적인 이유는, 세상을 혐오하는 주체와 혐오스런 대상으로, 즉 우군과 적군으로 갈라놓기 때문이다. 혐오로 자신의 정체성을 다지고 그것으로 몸집을 불리는 주체를 생산하는 것이다. 혐오의 주체는 자신은 순수하고 결백하다는 자기 확신에 사로잡혀 있다. 세상의 모든 소중한 것들이 그러하듯이 이 순수함은, 자칫 방심하는 사이에 혐오스런 놈들에 의해 오염될 수 있다는 두려움도 가지고 있다. 포도주 잔에 오물을 한 방울 떨어뜨려보라. 순식간에 포도주는 오물이 되어버린다. 그렇지만 오물이 살짝 담긴 그릇에 포도주를 한 병 다 부어도 오물은 포도주가 되지 않는다. 아무리 쓸고 닦아도 오물은 어디까지나 오물에 지나지 않는다는 것이다. 그렇다면 방법은 하나밖에 없다. 오물은 그 원인까지 완벽하게 제거되어야 한다. 과거에 히틀러가 꿈꾸었던 것이 이 완벽한 제거의 정화 작업이지 않았던가. 이 정화의 욕망과 행동보다 더욱 더 정치적인 것이 세상에 또 어디에 있겠는가. 한편에 정화의 소명을 가진 선민, 다른 한편에는 제거되어야 하는 혐오의 무리로 세상이 양분되는 것이다.

그러나 혐오에 내장된 이러한 정치적 잠재력이 우리나라에서 표면화된 것은 극히 최근의 일이다. 과거에 혐오는 정치적이거나 집단적이기보다는 심미적이며 개인적인 감정이었다. 박경리의 《원주 통신》에는 다음과 같은 대목이 있다. "아픔과 사랑이 사라져가는 세상, 나는 인간에 대하여 혐오를 느낄 때가 많다." 여기에서 작가는 '인간을 혐오하라!'라고 고성을 지르지 않는다. 안타깝게 탄식할 따름이다. 박경리와는 방향이 다르지만 혐오가 여전히 심미적임이 분명한 예로 이병주의 《행복어 사전》을 보자. "힐끔 나를 보는 그 표정엔 무슨 징그러운 동물을 보는 듯한 혐오가 있었다." 화자는 타자를 향해 혐오의 감정을 투사하는 것이 아니라 자기 내면으로 거두어들인다. 오물이 담긴 포도주 잔을 들어 자신이 마시는 것이다. 이와 같이 심미적이거나 윤리적인 함의가 지배적이었기 때문에 혐오는 광장이 아니라 예술의 내밀한 공간에서만 간간히 모습을 나타내었다. 신문과 같은 대중매체는 혐오라는 말을 아예 입에 올리지를 않았다. 그러던 것이 2005년을 전후해서 혐오가 밀실에서 나오더니, 이내 하나의 구호나 선언문처럼 정치화의 노선을 달리기 시작하였다. 그리고 성과 짝을 이루면서 변신에 변신을 거듭하였다. 한번 세어보기로 하자. 개똥녀, 강사녀, 군삼녀, 된장녀, 신상녀, 루저녀, 패륜녀, 지하철 반말녀 등, 아마 지금 이 순간에도 어디에선가 새로운 혐오가 첫 울음을 터뜨리며 태어나고 있는지 모른다. 일찍이 현재처럼 혐오의 왕성한 생식력이 절정에 이른 적이 없었다.

그런데 왜 남성이 아니라 여성이 혐오의 대상이 되는 것일까? 만약 더럽고 불결한 대상이 혐오를 자극한다면 여자보다 남자들이 혐오스럽다는 핀잔을 더욱 많이 들어야 하지 않는가! 혐오스럽다는 말은 남자보다 여자들이 잘한다. 쥐나 지렁이, 바퀴벌레나 돈벌레는 물론이고 어쩌다 거미나 날파리가 잠깐 시야에 들어오기만 해도 소스라치며 뒤로 물러서는 것이 심약한 여자들이다. 남자들이 바퀴벌레를 맨손으로 잡아서 처치하는 것을 보고 혐오의 표정을 짓는 것도 여자들이다. 용기와 담력을 뽐내고 싶은 나머지 바퀴벌레도 입에 넣고 씹는 건 남자들이지 않은가. 혐오가 여성적인 것이라면 분노는 남성의 몫이지 않았던가! 그런데 왜 어느 날 갑자기 남성이 혐오를 독점하기 시작했을까? 왜 밀실에 있어야 할 혐오를 광장으로 끌어왔을까?

이 글에서는 몸의 관점에서 여성 혐오의 정체를 해부할 것이다. 우리는 괴테의 영원한 여성성이나 동정녀 마리아와 같이 추상적 개념이나 이념을 혐오하지는 않는다. 그것이 혐오의 대상이 되기 위해서는 몸으로 체화되어 있어야 한다. 몸이란 무엇인가? 우리는 몸이 있기 때문에 먹고 마시며 싸고 짝짓기를 한다. 또 몸이 있기 때문에 상처를 입기 쉽고 고통을 앓으며 노화하고 마지막에는 죽음에 이르게 된다. 그리고 그러한 몸의 기원은 어머니의 자궁으로 거슬러 올라간다. 힘겹게 자궁을 빠져나와 고고지성을 지르는 것은 몸이라기보다는 새빨간 핏덩이처럼 보인다. 이와 같은 살덩어리로서 인간의 기원, 인간의 영광과 비참, 희망과 절망, 동물성과 초월성이 공존하는 모순이 있다. 왜 남성은 여성을 혐오하는가? 여성 혐오는 그와 같이 모순적인 기원에 대한 남성의 방어책이다. 여성을 혐오함으로써 남자가 남성이 되는 것이다. 이 점에서 여성 혐오는 개인의 심리의 문제가 아니라 구조적인 문제이다. 이와 같은 구조가 여성 혐오를 양산하고 있다.

혐오감의 과잉은 구역질이라는 것, 이것이 나의 논의의 이론적 토대이다. 뒤집어서 말하면 혐오감은 약화된 구역질이라 할 수 있다. "혐오란 무엇인가?"라는 질문은 "구역질이란 무엇인가?"라는 질문으로 대체될 수 있는 성질의 것이다. '퉤' 하면서 여성을 나의 몸 밖으로 뱉어내는 행위가 여성 혐오로 정의되어야 한다. 남자는 된장녀를 자기 밖으로 뱉어냄으로써 스스로 남성이 된다고 느낀다.

자연적 혐오와 사회적 혐오

지금으로부터 30여 년 전 미국 남부에서 가난한 유학 생활을 하던 시절에 나는 처음으로 혐오의 표정을 접했다. 당시에 나는 대학 캠퍼스에 있는 작은 아파트 단지에 살고 있었다. 다민족 전시장처럼 다양한 국적과 피부색의 유학생이 북적거리는 곳이었다. 단지를 걷노라면 세계 각국의 음식을, 직접 보지는 못해도, 부엌으로 새어나오는 냄새는 맡을 수가 있었다. 한국 유학생의 요리도 그러한 냄새의 향연에 일조를 했다. 나또한 주중에 햄버거나 피자로 간단히 허기를 채우다가도 여유가 생긴 주말에는 비빔밥이나 김치찌개, 된장찌개 등 한국 음식을 요리하기에 바빴고, 그럴 때마다 구수한 냄새가 집 밖으로 질펀하게 흘러나가게 마련이었다. 그런데 이때 창밖을 보고 있던 나의 시야에 한 백인이 허둥대는 모습이 들어왔다. 그가 한 손으로 코를 움켜잡고 인상을 찌푸리며 급한 걸음으로 우리 집 앞을 지나가는 것이었다. 등골이 오싹했다. 그날 이후로

아드리안 브라우버르, 「쓴 약 한 모금」(1636~1638년경)

나는 우리나라 음식, 특히 냄새에 무척이나 신경 쓰게 되었다. 김치는 그러겠거니 했는데 김밥에서도 냄새가 난다는 사실은 전혀 뜻밖이었다. 그리고 아침에 김치를 먹은 날이면 나의 몸에서 마늘 냄새가 난다는 것도 깨닫게 되었다. 물론 나도 썩 유쾌하지 않은 외국 음식을 냄새로 접할 기회가 많았다. 오글거리고 느끼한 냄새가 있는가 하면, 놀랍게도 인도 카레에서는 재래식 화장실 냄새가 났다.

된장찌개를 처음으로 접하는 유럽인들은 반(半)본능적인 혐오감을 보인다. 냄새가 너무나 고약한 나머지 아파트 매니저가 집으로 전화해서 항의를 했던 적도 있다. 청국장이라면 기겁을 하고 손사래를 친다. 메주로 만든 식품에서 발효 식품 특유의 퀴퀴한 냄새가 풍기는 것이다. 나에게 한옥의 온돌방처럼 구수하고 정겹게 느껴지는 향기가 외국인의 코에는 부패의 악취로 다가왔던 것이다. 찰스 다윈도 비슷한 경험을 한 적이 있었다. 어느 날 그가 원주민의 마을에서 점심으로 스테이크를 맛있게 먹고 있었다. 곁에 있던 원주민 하나가 이 처음 보는 음식에 호기심을 참지 못했는지 손가락으로 스테이크를 꾹 눌러보고는, 몹시 혐오스럽다는 표정을 짓는 것이었다. 원주민에게는 그러한 색깔과 그러한 육질의 고기는 사람이 먹을 만한 음식이 아니었던 것이다. 그런데 이때 다윈도 혐오감을 느꼈다는 사실을 말해두어야 하겠다. 누군가가 자기의 먹고 있는 음식을 손으로 만져본다는 사실 자체를 그는 참을 수 없었던 것이다. 원주민의 문화권에서는 그러한 행동이 에티켓에 벗어나는 일이 아니었다.

이 점에서 혐오감은 음식을 빼놓고 말할 수 없을 만큼 음식과 밀접한 관계를 가지고 있다는 사실을 알 수 있다. 이러한 음식과의 관련성에 혐오의 본질이 깃들어 있다. 생명을 유지하기 위해서 음식만큼 필요한 것이 무엇이 있겠는가. 성욕과 더불어 식욕이 모든 동물의 보편적 본능이라는 것은 두말할 필요가 없다. 짝짓기가 없으면 종족을 보존할 수 없듯이 음식이 없으면 개체의 생명을 유지할 수 없다. 선과 악, 미와 추, 혹은 문화와 문명의 기준을 떠나서 이 두 본능이 무조건적으로 충족되지 않으면 존재 자체가 불가능한 것이다. 먹지 않으면 살 수가 없는 것이다. 그리고 먹으면서 느껴지는 기쁨이 바로 맛이다. 한편에 맛이 좋은 음식이 있는가 하면 다른 한편에는 맛이 나쁘거나 쓴 음식도 있다. 이 좋음과 나쁨의 사이에는 수많은 맛의 스펙트럼이 포진해 있다. 예를 들어, 단맛도

뉘앙스에 따라서 달기도, 달콤하기도, 달짝지근하기도, 들큼하기도 하다. 그런데 속담에도 있듯이 우리는 "맛없는 음식도 배고프면 달게 먹는다". 먹을 것이 없으면 초근목피로 연명하지 않았던가. 그래서 배가 고프면 양잿물도 마신다는 속담도 생겼을 것이다. 살기 위해서 못 먹을 음식이 세상에 어디에 있겠는가! 그런데 문제는, 살기 위해 음식을 먹었는데 그로 인해서 죽을 수 있는 가능성에 있다. 감탄고토(甘呑苦吐)라고 하지 않았던가! 우리는 달면 삼키고 쓰면 뱉는다. 양잿물처럼 쓰고 독한 것을 마시면 우리는 자기도 모르게 본능적으로 그것을 토해버린다. 이것이 본능적인 혐오감이다. 진화 과정에서 우리는 생명 유지에 해로운 물질을 입 밖으로 뱉어내는 메커니즘을 갖추게 되었던 것이다. 외국인이 김치에서 부패한 냄새가 나는 줄 알고서 혐오감을 느끼는 이유도 따지고 보면 그러한 생명 유지의 본능과 직결되어 있다. 부패한 음식을 먹으면 탈이 나기 때문이다.

생명 유지에 필요한 음식에 대해 혐오감을 느낄 수 있다는 사실, 이것은 종의 유지를 위해 필수불가결한 이성(異性)에 대해서도 혐오감이 작용할 수 있는 가능성을 시사해준다. 개체 보전을 위해서 내가 타자(음식)를 입으로 섭취하듯이 나는 종의 보전을 위해서 타자(여자)와 성적으로 결합하지 않으면 안 된다. 그런데 음식이 그러하듯이 모든 성적 결합이 무조건적으로 좋은 것은 아니다. 독버섯이나 부패한 음식처럼 치명적일 수 있는 성적 결합도 있다. 이러한 결합에는 기쁨과 행복뿐 아니라 성병과 같은 위험도 내재되어 있다. 기쁨과 고통, 행복과 불행, 희망과 절망이 혼재하는 것이다. 이때 혐오는 그러한 위험에 대한 몸의 방어 기제이다. 생을 위해 비생(非生), 즉 죽음을 방출하는 방어기제가 몸에 내장되어 있는 것이다.

그런데 과연 혐오감이 생명 유지에 필요한 본능적 반응일까? 혐오감이 본능의 발현일까? 앞서 소개한 김치의 예는 혐오감이 본능이 아니라 문화나 지식과 접하고 있다는 사실을 말해준다. 김치를 보고 혐오감을 느꼈던 외국인도 그것이 건강에 좋은 식품이라는 설명을 들으면 생각이 바뀌기 시작한다. 부패한 줄 알았던 냄새가 실은 치즈와 같은 발효식품의 향기라는 것을 발견한 것이다. 더구나 소화를 돕고 비타민과 같은 영양소가 풍부하며, 무엇보다도 다이어트에 좋다는 소리를 들으면 그는 김치를 맛있게 느끼게 된다. 혐오감의 원인이 본능이 아니라 문화와 연동되는 것이다. 음식 자체가 아니라 그것에 대해 알고 있는 지식, 혹은 그것에 대한 소문이 혐오감의 새로운 원인이 된다. "좋은 약은 입에 쓰다"라는 속담도 있지 않은가. 흥미롭게도 대부분의 문화권에는 같은 속담이 존재한다. 프랑스어, "Qui est amer à la bouche est doux au cœur". 독일어로, "Bitter im Mund ist dem Magen gesund". 중국어로 "良藥古丘". 본능은 문화화되고 문명화되고 있다.

혐오감이 문화의 영역으로 접어드는 순간이 바람직한 것은 아니다. 자연과 연결고리가 끊어지는 순간에 혐오감은 공장 생산이 그러하듯이 대량으로 생산되고 조작되며 유통될 수 있다. 먹을 수 있는 것과 없는 것, 건강에 좋은 것과 나쁜 것과 같은 구분은 몸의 지혜로 불릴 수 있다. 그것은 생명 유지에 해로운 것에 대한 몸의 거부 반응이다. 그런데 유태인 혐오처럼 문화적으로 발생하는 혐오감은 생명 유지의 목적과는 무관하게, 그것도 생명을 짓밟고 파괴하는 방향으로 전환될 수가 있다. 여성 혐오도 그와 같이 본말이 전도된 혐오 현상이다.

논의의 진도를 잠시 멈추고, 혐오감이 문화화되는 과정에 잠시 시선을 멈추기로 하자. 인간은 늑대를 길들여 강아지로 만들듯이 자신의 본능도 문명화한다. 그러다 보면 나중에는 종자 개량된 애완견처럼 자연과 야성의 흔적이 완전히 사라질 수도 있다. 자연에 대한 문명의 완전한 승리가 되는 것이다. 그러면서 과거에 있었던 식용과 비식용이라는 자연적 구별이 값비싼 음식과 저렴한 음식, 코스 요리와 단품 요리, 보기 좋은 음식과 그렇지 못한 음식 등의 문화적 차이로 대체되기 시작한다. 문명화의 과정은 자연이 문화화되는 변증법적 과정인 것이다. 커피가 디카페인으로 순화되듯이 된장에서 메주 냄새가 제거되어야 하며, 방귀나 트림, 침 뱉기, 코 풀기 등의 생리적 현상은 사회적 공간에서 자취를 감춰야 한다. 스테이크에서는 소의 형상이, 삼겹살에서도 돼지의 모습이 보이지 않아야 한다. 음식이 문명화되는 초기 단계였던 중세 후반까지 유럽인은 식탁에 돼지나 닭고기를 통째로 올려놓고 손으로 고기를 뜯었으며, 기름기는 옷에 문질러 닦고 잔을 돌려가면서 와인을 마셨다. 치킨이 아니라 닭고기를, 삼겹살이 아니라 돼지고기를 먹었던 것이다. 그러나 현대인에게 그런 음식은 너무 동물적이고 야만적으로 보이게 된다. 과거에 비해 혐오의 문턱이 훨씬 더욱 낮아져 있는 것이다.

　여기에서 우리는 다음과 같은 질문을 물을 수 있다. 이른바 혐오 식품과 문명화된 식품의 차이는 어떠한 차이일까? 먹음직스럽고 보기에도 좋은 치킨과 통째로 구운 닭 한 마리의 차이를 생각해보자. 콩으로 만든 고기가 고기가 아니듯이 치킨은 닭고기가 아니라고 말할 수 있을까? 물론 이것은 어리석은 질문이다. 프라이드 치킨이든 치킨 너겟이든 깐풍기이든 닭고기라는 사실에는 변함이 없다. 변한 것이 있다면, 그것은 닭고기의 모양, 겉모습이다. 화장지로 포장된 치킨이든 냅킨으로 포장된 치킨이든 똑같은 치킨이라는 사실에는 변함이 없다. 그렇지만 우리는 화장지로 포장된 치킨에서 혐오감을 느낀다. 더욱이 위생 화장지라는 사실을 알아도 우리의 혐오감은 크게 바뀌지 않는다. 재떨이에 담긴 키친은 어떠한가? 살균 소독된 청결한 재떨이라는 사실을 알고 있어도 처음 느꼈던 혐오감은 쉽게 사라지지 않는다. 중요한 것은 청결과 위생이 아니고 치킨도 아니다. 치킨의 겉모습과 포장, 그릇의 생김새가 중요한 것이다.

언제나 그러한 것은 아니지만 혐오 식품과 청결한 식품의 차이는 겉모습의 차이이다. 놓인 자리와 위치만 바뀌어도 혐오감이 꿈틀거리기 시작하는 것이다. 심지어 화장실에서 햄버거를 먹는 장면을 상상하는 것만으로도 혐오감이 자극받을 수 있다. 이러한 이유로 아무리 청결하고 위생적인 식품이라고 할지라도 순식간에 혐오 식품이 될 수가 있다. 앞서 말했듯 한 방울의 오물은 포도주 전체를 오물로 만들지만 역은 성립하지 않는다. 청결한 식품을 혐오식품으로 만들기는 쉽지만 혐오 식품을 청결 식품으로 만드는 것은 불가능에 가까운 것이다.

여기에 혐오의 두 가지 역설이 있다. 혐오는 대상의 내용이 아니라 표면의 층위에서 발생한다. 그리고 일단 혐오스럽다고 한번 낙인이 찍힌 대상은 그렇지 않다는 자료와 증거를 아무리 많이 제공받더라도 여전히 혐오의 범주를 벗어나지 못한다. 대상의 표면과 살짝 맞닿는 것만으로도 충분하다. 아니 생각하는 것만으로도 충분하다. 생각에 닿기만 해도 그것은 혐오가 되어버린다. 바다에 떨어진 한 방울의 오물이 바다 전체를 오염시킨다고 말해도 과언이 아니다. 부분이 전체로, 보이는 가상이 실재로 순식간에 전환되기 때문이다. 이러한 혐오의 메커니즘으로 인해서 아직 발생하지 않은 미래도 이미 발생한 과거처럼 작동하기 시작한다. 인종차별적 혐오감이 단적인 예가 아닌가. 인종차별주의자는 아무리 지적이고 세련된 흑인을 보더라도 그가 미래의 언젠가 혐오스런 모습을 드러낼 것이라고 생각한다.

음식과 혐오, 그리고 여성 혐오

혐오 식품에 대한 논의는 여성 혐오의 일면을 잘 말해준다. 가부장적 사회에서 여성이 음식으로 비유되는 관용어법은 드물지 않다. 가장 오랜 역사를 가진 유명한 사례가 《창세기》의 에덴동산에 있는 "금단의 열매(forbidden fruit)"이다. 먹어도 되는 과일과 그렇지 않은 과일의 정체가 무엇인지 이 자리에서 굳이 설명할 필요는 없으리라. 브램 스토커가 1897년에 발표한 《드라큘라》에서 주인공이 유일하게 먹을 수 있는 음식은 여성의 피이다. 알몸의 여성을 식탁에 올려놓고서 생선회라도 되는 듯이 잔치하는 그로테스크한 영화도 있다. 치킨을 앞에 두고서 가슴을 좋아하는지 아니면 다리를 좋아하는지 남성의 성적 취향을 묻는 화법도 우리에게 낯설지 않다. 가슴에 흥분하는 남자(breast men)가 있는가 하면 다리에 집착하는 남자(leg men)가 있다는 것이다. 한편에 좋고 싫어하는 음식이 있다면, 다른 한편에는 매력적이거나 추한 여성이 있다. 물론 이때 먹는 주체가 남성으로 설정된다는 사실은 두말할 나위가 없다. 곧 여성 혐오는 음식과 마찬가지로 여성을 대상화하고 심미화하며 품평하는 남성적 욕망의 연장선에 있다는 것이다.

영화 〈드라큘라〉(1931) 중에서
유럽 중세에서 전해 내려오던 흡혈귀 전설에 젊은 여성의 피를 먹는다는 에로틱한
코드를 첨가한 브램 스토커의 《드라큘라》는 여성을 음식으로 등치한 가장 고전적
인 모티프로 흡혈귀 문학의 대명사가 되어 다양한 장르로 변주되고 있다.

　프로이트는 인간 성장의 초기 단계에서는 성욕과 식욕이 분리되지 않
는다고 보았다. 예컨대 유아는 손에 잡히는 모든 것을 무턱대고 입으로
가져가려고 한다. 그러한 구순기에서 벗어나야만 분리되지 않았던 식욕
과 성욕이 두 개로 상이한 욕망으로 차별화되기 시작한다. 그렇지만 양
자의 분리는 절대적이지 않다. 아이는 어른의 아버지라는 말도 있지만
성인도 여전히 자신 안에 유아를 간직하고 있으며, 과도한 스트레스나
정신적 충격에 노출되면 유아적 구순기로 퇴행할 수 있다. 우리는 성도
착 환자는 허용과 금지의 경계가 해체되는 지점에서 성을 욕망한다는 사

실을 잘 알고 있다. 변성애(Coprophilia)[1]처럼 정상인(?)이라면 혐오를 느끼는 대상에서 쾌감을 느끼는 식이다.

물론 남성에게 여성이 '맛있다'로 표상되는 순간은 매우 위험한 순간이다. 그러한 이유로 '섹시하다'라거나 '야하다'처럼 성이 강조되는 표현도 위험스럽기는 마찬가지이다. 그럼에도 군대나 '일베'와 같은 남성만의 사회(homosocial)에서는 '아름답다'의 뒤에 숨어 있던 '먹다'가 전면으로 튀어나온다. 인터넷 커뮤니티 '일간 베스트 저장소'(http://www.ilbe.com, 통칭 '일베')에는 다음과 같은 글들이 자주 등장한다. "여자 먹는 건 정말 짜릿하고 즐겁다." "여자란 몇 번 따먹기만 하고 버리는 존재이다." "김치년 까도 이쁘고 맛있는 건 김치년이 최고다." "같이 수업 받는 ×××× 존나 따먹고 싶다."[2] 이처럼 노골적이지는 않지만 다른 커뮤니티나 인터넷 뉴스 댓글란에서도 여자를 음식으로 비유한 표현을 심심치 않게 볼 수 있다. 비교적 공신력을 지닌 '네이버 지식iN'(http://kin.naver.com)에도 "여자는 음식이나요 저의 친구들이 피로 회복제라는데? 무슨 용어임?" 식의 질문에 대해 "남자들은 여자를 좋아하니까 피로 회복제라고 하는 것 아닐까요??"라고 친절한 답글이 달린다. 심지어 고시생들이 모여드는 '법률저널'(http://www.lec.co.kr/) 커뮤니티에 "여자는 음식이다"라는 제하로 "남자들 많이 먹으라고 신이 내려주신 음식이다 냠냠"이라는 내용이 나올 정도이다.

---

1 '변(便)'을 뜻하는 그리스어 'kopros'와 '사랑'을 뜻하는 'philía'의 결합어로, 변에 대해 성적으로 흥분하는 현상을 뜻한다. 미국 심리학용어사전(DSM)에도 수록되어 있다.
2 실제 일간 베스트 저장소에 올라온 게시물들을 수정하지 않고 그대로 인용했으며, 마지막의 예문에서는 실명을 지웠다.

김치녀나 된장녀, 개똥녀와 같은 용어의 배경에는 지극히 유아적인 '여성=음식'의 관념이 깔려 있다. 된장녀의 경우에 음식과 여성이 일체가 되어 있다. '좋아하다'와 '먹다'를 구분하는 구획이 사라진 것이다. 프로이트적 관점에서 보면 유아적 퇴행의 전형적인 예가 일베이다. 일베의 관리자도 일베의 매력을 다음과 같이 요약하였다. "남고에 다니는 남학생들의 대화처럼 원초적인 것이 일베의 매력이다." "일상에서 잘 하지 않는 짓을 하면서 다른 한편으로는 그러한 비일상성을 공유"하는 것이 일베의 특징이라는 것이다. '일상에서 하는 짓'이 여성의 인격화라면 '비일상의 공유'는 여성의 음식화이다.

이 점에서 2015년에 인기를 끌었던 요리 프로그램의 진행자들이 대부분 남자였던 이유를 설명할 수가 있다. 음식 포르노(gastroporn, food porn)라는 신조어를 보자. 요리 솜씨에 못지않게 외모도 뛰어난 셰프가 시청자의 시각과 입맛을 자극하면서 진행하는 요리 프로그램을 일컫는 말이다. 이러한 용어의 등장 자체가 무척이나 증상적이다. 거기에는 여성 혐오가 작동하는 원리가 압축되어 있다. 셰프가 하는 일이 무엇인가? 그는 먹을 수 없는 거친 식재료를 먹기도 좋고 보기에도 좋은 요리로 변형하는 인물이다. 그의 손끝을 거치면서 볼품없는 재료가 탐스럽고 먹음직스러운 요리로 완성이 되는 것이다. 그렇다면 가공되지 않은 식재료는? 사자나 늑대는 사슴이나 토끼를 요리하지 않고 생으로 먹어치운다. 박찬욱 감독의 〈올드 보이〉(2003)에서 주인공이 낙지를 통째로 씹어 먹는 장면을 보고서 기절한 서양의 관객도 있었다고 한다. 최근 개봉한 〈곡성〉에서 가장 끔찍한, 아니 혐오스런 장면의 하나는, 낯선 외지인이 사체를 뜯어먹다가 인기척에 놀라서 고개를 드는 대목이다. 피범벅이 된

그의 입에서는 아직도 피가 뚝뚝 떨어지고 있다. 그것이 늑대였다면 우리는 놀라지 않았을 것이다. 하지만 인간은 불고기나 스테이크처럼 요리된 음식을 먹어야 한다. 그렇지 않으면 인간은 혐오스러운 야수가 되어버린다.

그렇다면 왜 남성은 여성을 혐오하는 것일까? 왜 남성은 아름다운 여성과 추한 여성, 매력적인 여성과 혐오스런 여성으로 여성을 구분하는 것일까? 이러한 구분이 개인적이고 사적인 것이 아니라 역사적이며 사회적인 인습이라는 것은 두말할 나위가 없다. 서양의 역사는, 남성이 문화를 독점하면서 여성을 자연으로 비하했던 가부장적 역사였다. 여성은 동물처럼 본능에 따라서 짝짓기하고 출산하며 양육하는 존재로 규정되었던 것이다. 반면에 남성은 사유와 노동을 통해 자연을 문화로 변형하는 문명화의 주역이었다. 그러한 문명의 주인공으로서 남성은 원재료 즉 여성을 아름답고 고상한 존재로 변형하고 싶어서 안달하였다. 이때 그의 손을 거치지 않은 여성은 혐오스런 존재가 되었다. 자신의 명령에 복종하지 않거나 욕망을 채워주지 않는 여성은 혐오의 대상이 되었던 것이다.

여성 혐오는, 여성을 불완전한 자연적 존재로 간주하였던 가부장적 역사의 파생물이다. 여성은 주어진 자연 그대로의 상태에서는 추한 존재(살덩어리)에 지나지 않는다. 아리스토텔레스는 남성이 형상인 반면, 여성은 단순한 물질에 지나지 않는다고 보았다. 무형상의 살덩어리에 형상을 부여하는 것은 전적으로 남성의 역할이었다. 널리 회자되는 피그말리온 신화는 그와 같이 불완전한 물질로서 여성의 성질을 부각한다. 피그말리온이 하는 작업은 셰프의 요리와 크게 다르지 않다. 그는 눈에 불을

켜고 세상을 다 돌아다녀도 마음에 드는 아름다운 여자를 찾지 못하였다. 그에게 세상의 여자는 결함투성이였다. 결국 그가 찾은 해결책은 주어진 자연의 여성이 아니라 자신의 이상적 이미지에 따라서 대리석으로 자신이 창조한 여성이었다. 가장 아름다운 여성은 어머니의 자궁에서 태어난 여성이 아니라 남성이 만든 여성이 되는 것이다. 〈마이 페어 레이디〉라는 제목으로 영화화되어 더욱 유명해진 버나드 쇼의 1913년 희곡 《피그말리온》에서 그러한 예술적 형상화의 대상은 여성의 몸이 아니라 언어가 된다. 언어학자인 히긴스 교수는 교육받지 못하고 가난한 여성인 두리틀의 영어를, 자신의 개입과 교정을 필요로 하는 추(醜)로 본다.

고대 희랍 이후로 극히 최근까지도 여성적인 것은 불완전성을 의미하였다. 불완전한 것은, 남성이라는 기준에서 벗어난 여성의 몸이었다. 남성이 강하고 근육질이며 변치 않는 단단한 몸을 가지고 있다면, 여성의 몸은 달처럼 변덕스럽게 변하는 살이다. 달마다 몸 안에 있던 피가 몸 밖으로 나오지 않는가. 내부에 있어야 마땅한 피가 혐오스럽게도 외부로 흘러나오는 것이다. 임신한 여성은 어떠한가. 갑자기 몸과 젖가슴이 풍선처럼 부풀어 오르기 시작한다. 그리고 나이가 들면 얼굴에 주름살과 반점이 생기고 몸에 혹처럼 군살이 솟아오르지 않는가. 여성의 몸은 노쇠해서 죽어야 하는 인간의 비극적 운명을 상기시키는 것이다. 생명의 기원인 여성의 몸은 동시에 죽음의 종착점이 된다. 섹스와 더불어서 생명이 탄생했을 뿐 아니라 불청객인 죽음까지 부록으로 딸려 함께 온 것이다. 물론 남성의 몸은 질병과 노화, 죽음의 굴레에서 벗어났다는 말이 아니다. 그러나 중요한 것은 생물학적 실재로서 몸이 아니라 문화적으로 재현되는 남녀의 몸, 즉 상징적인 몸이다. 상징적으로 중심이면서 기준인 남성의 몸은 노화하지도 질병에 걸리지도 않는다.《노년》에서 보부아르가 주장하였듯이 서양 예술에서 주름지고 허리가 굽고 백발인 노년의 몸은 언제나 여성의 몸으로 체화되었다. 추한 노파, 끔찍한 마녀의 이미지는 넘쳐나지만 추한 할아버지의 이미지는 찾아보기 어렵다. 이유는 자명했다. 가부장적 전통에서 남자가 정신이라면 여성은 육체였으며, 남성이 바라보는 주체인 반면에 여성은 보이는 대상이었기 때문이다. 그리고 남성이 셰프라면 여성은 재료로 표상되었기 때문이다.

그러한 이유로 먹고 마시고 싸고 섹스하는 것과 같이 인간에게 주어진 자연적 소여, 동물적인 활동은 여성의 몫이었다. 문화적 변형의 작업을 남성이 독차지한 이상 여성에게 주어진 역할은 원재료였다.《걸리버 여행기》의 작가 조나단 스위프트는 마치 자신은 대변을 보는 일이 없다는 듯이 "오, 셀리아, 셀리아, 셀리아가 똥을 누다니!" 하며 놀라움을 감추지 못하였다. 거인국의 나라에 갔던 걸리버는 자기의 몸보다 더욱 거대한 젖가슴에서 화산 분화구처럼 뻥 뚫린 구멍과 불탄 나무처럼 높이 솟아 있는 검은 털을 보고서 혐오감을 감출 수 없었다. 여성의 몸이 너무나 동물적으로 보였던 것이다. 발정 난 암말처럼 성욕을 주체하지 못하는 여성이 문학 작품의 단골 메뉴였던 사실도 그러한 여성의 동물화와 직결되어 있다. 심지어 이런 말도 있다. 우는 여자를 달랠 생각을 하지 말고 그냥 "울게 내버려두어라. 그럼 소변을 덜 볼 것이다." 여기에서 여성은 소변을 보는 동물로 환원되어 있다. 셰익스피어의 희곡《말괄량이 길들이기》는 그와 같이 자연적 소여인 여성을 문명화된 아내로 길들이는 방법이 주제이다. 남편은 원재료인 여성을 그녀의 아버지로부터 인계받아서 자기의 욕망과 필요에 맞게 길들여야 하는 것이다. 이때 여성은 찰흙처럼 고분고분하고 유순하게 남편의 의지에 복종해야 한다. 그렇지 않고서 저항하는 여성은 추하고 악한 여성으로 간주되었다.

'여성=음식'의 등식에 대해 한마디 더 덧붙일 것이 있다. 식인 풍습을 제외하면 사자가 사냥감을 먹듯이 남성이 여성의 몸을 먹지는 않는다. 그럼에도 '여성=음식'은 단순한 메타포가 아니다. 남성은 사자와는 다른 방식으로, 즉 노예를 부리듯이 타자인 여성을 먹어치운다. 노예를 부리는 주인은 노예의 몸이 아니라 그가 만든 음식과 서비스를 먹어치운다. 마찬가지로 남성은 여성이 생산한 기쁨과 섹스를 먹어치운다.[3] 이때 그에게 저항하는 여성은 혐오의 대상이 된다.

'여성=음식'이 단순히 은유로 끝나지 않는 이유가 또 하나 있다. 그것은 혐오의 속성과 맞물려 있다. 이미 언급했듯이 혐오는 유해한 음식을 삼키지 않고 내뱉는 행동을 수반한다. 몸으로 들어가면 그를 감염시키고 끝내는 죽음으로 파멸시킬 수 있다. 혐오는 감염의 위험에 저항하는 생리적 작용이다. 동서양을 막론하고 지나친 섹스는—여성이 아니라 남성의—건강에 해롭다는 관념이 지배적이었다. 사정을 하는 순간에 생명처럼 소중한 정액이 빠져나가기 때문이었다. 이것이 이빨 달린 자궁(vagina dentata)의 신화이다. 이 신화는 여성에게 잡아먹힐지 모른다는 지극히 남성적인 두려움을 말해주고 있다.

---

3 직접적으로도 먹는다. 키스하면서 남자는 그녀의 타액을, 그리고 섹스하면서 그녀가 흘리는 땀 등의 분비물을 먹기 때문이다.

자기 자신을 긍정하라

이와 같이 비평형적인 남녀 관계가 말해주는 것은 무엇인가? 여성의 추와 혐오감은 그러한 불평등한 관계의 산물이다. 남자는 능동적이고 여자는 수동적이어야 하며 남자는 명령을 내리고 여자는 복종을 해야 한다는 가부장적 요구로부터 여성 혐오가 탄생하였다. 이때 여성을 혐오하는 남성은 이러한 사회적 구조의 수혜자이면서 동시에 희생자가 된다. 조나단 스위프트가 탄식했던 여성과 마찬가지로 남성도 똥을 싸는 존재, 병들고 주름살이 새겨지고 냄새가 나는 존재이다. 관념으로서 인간은 신처럼 위대하지만 현실의 인간은 하늘이면서 동시에 땅이고, 멋있으면서 동시에 추하고, 고결하지만 동시에 천박하고, 경탄스럽지만 동시에 비루한 존재이다. 인간의 본질은 그러한 이중성과 양가성에 있다. 여성 혐오는 남성이 자신의 그러한 이중성을 회피하고 우회하는 방식이다. 긍정적인 것(하늘)을 자신의 몫으로 챙기면서 부정적인 것(땅)을 여성에게 투사하는 것이다. 여성을 혐오함으로써 자신을 긍정하는 것이다. 여기에서 우리는 하나의 역설을 발견할 수 있다. 자신을 있는 그대로 긍정하지 못하는 남성일수록 여성을 혐오하는 경향이 있다. 마찬가지로 불행한 남성일수록 여성을 더욱 혐오하게 된다.

남성성이 위기에 처할수록 여성 혐오도 더욱 기승을 부린다. 현대사회에서 결혼할 여건이나 능력을 갖추지 못했기 때문에 결혼 자체를 포기한 남성이 점증하고 있다. 여성이 자신을 밀어내고서 좋은 자리를 차지하고 있다고 생각하며 불만을 삭이지 못하는 남성도 많다. 이러한 상황은 그렇지 않아도 약화일로에 있는 남성성을 더욱 왜소하게 만들었다.

남성성은 피그말리온처럼 여성을 자기의 이상에 맞게 재창조하는 능력과 떼어놓고 생각할 수 없기 때문이다. 이 점에서 셰프의 역할을 포기하는 남성은 모든 여성을 자신의 적으로 간주할 수 있다. 먹지 못하는 감 찔러보거나, 이웃이 땅을 사면 배가 아프다는 속담이 있다. 이와 정확히 일치하지는 않지만 비슷한 것으로 이솝의 신 포도 우화가 있다. 이러한 속담이나 우화로는 해소할 수 없을 정도로 감정이 격앙되면 혐오감으로 발전하기 시작한다. 여성에게 혐오감을 투사하지 않으면 자신의 삶이 유지될 수 없다는 위기감을 느끼는 것이다. 인터넷을 달구는 여성 혐오의 발언들은, 한때 여성을 억압함으로써 반사적인 이익을 누렸던 남성들의 지극히 남성적인 자기 방어의 몸짓이다. 왜 여성을 혐오하는가? 자기 자신을 혐오하기 때문이다.

고통스러운 질투,
존재의 시기심

정지은

홍익대학교 미학과에서 수학하고 프랑스 부르고뉴 대학에서 예술철학을 주제로 철학 석사와 박사 학위를 받았다. 현재 홍익대학교 초빙교수, 도서출판 b의 기획 위원으로 있다. 예술작품의 현상학적 이해나 현상학을 정신분석학과 연결하는 시도와 연구를 하고 있으며, 그와 관련된 여러 논문들을 썼다. 출간한 번역서로는 《유한성 이후》, 《동물들의 세계와 인간의 세계》, 《철학자 오이디푸스》가 있으며, 《처음 읽는 프랑스 현대 철학》, 《헬조선에는 정신분석》 등의 집필에 참여했다.

시기심은 자신을 갉고 깨물어서, 마침내는 삼켜버리니,

에트나 화산이 스스로를 집어삼키는 것과 다름없지.

_세바스티안 브란트, 《바보들의 배》 중에서

누구나 시기심은 있다

시기심에 관해서 상세하고 깊이 있는 분석을 담은 책《시기심: '나'는
시기하지 않는다》를 쓴 롤프 하우블은 몇 가지 에피소드를 사람들에게
소개한 뒤, 그들이 에피소드 속 인물들에 대해 내리는 판단들을 분류하
고 분석한다. 분석의 결과는 놀라운데, 왜냐하면 대부분의 사람들이 등
장인물들의 시기심에 관대했기 때문이다. 사람들이 시기하는 자들에 대
해 포용력을 갖는다는 것은 누구나 그러한 경험을 한 번 이상 했다는 것

을 의미한다. 그리고 실제로 시기심이 일어날 수 있는 경우들은 무척 다양하다. 똑같이 시험을 쳤는데 나는 떨어지고 친구는 붙었을 때, 이웃이 멋진 외제차를 새로 장만했을 때, 동성인 단짝 친구에게 애인이 생겼을 때 등등, 사촌이 땅을 사면 배가 아프다는 속담이 알려주는 것도 바로 시기심이다. 우리는 드러내지는 않는다고 할지라도 내심 친구의 성공을, 이웃의 새 차를, 친구의 연애를 시기할 것이다. 그리고 이러한 시기심 안에는 나는 누리지 못하는 것을 타인이 누린다는 사실의 부당함에 대한 항의가 있다. 요컨대 시기심은 기본적으로 내가 누릴 수 없는 행복을 타인이 소유했거나 향유할 때 일어난다.

하지만 우리는 우리와 관계가 아예 없거나 다른 계층에 속하는 사람들을 시기하지 않는다. 예컨대 천문학적 부를 소유한 빌 게이츠나 영국의 황실을 사람들은 시기하지 않는다. 하지만 친척이 운이 좋아서 로또에 당첨되었다면, 그는 시기의 대상이 될 것이다. 시기심은 동질적인 집단을 전제하며, 그 안에서 차이가 발생할 때 일어난다. 시기심은 언제나 상대적이기 때문에 타인이 행복할수록 시기하는 자는 자신이 불행하다고 여기게 된다.

우리는 모두 평등한 사회에 살고 있다. 그렇기 때문에 현실이 불평등하다고 느끼면 으레 부당함을 호소하고 평등을 요구한다. 하지만 그러한 요구 속에는 각 개인이 자연스럽게 느끼는 시기심이 은연중에 작동한다는 것을 부인하기 힘들다. 어째서 그는 그토록 쉽게 돈을 버는데, 나는 몸이 부서지도록 일을 해도 이것밖에 벌지 못하는가? 나는 이토록 평범한데 어째서 그는 키가 큰 데다 잘생기기까지 했을까? 이런 생각 속에는 불합리한 사회나 운명에 대한 불만이 있지만 또한 시기심이 있다. '금수저', '흙수저'로 구분되는 '수저 계급론'도 심리적으로는 시기심과 관련이 없다고 보기 힘들다. 경제력이 있는 부모를 두어 태어나면서부터 부유한 사람들과 그렇지 못한 사람들을 가르는 저 구분은 언뜻 현대 자본주의 사회에 다시금 등장한 계층론을 지지하는 것처럼 보인다. 그렇지만 좀 더 자세히 들여다보면, 그것은 보편적 계층을 지지하기보다는 부당함을, 시기심을 표현한다는 것을 알 수 있다. 왜냐하면 금수저, 흙수저는 과거의 신분 계급과 같이 보편적이고 상징적인 계급의 경계를 표현하는 게 아니라, 각 집단에 속한 사람들이 누리는 상대적인 행복 및 향유를 표현하고 있기 때문이다.

수저 계급론과는 다소 거리가 있지만 출생의 차이를 유머러스하게 묘사한 영화 한 편을 살펴보자. 지금으로부터 20년도 더 지난 영화인 〈토토의 천국〉(1991)은 자신이 부잣집 이웃에 사는 다른 아이와 산부인과에서 바뀌었다고 믿는 한 아이의 이야기를 다루고 있다. 주인공 토토는 넉넉하지는 않지만 화목한 가정에서 자라난다. 그는 자신에게는 영웅인 아버지와 다정한 어머니, 사랑하는 누나와 함께 산다. 하지만 토토는 알프레드와 자기의 자리가 바뀌었다는 생각을 떨칠 수가 없었는데, 그런 알프레드의 집은 토토의 집보다 부유했으며, 그 아버지는 토토의 아버지가 비행기 조종사로 있는 운송회사의 사장이었다. 어느 날 알프레드의 아버지의 명령을 거절할 수 없었던 토토의 아버지는 비행기를 탔고, 추락 사고로 죽게 된다. 아버지가 죽자 곧바로 가난과 불행이 토토의 집을 덮치며, 토토는 하나밖에 없는 누이에게 더욱 의존하게 된다. 그러던 중 토토는 알프레드가 누나와 데이트를 한다고 의심한다. 이제 그는 알프레드에게 가족만 빼앗긴 것이 아니라 사랑하는 누나마저 빼앗겼다고 생각한다.

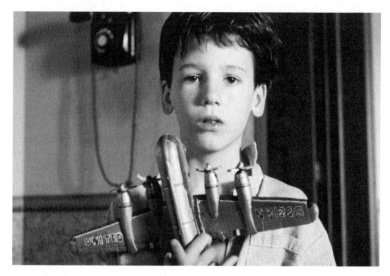

영화 〈토토의 천국〉(1991) 중에서
병원 화재 때문에 친구 알프레드와 자리가 바뀌었다고 생각하는 토토에게 비행기
조종사인 아버지와 멋진 누나는 가장 큰 기쁨이다.

이런 그에게 그것이 사실이 아니라고 증명하기 위해 토토의 누나는 불 속
으로 뛰어든다. 결국 토토는 아버지와 누나, 화목했던 가정 모두를 잃어버
렸고, 그는 이 모든 것이 알프레드 때문이라고 생각하며 복수를 꿈꾼다.

이 영화에서 토토는 어릴 적 누구나 가졌을 법한 자리 바꿈의 환상을
실현한다. 그리고 이러한 환상은 토토가 알프레드를 자기와 유사하게 놓
기 때문에 가능하다. 토토는 같은 학교의 동급생 친구인 알프레드가 가
진 모든 것이 부당하다고 생각한다. 왜냐하면 그는 그것들을 가지고 있
지 않기 때문이다. 따라서 토토의 자리 바꿈 환상의 바탕에는 시기심이
있다. 시기심은 노골적으로 드러나는 대신 환상으로 표현된다.

평등 사회 혹은 동질적인 집단에서 사람들은 서로 유사한 가운데 자

신이 남과 다르기를 원한다. 동일성 안에서의 차이들, 가령 외모의 차이, 능력의 차이, 부의 차이 등은 평등 사회 안에서 정체성과 밀접하게 관련된다. 그런데 시기하는 자들은 바로 그러한 차이를 자기 자신이 주체가 되어 경험하는 것이 아니라 타인을 중심으로 자기를 상대화하면서 경험한다. 그들은 타인의 행복을 통해 상대적인 불행을 느낄 때, 단순한 비교를 넘어서 타인의 행복이 자신의 불행의 원인이고 타인이 자기로부터 행복을 빼앗은 것이라고 생각하게 된다. 그리고 시기심은 기쁨, 슬픔, 분노와 같은 단순 감정이 아닌, 복합 감정을 낳는다.

우선 시기하는 자는 우울감에 빠질 수 있다. 왜냐하면 그는 타인이 소유한 것을 갈망하지만, 그것을 가질 수 없다는 생각에 체념적이 되기 때문이다. 반면에 시기하는 자가 타인의 소유가 부당하다고 믿는다면, 그는 타인에 대해 원한 감정을 가질 수 있다. 마지막으로, 타인의 소유가 부당하지 않으며 타인이 소유한 것을 자신도 가질 수 있다고 생각한다면, 시기하는 자는 고무되어 타인과 경쟁하게 될 것이다. 이러한 세 가지 감정은 모두 시기심에서 유래하지만 주체가 타인과 타인의 소유를 어떻게 받아들이는지에 따라 달라질 것이다.

우리는 앞에서 평등 사회 안에서 평등에 대한 요구 속에는 타인의 행복에 대한 시기심이 들어 있다고 말했다. 이는 인간 감정의 자연스러움을 생각할 때 일리가 있는 것처럼 보이다가도, 평등이라는 '선'한 이념의 원인 가운데 시기심이라는 '악'한 감정이 있다는 것 때문에 이상해 보이기도 한다. 게다가 평등 사회 안에 살고 있으면서 평등을 요구한다는 것이 이상하지 않은가? 이러한 아이러니를 해결하기 위해서는 시기하는 자가 생각하는 부당함이 무엇인지, 시기하는 자가 갈망하는 것이 무엇인지를 정확히 해야 할 필요가 있다. 타인이 가지고 있으며 내가 가지고 있지 않다는 이유만으로 타인의 소유를 부당하다고 말한다면, 소유한다는 사실 자체가, 일체의 소유 행위가 부당한 것이 되고 만다. 하지만 우리는 부당함에 대해 말할 때, 소유한 자를 가리키기보다는 동일한 노력에 대한 대가의 차이를 가리키지 않는가? 시기하는 자는 타인이 소유한 것을 갈망하는데, 이러한 갈망은 욕망과 같은 것인가?

질투는 시기심인가?

우리는 질투와 시기심을 종종 혼동한다. 특히 사랑 관계에서 일어날 수 있는 사건들 안에서 질투와 시기심은 구분하기가 무척 힘들다. 우리가 앞 절에서 서술한 시기심은 사랑 관계 안에서도 일어날 수 있으며, 앞서 열거한 특징들 덕분에 사랑 관계 안에서의 시기심을 질투와 구별할 수 있다. 질투와 시기심을 구분하는 데에는, 멜라니 클라인이나 라캉 등 일부 정신분석가의 설명이 또한 매우 유용하다.

프랑스의 정신분석학자 자크 라캉은 초기에 쓴 논문 「가족 콤플렉스 (Les complexes familiaux)」에서, 아우구스티누스의 《고백록》에 나오는 형제의 질투에 관한 대목을 인용한다. 아우구스티누스는 질투하는 한 아이를 관찰한다. 아직 말을 못하는 그 아이는 창백하고 잔인한 얼굴을 하고서 젖먹이 동생을 응시한다. 라캉은 이때 젖먹이 동생을 **질투**하는 형이 동생의 자리에 자기가 있어야 한다고 생각한다고 말한다. 그리고 그런 의미에서 형은 자신과 동생을 동일시하고 있다. 그렇지만 몇십 년이 지난 후에 라캉은 동일한 장면에서 질투(jalousie)를 보기를 포기하고, 그 대신 **시기심(envie)**을 본다. 형의 응시는 동생의 자리에 있고자 하는 소망을 의미하지 않는다. 그의 응시는 사악한 시선으로서 동생을 산산조각 내기를 원한다. 형이 원하는 것은 젖먹이 동생의 자리가 아니라, 젖먹이 동생이 물고 있는 어머니의 젖가슴, 다시 말해 동생의 배와 입을 만족시키는 향유의 대상인 젖가슴이다. 그것을 갖지 못할 바에는 젖가슴과 동생 모두를 파괴하기를 원한다. 이미 젖을 뗀 형이 다시 젖먹이가 되고 싶어 한다고는 생각할 수 없는바, 그가 원하는 것은 젖먹이 동생이 누리는 향유, 다시 말해 그가 도저히 알 수 없는 동생의 향유이다. 그래서 라캉은 시기심을 이렇게 정의한다. "시기심이란 통상 시기하는 자에게는 아무 소용도 없으며 그것이 과연 어떤 것인지 짐작조차 하지 못하는 것을 다른 이가 소유하고 있을 때 부추겨지는 감정"[1]이다.

형이 동생의 향유를 시기하여 동생과 향유의 대상인 젖가슴 모두를 파괴하고자 하듯이, 시기심은 공격 본능 혹은 파괴 본능을 감추고 있다. 그리고 시기심은 아우구스티누스의 형과 동생처럼 2자—향유의 주체와 향유를 박탈당한 주체—관계 안에서 일어난다. 2자 관계 안에서의 시기심은 아벨에 대한 카인의 시기심, 혹은 폴리네이케스에 대한 에테오클레스[2]의 시기심처럼 신화와 전설 속에서 인간 감정의 한 전형처럼 다루어

---

1 자크 라캉, 《세미나 11: 정신분석의 네 가지 근본 개념》, 맹정현, 이수련 옮김, 새물결, 2008, 179쪽. 'envie'는 '선망', '시기심', '질시'로 번역되는데, 이 글에서는 일관성을 위해 국역본의 '질시'를 '시기심'으로 바꿔 옮겼다.

2 폴리네이케스와 에테오클레스는 오이디푸스의 두 아들이다. 이들은 오이디푸스가 권좌에서 물러난 뒤 테바이의 왕권을 놓고 서로 다투다가 결국 두 사람 모두 죽음을 맞이한다.

지고 있을 뿐만 아니라, 한국의 숱한 드라마의 주제이기도 하다. 시기심에 불타올라 시기하는 대상의 파멸을 위해 온갖 짓을 다 하는 준주연급 등장인물을 우리는 자주 접한다. 여기에는 사랑이건 성공이건 향유의 몫이 걸려 있다. 그러한 시기심은 시기를 받는 대상이 선량하면 선량할수록 더욱 강해지는데, 왜냐하면 그는 원하는 것을 얻기 위해 아무런 노력도 하지 않는 것처럼 보이기 때문이다.

시기하는 자가 목표로 하는 것은 자신이 영원히 닿을 수 없는 향유의 대상이며, 그가 그것을 가질 수 없기 때문에 향유의 대상과 타자는 함께 없어져야 한다. 아우구스티누스의 장면에서 젖을 물고 있는 젖먹이 동생의 이미지, 만족을 표시하는 충만한 이미지는 그 자체로 형에게 영향을 미친다. 그러한 이미지는 형에게 강한 시기심을 유발할 수 있으며, 형은 "동생을 산산조각내고 그 독성이 본인에게까지 미칠 만큼 표독스러운"[3] 사악한 시선을 동생에게 던진다. 동생이 있는 사람이라면 어렸을 적한 번쯤은 가졌을 소망, 즉 동생이 이 세상에서 사라져버렸으면 좋겠다는 소망을 우리는 시기심에 의한 것이라고 말할 수 있다. 이러한 유아기적 상상에는 동생이 자신의 자리를 차지한 것에 대한 원망 이상의 것이 담겨 있다. 라캉은 만족 너머에 있는 그런 향유의 대상을 매혹과 미혹의 대상이라고 표현한다. 예컨대 형에게 더 이상 필요하지 않은 어머니의 젖가슴은 미혹의 대상이 되며, 동생에 대한 시기심을 유발하는 미끼처럼 작용한다.

이러한 라캉의 생각은 사실상 영국의 정신분석학자인 멜라니 클라인

---

3 자크 라캉, 앞의 책, 178쪽.

으로부터 받은 영향의 결과이다. 멜라니 클라인은 시기심의 기원을 영아기에서 찾는다. 인격으로서의 타자와 아직 관계를 갖지 않은 이 영아기에 아이가 시기하는 대상은 바로 어머니의 젖가슴이다. 아이에게 어머니의 젖가슴은 배고픔을 달래주는 역할 이상의 것으로 경험된다. 즉 그것은 아이에게 있어서, 풍요와 부의 상징인 좋은 대상이다. 그런데 어머니는 아이에게 지속적으로 젖가슴을 물릴 수 없다. 그리하여 젖가슴이 아이로부터 물러나 있을 때, 아이에게 그것은 나쁜 대상이 된다. 그랬을 때 아이는 그 나쁜 대상을 집어 삼켜 파괴하고자 한다. 아이에게 어머니의 젖가슴은 좋은 대상과 나쁜 대상을 넘나들며, 이 시기의 아이는 아직 그 좋거나 나쁜 대상이 동일한 대상이라고 생각하지 못한다.

그런데 이때 아이는 좋은 대상 혹은 나쁜 대상과의 관계에서 내사(introjection)와 투사(projection)를 실행한다. 즉 아이가 젖가슴을 좋은 대상으로 삼을 때 아이는 그것을 내사하여 좋은 자아가 되고, 그것을 투사하여 자기 주변의 대상들을 좋은 대상들로 형성한다. 반면에 아이가 젖가슴을 나쁜 대상으로 삼을 때 그것은 파괴되어야 하는 것이 되고, 아이는 자기 주변의 대상들에 대해 공격 본능(죽음 충동)을 작동시키게 된다. 멜라니 클라인은 아이가 좋은 대상과 나쁜 대상이 같은 대상임을 인지하지 못하는 단계를 분열적 위치라고 불렀다. 이 단계를 지나 좋은 대상과 나쁜 대상이 동일한 대상임을 알게 되었을 때, 아이는 대상이 지닌 애매성을 터득하게 되고 우울적 위치로 옮겨 간다.

젖먹이 동생의 경우처럼, 향유의 대상이 이것을 향유하는 주체에게만 쓸모 있는 것이라고 볼 때, 어쩌면 시기하는 자는 타자가 향유하는 대상을 시기하는 것이 아니라 타자의 향유 자체를 시기한다고 말할 수 있다.

내가 가진다고 할지라도 그것을 누릴 수 없을 때 차라리 그것을 파괴하겠다는 심정 말이다. 멜라니 클라인은 질투와 시기심을 이렇게 구분한다.

> 시기심은 욕망할 만한 어떤 것을 타자가 소유하고 향유하는 것을 두려워할 때 주체가 느끼는 분노의 감정이다. 시기심의 충동은 그 대상을 탈취하고 파괴하려는 경향이 있다. 질투는 시기심의 토대 위에 있으나, 시기심이 단 한 명의 인물과의 관계를 포함하고 전적으로 최초의 배타적인 어머니와의 관계를 포함한다면, 질투는 적어도 두 인물과의 관계를 포함하며 응당 그가 받아야 할 사랑이 경쟁자에 의해 빼앗겨졌다고—혹은 그럴지도 모른다고—느끼는 그런 사랑과 관계한다.[4]

클라인에 따르면 질투심은 한 사람이 두 사람과, 즉 사랑의 대상이 되는 연인과 이 대상을 놓고 싸우는 경쟁자와 맺는 관계이다. 반면에 시기심은 오로지 두 사람만의, 즉 시기하는 자와 시기의 대상 간의 관계이다. 그리고 후자는 어머니와의 관계를, 더 정확히 말해서 어머니의 젖가슴과의 관계를 무의식적으로 포함하고 있는데, 왜냐하면 최초로 시기하는 자는 어머니의 젖가슴으로부터 분리되었을 때 이것을 파괴하고자 하기 때문이다.

사람들은 셰익스피어의 4대 비극 가운데 하나인 《오셀로》를 질투를 다룬 작품이라고 생각한다. 그런데 오셀로의 행동은 질투일까, 시기심일까? 자신의 충실한 부인 데스데모나를 죽인 그를 단순히 질투의 화신이

---

4 Melanie Klein, *Envie et gratitude*, Gallimard, 1968, p.18.

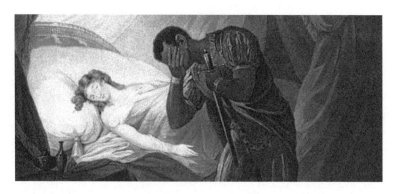

조시아 보이델, 「잠든 데스데모나」(1803) 부분
많은 사람들이 검은 피부의 무어인 오셀로가 태생과 관련된 열등감 때문에 더더욱
데스데모나를 의심했다고 생각한다. 이 도판은 셰익스피어의 「오셀로」 5막 2장의
한 장면을 묘사한 그림이다.

라고 부를 수 있을까? 카시오에게 자신의 자리를 빼앗겼기 때문에 앙심
을 품은 이아고의 책략에 속아 넘어간 무어인 왕 오셀로는 자신의 부인
데스데모나의 불륜을 의심한다. 그리고 그녀에게 죄를 자백하라고 추궁
한다. 그의 추궁에, 아무리 해도 자신의 결백을 설득할 수 없었던 데스데
모나는 자신의 죄는 "당신에게 품고 있는 사랑"이라고 대답한다. 이에 오
셀로는 그녀가 바로 그 사랑 때문에 죽는 것이라고 대답한다. 그리고 자
신이 흘려야 하는 '잔인한' 눈물이 모두 그녀를 사랑하기 때문이라고 혼
자 생각한다. 하지만 그는 이미 제정신이 아니었고 그가 말하는 사랑은
앞으로 행하게 될 잔인한 복수에 대한 변명일 뿐이다.

　그런데 오셀로의 모든 의심과 질투가 있기 전에 하녀인 에밀리아는
데스데모나에게, 그리고 책략을 꾸민 당사자 이아고는 오셀로에게 이렇
게 말한다. 에밀리아와 이아고, 이 부부는 미래의 일을 예견하는 듯하다.
그들 각자는 사랑이 질투심을 능가할 수 있을 거라고 믿는 데스데모나와

오셀로에게 경고한다.

> "질투하는 이들에게 그건 답이 아니에요. 그들은 원인이 있어서가 아니라 질투하기 때문에 질투하는 거라고요. 그건 스스로 생기고 스스로 태어나는 한 마리 괴물이랍니다."[5]

> "오, 질투심을 조심해요. 그것은 먹이로 주어진 살을 잡아먹는 푸른 눈의 괴물이랍니다."[6]

셰익스피어의 비극에서 질투심은 괴물을 탄생시킨다. 질투에 눈먼 오셀로는 괴물이 된다. 그리고 괴물은 살을 잡아먹는 괴물이다. 멜라니 클라인은 비극《오셀로》안에서, '잡아먹는 괴물'이라는 표현을 놓치지 않는다. 다만 셰익스피어는 질투와 시기심과 탐욕을 구분하지 않았지만 멜라니 클라인은 오셀로에게서 시기심과 탐욕을, 어머니의 젖가슴을 물고 파괴하고 망가뜨리려는 영아의 죽음 충동을 읽어낸다.

질투와 시기심은 탐정을 만든다

사랑에 관한 한, 제삼의 경쟁자를 향한 질투로부터 상대방에 대한 시

---

5 윌리엄 셰익스피어,《오셀로》, 최종철 옮김, 민음사, 2001, 133쪽
6 위의 책, 109쪽

기심으로의 이동은 더 원초적인 무의식적 감정에 그 원인을 둔다. 하지만 시기심은 타자를 단번에 파괴하는 게 아니라 점차적으로, 마치 생명을 단축시키듯이 타자를 옥죈다.

마르셀 프루스트는 《잃어버린 시간을 찾아서》에서 다양한 양상의 사랑을 다룬다. 그런데 잘 알려진 스완의 오데트에 대한 사랑, 그리고 화자의 알베르틴의 대한 사랑은 사랑에 대한 묘사만큼이나 질투에 대한 묘사로 채워져 있다. 그들에게서 나타나는 열정으로서의 사랑과 강렬한 질투는 서로 뒤섞여 있어서 구분하기가 매우 힘들다.

프루스트의 인물들은 우리가 알고 있는 질투하는 자의 모든 특징들을 보여준다. 그들은 사랑하는 연인의 모든 것을 알려고 한다. 더 나아가 프루스트는 스완의 입을 빌려, 그러한 의심과 추구를 진리를 추구함에 있어서 따라 나오는 지적 즐거움이라고까지 말한다. 진실에 대한 스완의 조사는 멈출 줄 모르며, 사실을 알고 난 다음에도 만족을 모르는 의심은 그를 더욱 고통스럽게 만든다.

가령 스완은 자신이 사랑하는 여자, 사교적인 오데트가 자신을 만나고 있는 동안 다른 사람들에게 하는 거짓말들을 역지사지하여, 오데트가 다른 남자와 만나고 있는 동안 자신에게 동일한 거짓말을 할 것이라고 추측한다. 그는 오데트를 사랑하게 되면서 자신이 더 이상 혼자가 아닌 새로운 인간이 되었다고 단정하는데, 그런 그에게 오데트의 거짓말은 치명적이다. 그리하여 스완은 오데트에게 진실된 대답을 추궁하기 시작한다. 하지만 그가 오데트에게 질문하고 그녀를 조사하면 할수록, 스완 그 자신은 알지 못하는 그녀의 사랑, 그녀의 향유를 파헤치는 쪽으로 향하게 된다. 조사의 과정은 진실을 추구하는 것처럼 보이지만, 정작 문제

테오발드 샤트랑, 「샤를 하스」(1891)
샤를 스완의 모델로는 마르셀 프루스트가 사교계에서 만난 최소한 두 명의 샤를,
샤를 하스와 샤를 에프뤼시(카를 에프루시)가 꼽힌다.

는 궁극적 진실에는 결코 도달할 수 없다는 데에 있다. 왜냐하면 스완은
오데트가 아무리 '아니오'라고 대답해도 '그렇다'라고 알아듣고 있으니까
말이다.

여기서 우리는 스완의 조사 과정을 특징짓는 두 가지 태도를 구분할
수 있는데, 이 두 태도는 각기 질투와 시기심을 나타내는 것으로 볼 수
있다.

우선, 불확실성의 태도다. 질투에 빠진 자는 자신의 연인을 경쟁자로
부터 빼앗길 것을 두려워한다. 그는 경쟁자와 자신을 동일한 자리에 위
치시키면서 연인을 혼자서 완전히 점유할 수 없다는 사실 때문에 괴로워

한다. 그랬을 때, 연인의 그 어떤 대답도 질투하는 자에게 아무런 확신을 줄 수 없다. 연인의 '아니오'라는 대답을 확신하지 못하는 스완은 오데트 또한 자신의 과거 기억에 대한 확신이 없을 텐데 어떻게 그녀의 대답을 믿을 수 있겠느냐고 생각한다. 질투하는 자는 진실을 밝히고자 하는 탐정과 같다. 다만 탐정과의 차이는 질투하는 자는 모든 것을 의심하고 그 어떤 증거에도 만족하지 못한다는 것이다.

프루스트의 사랑의 독특성은 여러 철학자들에게서도 인용된다. 사르트르는 《존재와 무》에서 《잃어버린 시간을 찾아서》의 또 다른 사랑의 주인공인 화자, 마르셀의 질투를 사랑의 한 특징으로서 묘사한다. 화자는 연인인 알베르틴이 잠들어 있을 때에만 안심할 수 있는데, 알베르틴의 의식이 깨어 있는 동안에는 그녀가 무슨 생각을 하는지 알 수 없기 때문이다.

두 번째 태도는 타자의 향유나 쾌락에 대한 탐욕이다. 질투하는 자는 종종 연인이 자기가 아닌 타인과 누렸을 즐거움이나 쾌락을 낱낱이 알고 싶어 한다. 그것을 알게 되었을 때 겪게 될 고통에도 불구하고 말이다. 스완은 오데트가 베르뒤랭 부인과 성적으로 즐거운 시간을 가진 적이 있는지를 캐묻는다. 처음에 그런 적이 없는 것 같다고 부인하던 오데트는 계속된 추궁에 기억을 더듬는데, 일단 한 번의 기억이 떠올려지자 그녀는 당시의 일들을 아주 생생하게 스완에게 이야기한다. 진실을 추구하는 스완은 오데트의 기억과 그녀의 당시의 즐거움을 하나도 빠짐없이 알고 싶어 하지만, 그녀가 생생한 기억을 이야기하는 동안 그녀가 느꼈을 쾌락의 정도에 따라 더더욱 고통을 느낀다.

진실을 추구하는 스완의 독특한 태도는 일종의 마조히즘을 포함하는

데, 이는 마치 멜라니 클라인이 시기심 안에서 일어난다고 말했던 공격성을 이제 타자에게서 자기 자신에게로 되돌리는 듯하다. 그는 타자의 향유를 탐욕스럽게 소유하고자 하며, 동시에 자기 자신을 박해한다. 자신을 고통스럽게 만드는 그러한 행동을 멈출 수가 없는 것처럼 보인다. 게다가 그는 오데트에 대한 불안이나 염려를 불러일으킬 만한 가설들을 스스로 끊임없이 생산해낸다. 마치 그는 스스로 박해받음으로써만 자신의 실존을 증명받는 듯하다.

그런데 시기하는 자의 멈출 수 없는 조사와 탐구는 그의 실존과 밀접하게 관련되어 있다. 오데트와 함께 있는 스완이 스스로를 새로운 사람이라고 느낄 때 그의 존재는 오데트에게 매달려 있으며, 멈출 수 없는 조사와 탐구는 그의 실존을 떠받친다. 조사를 멈추는 순간 그는 더 이상 실존하지 않는다. 그렇기 때문에 시기하는 자는 더욱 더 조사에 몰두할 수밖에 없다.

사람들은 흔히 자존감이 낮을수록 시기심이 강하다고들 말한다. 자존감이 낮다는 것은 자신의 존재나 자신이 원하는 것에 대해 확신이 없다는 것을 의미한다. 그리고 그때 자존감이 낮은 사람들은 이상화할 만한 타자를 선택하여 그를 경탄하거나 시기한다. 경탄은 자기와 타자가 구분되어 있을 때 일어나며, 시기심은 자기와 타자가 더 이상 구분되지 않을 때, 그리고 타자가 가진 모든 것이 자기의 것이므로 부당하다고 느낄 때 일어난다. 당연히, 이때의 시기심은 사랑 관계 안에서의 시기심만을 가리키는 게 아니라 형제 관계, 친구 관계 등등 하여간 자기와 유사한 타자와의 관계 안에서의 모든 시기심을 포함한다.

그렇게 본다면, 사랑 관계 안에서의 시기심은 다른 시기심들처럼 이성과의 동일시를 함축한다고 말할 수 있다. 다시 말해, 시기하는 자는 반대 성(性)의 연인과 자신을 동일시하는 경향이 있다. 그리하여 시기하는 자는 연인이 받는 모든 사랑, 연인이 가지고 있는 풍부한 인간관계를 또한 시기한다. 바로 이와 같은 의미에서, 메를로 퐁티는 《잃어버린 시간을 찾아서》에 나오는 어린 프루스트의 질베르트에 대한 사랑에서 동성애적 요소를 발견한다. 왜냐하면 어린 프루스트는 질투를 하는 가운데 여자 아이인 질베르트와 자신을 동일시하면서 질베르트가 받는 타자들의 사랑 즉 다른 남자아이들의 사랑을 원하고 있기 때문이다.[7]

메를로 퐁티는 이러한 질투의 양상이 성인에게서 여전히 발견된다면, 그것을 성인이 아동의 정서 양태로 퇴행한 것으로 보아야 한다고 말한다. 왜냐하면 그것은 타자와 자신을 분명하게 구분하는 데 이르지 못한 아동이 자기와 타자를 혼동하면서 일어나는 양상이기 때문이다.

> 그런 의미에서 질투[시기심]는 본질적으로 자기와 타인의 혼동이다. 그것은 오로지 타자가 도달했던 것에 도달해야 하는 것으로서만 그 자신에 대해 다른 삶을 보는 자, 자신에 의해서가 아니라 타자들이 갖는 것에 상대적으로 정의되는 자이다. 성인에게서조차 모든 질투 [시기심]는, 앙리 왈롱(Henri Wallon)이 보기에, 자기와 타자 사이의 그러한 종류의 비구분을, 그리고 대비되는 자와 혼동되는 개인이자 타인과 자신 사이에서 실존하는 개인의 실증적 비실존을 표상한다.

---

7 Maurice Merleau-Ponty, "Les relations avec autrui chez l'enfant", *Merleau-Ponty Parcours 1935-1951*, Paris: Verdier, 1997, p. 214. 다른 많은 사람들처럼 메를로 퐁티도 질투와 시기심을 명확히 구분하지 않는다.

그러므로 우리는 성인의 질투를, 왈롱을 따라서, 아동의 정서 양태로
의 퇴행으로 간주해야 한다.[8]

결론적으로 말해보자면, 시기심은 정서 양태의 퇴행이고, 공격과 박해
의 행동에 의해 자신의 실존을 타자에게 의존하는 것이다. 타자를 공격
하면서 동시에 자신이 고통을 받는 상태, 이것이 시기심에 의해 사로잡
힌 사람들이 흔히 겪는 정서 상태이다.

너무 쉬운 향유와 너무 어려운 결여

지금까지 시기심이 일어날 수 있는 조건과 원인, 사랑 관계 안에서의
시기심을 살펴보았다. 그런데 시기하는 자가 갈망하는 것은 무엇일까?
그것은 과연 시기하는 자가 진정 원하고 욕망하는 것일까? 이제 그 질문
들을 다시 한 번 생각해보자.

질투와 시기심은 모든 사람들이 관계들 속에서 한 번 이상은 경험해
보는 감정이다. 오이디푸스 콤플렉스의 구조 속에서 아이는 동성 부모에
대해 최초의 질투를 느낄 수 있으며, 이후에도 형제 사이에서, 친구 사이
에서, 동료 사이에서, 그리고 연인 사이에서 질투를 느낄 수 있다. 그리고
어쩌면 질투의 감정은 내가 아닌 타자를 최초로 경험하기에 생겨나는 감

---

8 Maurice Merleau-Ponty, Ibid. 일부러 질투 옆에 대괄호로 시기심을 추가하였다. 여기서도 역
   시 메를로 퐁티는 질투 안에 나타나는 시기심의 고유한 특징을 더 포괄적으로 질투로 이해하기
   때문이다.

정일 수도 있다. 그런 의미에서 초기의 라캉은 젖먹이 동생으로 향하는, 아직 말을 하지 못하는 형의 질투를 원초적인 사회적 감정으로도 보았다. 후일 충동 이론에 의해 동일한 장면의 형의 시선에서 젖먹이 동생을 파괴하고자 하는 시기심을 읽어내지만 말이다.

그런데 질투는 일시적이며 질투하는 자를 지속적으로 괴롭히지는 않는다. 질투는 통과되거나 극복될 수 있다. 질투는 자신이 소유하고 있는 것에 대한 불확실성, 그것을 빼앗길지도 모른다는 불안과 염려에서 나오는 것이므로 어떤 생각의 전환들이 일어난다면 극복될 수 있다.

우선 완전한 소유는 불가능하다는 것을 깨닫는 것이다. 어머니의 사랑을 독점하는 것, 사랑하는 연인의 의식 전체를 남김없이 소유하는 것은 그 자체로 불가능하다. 어머니나 연인은 의식 존재이기 때문이다. 만일 그들을 소유한다고 생각한다면, 이는 그들을 하나의 사물처럼 취급하는 것이다. 마찬가지로, 한 사람이 사회 속에서 점유하고 있는 위치나 자리도 완전한 소유가 불가능하다. 자신이 소유하고 있는 것과 자신의 존재를 동일하게 놓는 태도는 일종의 항문기적 태도로서, 그런 사람은 타인에 대해 인색하거나 자신의 결여를 인정하지 못한다. 요컨대 자신을 결여의 존재로서 받아들이지 못한다면, 그리고 자신의 존재를 자신이 소유한 것—혹은 소유하고 있다고 믿는 것—에만 의존한다면, 그러한 자는 질투로 인한 불안과 염려에서 영원토록 빠져나오지 못할 것이다.

두 번째 생각의 전환은 그렇게 일단 자신을 결여의 주체로서 인정한 다음, 타자를 자신과 동일한 결여의 주체로서 인정하는 것이다. 이것은 또한 평등의 이념을 중시하는 현대사회에서 반드시 필요한 인정이다. 이성민은《일상적인 것들의 철학》에서 유아기에서의 동기간을 다루며 "같으면서도 다른 옆 사람을 받아들이는 문제"[9]의 중요성을 이야기한다. 그는 이 책에서 여성주의 정신분석가인 줄리엣 미첼(Juliet Mitchell)을 끌어들이는데, 줄리엣 미첼은 동기간 증오가 어째서 발생하는지를, 그리고 동기들이 그러한 증오를 어떻게 통과하는지를 설명한다.

> 지금까지 나의 동기는 나의 자리를 시샘하며, 나의 자리를 빼앗으려고 한다. 혹은 나의 동기는 부모의 사랑을 빼앗아 간다. 나의 존재를 위협하며 나에게 죽음의 감각을 선사하는 이 '외상=트라우마'를 미첼은 동기 외상이라고 부른다.[10]

아이들은 갓 태어난 동생에 의해 자기 자리를 빼앗기는 외상 경험을 한다. 이것은 아이에게 거의 죽음과 같은 치명적인 경험이다. 하지만 아이는 이러한 외상 경험을 통해서 "웅대한 나르시시즘적 자기"를 애도할 수 있고, 그 결과 자신을 "다른 것들 가운데 하나로서—계열의 한 부분으로서—재창조될 수 있게" 된다.[11] 아이는 동기가 생겨남으로써 부모와 자신 사이의 긴밀하고 충족적인 관계 안에서의 균열을 경험한다. 아이는 자신의 자리를 빼앗긴다고, 혹은 존재를 박탈당한다고 생각한다. 이 위기를 극복하는 방법은 하나인데, 자신과 동기를 각자 한 사람씩 셈하는 것이고 그럼으로써 동기에게 자리를 마련해주는 것이다.

9 이성민,《일상적인 것들의 철학》, 바다출판사, 2015, 26쪽.
10 위의 책, 21쪽.
11 위의 책, 32쪽.

5장 시기심

아이는 동생에 대해서 손위가 됨으로써 "둘 모두를 위한 자리"를 마련한다. 이는 동기들뿐만 아니라 또래들 간의 관계에서도 마찬가지다. 동기들과 또래들 속에서, 아이는 점차 부모와의 수직적 관계를 벗어나고 수평적 관계를 형성하게 된다.

나와 동등한 타자들을 위한 자리를 마련하는 것, 그 타자들이 나와 마찬가지로 결여의 주체임을 아는 것은 시기심을 넘어서는 조건이 되며, 사실상 아동의 인지적, 심리적 발달 단계에서 그 조건이 만족되고 사회화가 이루어진다. 따라서 성인에게서 일어나는 시기심은 유아적 정서 상태로의 일시적 퇴행이라고 봐도 될 것이다.

나도 너도 결여의 주체임을 인정하는 것! 라캉 정신분석은 결여를 주체의 사회화 과정에 필수적인 것으로 본다. 그리고 그러한 사회에서 결여의 주체는 각자 자신의 욕망을 따른다. 그런데 결여를 모르는 자, 시기하는 자는 갈망하는 자이며, 그는 즉각적 만족과 향유를 줄 수 있다고 믿는 향유의 대상을 갈망한다. 그렇지만 향유의 대상은 원리상 영원히 닿을 수 없는 것이기에, 이제 그는 향유의 대상을 얻기를 포기하는 대신에 그것을 소유했다고 믿는 타자를 그 대상과 함께 파괴하고자 한다.

향유의 대상으로서의 타자와 인격으로서의 타자

과거의 우리는 수직적 질서나 그에 따라 나오는 수직적 폭력에 익숙했다. 현대사회로 오면서 그러한 수직적 질서는 수평적 질서로 많이 바뀌었다. 다시 말해 평등한 사회로 진입했다는 말이다. 그런데 사회가 평등한 사회로 바뀌었음에도 불구하고 폭력은 사라지지 않았다. 아니, 더 극악한 폭력들이 신문의 사회면을 덮는다. 그 가운데 늘어난 범죄가 하나 있는데, 다름 아닌 이별 범죄다. 이별 범죄는 연인과의 이별을 못 참고 스토킹을 하거나 동영상과 유언비어를 유포하고, 심지어 폭력과 살인까지 저지르는 범죄를 통칭한다. 최근에는 나이와 세대에 상관없이 급증하는 이별 범죄 때문에 '안전 이별 수칙'이라는 신조어까지 나올 정도이다. 나날이 늘어가는 이러한 범죄들 때문에, 국회에서는 1999년 15대 국회 때부터 외국에서 이미 시행되고 있는 스토킹 방지 특별법을 매번 발의해오고 있으나 번번이 임기 만료로 폐기되었다고 한다.[12] 기사화된 대부분의 이별 범죄는 남성이 여성에게 가하는 폭력인데, 꼭 한쪽 방향만으로 범죄가 일어나리라는 보장은 없다. 이별 후 스트레스를 견디지 못하는 것은 남자만은 아닐 것이기 때문이다.

그렇다면 이별 범죄는 왜 늘어나는 것일까? 인간관계에서의 변화가 하나의 주된 원인이라는 데에는 많은 사람들이 동의한다. 예를 들어 제대로 된 인간관계를 갖지 못했던 사람이 이별을 애도하지 못하고 집착할 때 스토킹이라든지 폭력을 저지를 수 있다. 또한 이별 범죄를 저지르는 사람이 연인을 인격이 아닌 자신의 소유물로 대했다는 데 이별 범죄의 이유가 있다고 한다. 자신의 소유물을 빼앗긴 자는 그것을 파괴하는 한이 있더라도 회수하고자 한다. 그런데 여기에 또 하나의 원인을 추가하고 싶다. 바로 현대인들이 온갖 종류의 향유에 너무나도 쉽게 노출되어 있다는 사실이다. 텔레비전 속 수많은 '먹방'들, 인터넷 화면을 틈틈이 채

---

12 「내 딸이 알아야 할 안전 이별 5가지 수칙」, 〈주간조선〉 2418호, 2016. 8. 1.

우고 있는 노출 사진과 영상들. 향유의 대상은 인격이 아니라 사물들이다. 심지어 여자 아이돌이 야한 옷차림으로 유혹의 몸짓을 하면서 노래를 부를 때, 남자 아이돌이 상의를 찢는 퍼포먼스를 할 때, 그들은 자신들의 인격과는 무관하게 대중에게 소비와 향유의 대상이 되고 있다.

사실 이것은 자본주의의 전략과 맞닿아 있는데, 왜냐하면 사람들은 향유의 대상이 던지는 매혹을 쉽게 뿌리칠 수 없기 때문이다. 향유의 주체는 향유의 대상을 완전히 소유하는 것은 불가능할지언정 그것과 함께 있고 그것을 떠나지 않으려고 한다. 이러한 사회와 그 안에서의 경험은 향유의 주체를 점점 더 혼자만의 세계 속으로 고립시키고 제대로 된 인간관계를 꾸리지 못하게 만든다. 그러한 향유의 주체에게 애인은 또 다른 주체가 아니라 대상이나 수단에 불과한 것이 된다. 애인이 그를 떠났을 때, 그는 애인이 그에게 종속되지 않은 자신만의 삶을 향유하는 것을 견딜 수 없어진다. 그리고 그의 시기심은 폭력이나 사디즘과 같은, 가장 병리적인 모습으로 나타날 것이다.

질투는 질투하는 자, 질투의 대상, 그리고 경쟁자라는 3항 구조 속에서 일어나며 여기에는 최소한 질투하는 자가 동일시하는 다른 인격이 있다. 반면에 시기심은 시기하는 자와 시기심의 대상이라는 2항 구조 속에서 일어나며, 이러한 2항 구조 속에서는 시기심의 대상만이 있을 뿐 타자의 인격은 더 이상 인정되지 않는다. 그렇기 때문에 사회가 개인을 향유에 쉽게 노출시키고 혼자만의 세계에 빠져들게 만들수록, 개인은 자기도 모르는 사이에 분노에 휩싸이게 되고 자신을 제외한 사회 전체를 시기심의 대상으로도 놓을 수 있게 될 것이다.

그렇다면 어떻게 해야 할 것인가? 이에 대한 특별한 해답이 있는 것은 아니다. 우리는 다만 유아기의 시기심에서부터 성인의 시기심까지, 통과의 단계로서의 시기심에서부터 병리적 정서 상태로서의 시기심까지 시기심의 여러 양태들을 살펴보았으며, 그럼으로써 현재 사회에서 점점 증가하는 개인의 폭력들과 시기심 간의 적지 않은 관련성을 발견했을 뿐이다. 문학에서의 시기심이 허구적이었기에 낭만적으로 비칠 수 있었다면 현실에서의 시기심은 그보다 심각하다. 그리고 현대사회의 개인들은 질투의 주체에서 점차 시기심의 주체로 변해가는 것만 같다.

사방에서 향유의 대상들이 넘실대고 있으며[13] 그 가운데에서 주체들은 고립된 현기증 나는 삶을 산다. 가족의 해체를 개념화한 것이 무색하게도 요즘에는 사회의 해체를 논해야 되는 세상을 사는 것 같다. 자신도 타자도 대상화하지 않으며, 자신과 타자를 모두 하나의 인격으로 대하면서 관계를 만들어내는 장소를 사회라고 부른다면 말이다. 인격으로서의 타자와 마주하기보다 고립된 향유의 삶을 원하는 사람들이 점점 늘어난다. 그와 더불어 부각되는 것이 감정의 문제다. 도대체 타자를 어떻게 대해야 할 것인가, 내게 놓이는 타자의 시선은 왜 내게 불안의 감정을 일으키는가, 나는 왜 이유를 알 수 없는 분노와 증오감에 휩싸이는가 등등. 만일 감정에도 역사가 있다면, 시기심은 가장 오랜 역사를 가진 감정이다. 그만큼 시기심은 우리의 심리 속에 뿌리를 내리고 있으며 개인이 약해지고 사회가 약해질 때 언제든지 발톱을 드러낸다. 시기심의 문제는 당연히 타자의 문제이지만 더 나아가 사회의 문제이기도 하다.

---

13 중독도 일종의 향유의 체험인바, 담배, 술, 헬스, 의약품, 게임, SNS 등등 지금은 모든 사물들이 향유의 대상이 된 시대를 살고 있다.

6장
수치심

부끄럽습니다만...
─ 수치심·세월호·윤리적 삶

임지연

건국대학교에서 현대시를 전공하고 박사 학위를 받았다. 현재 건국대학교
몸문화연구소 KU 연구전임교수로 재직하고 있다. 2005년부터 문학평론
을 시작하여 시 전문지 《시작》 편집위원으로 활동 중이며, 동인 '사월'의 멤
버이다. 평론집 《공동체 트러블》, 인문 교양서 《사랑, 삶의 재발명》, 몸문화
연구소 총서 《공간의 몸 몸의 공간》, 논문 「김종삼 시의 수치심」 등이 있다.
1950~1960년대 한국 지식장과 문학의 관계에 관심을 두고 연구하고 있다.

탈수치심 사회에서 수치심을 어떻게 이해하면 좋을까?

애니메이션 「인사이드 아웃」(2015)은 감정이 뇌 안에서 어떻게 작동되고 처리되는가를 스펙터클하게 다룬 애니메이션이다. 어린 소녀가 주인공이지만 감정을 어떻게 처리할지 몰라 골치를 앓는 성인들이 보아도 흥미로운 영화이다. 이 영화에서 기쁜 감정을 주관하는 '기쁨이'는 열한 살 소녀 라일리의 핵심 기억을 즐겁고 행복한 감정으로만 저장하려고 동분서주한다. 슬픈 감정인 '슬픔이'를 핵심 기억에 접근하지도 못하게 할 뿐 아니라, 작은 원을 그려놓고 밖으로 나오지 못하게 한다. 라일리를 행복한 소녀로 만들어주기 위해서 말이다. 그러나 라일리가 새로운 환경에 적응하지 못하고 삶의 위기를 겪을 때 이를 해결한 것은 '슬픔이'였다. 라일리는 슬픔의 감정을 통해 부서져내리던 내면을 튼튼하게 재구축하게 된다. 슬픔을 인정할 때 나 자신이 어디에 있는지 자각할 수 있으며,

애니메이션 「인사이드 아웃」(2015) 중에서
긍정적 감정인 '기쁨이'가 '슬픔이'를 대등한 인격의 구성 요소로 인정해가는 과정
을 통해 일견 부정적으로 보이는 감정도 쓸모가 있음을 알 수 있다.

슬픔을 공유할 때 타자의 상태를 깊이 공감할 수 있었기 때문이다. 이 영
화는 그런 점에서 '슬픔의 재발견'이라고 해도 좋을 것 같다.

현대사회는 슬픔, 분노, 소심함, 우울감, 수치심 같은 부정적 감정을
치료할 대상으로 삼는다. 최근 몇 년간 우리 사회를 휩쓸었던 '힐링' 열
풍은 우리가 감정을 어떻게 다루어야 할지에 대한 대답을 내리지 못하
고, 행복한 삶이란 '기쁨'의 감정에 투자할 때 이룰 수 있다는 오해에서
비롯되었다. 슬픔과 같은 부정적 감정이 오히려 문제의 발생 지점을 명
확히 하고, 우리를 더 행복하게 할 수 있다는 점에 주목할 필요가 있다.
「인사이드 아웃」에서 '슬픔이'를 재발견할 필요가 있는 것처럼 말이다.

부정적 감정 중에서도 우리가 가장 기피했던 감정 중 하나는 '수치심'
이다. 수치심은 어떤 감정일까? '너는 우리 집안의 수치야', '너 때문에 얼

굴 못 들고 다닌다', '국치'와 같은 말은 이제까지 수치심이 어떻게 작동하고 있었는지를 단적으로 보여준다. 이는 타인의 시선 앞에서 느끼는 도덕적 결여를 개인에게 부여하거나, 공적으로 집단화할 때 사용되는 부정적인 감정이다. 따라서 수치심은 사적·공적으로 부정적으로 취급받으며, 일어나서는 안 될 사태이거나, 일어난 후에는 치유되어야 할 감정으로 인식되었다. 법철학(마사 누스바움)에서는 수치심을 약자를 비정상으로 규정하고 배척하려는 폭력적 심리로 파악하고, 국가나 사회가 수치심이라는 감정을 유발해서는 안 된다고 보고 있다. 또한 수치심이 심리학과 연결되면, 약물중독, 자살, 우울증 등 정신 병리적 변인과 결합됨으로써 치료되어야 할 병리적 감정으로 취급된다. 또한 사회학(잭 바바렛)에서는 수치심을 사회 순응적·나르시시즘적·공격적·방어적(죄책감)인 형태로 존재하는 사회적 감정으로 파악하고, 사회 순응적이면서도 동시에 사회질서에 반항하는 복합적 감정으로 보고 있다.

이처럼 수치심은 현재 여러 학문 분과에서 주요하게 다루는 현대적 감정이라고 할 수 있지만, 대체로 부정적 감정 영역에서 다루어지고 있다. 이러한 경향은 수치심을 개인적으로는 치유되어야 하고, 사회적으로 발생해서는 안 되는 감정으로 접근한다. 이런 점에서 본다면, 현대사회는 '탈-수치심 사회'라고 할 수 있다. 현대 사회는 수치심을 무의식적으로 억압하고, 꺼려하고, 도려내려고 하기 때문이다.

그러나 수치심은 정말 부정적인 역할을 담당하고, 치유되어야만 하는 감정일까? 「인사이드 아웃」에서 슬픔이가 라일리의 삶을 우울하거나 어둡게 만드는 대신, 문제를 해결하고 사랑을 확인하는 감정으로 작동하는 것처럼, 수치심 역시 우리를 불행하게 만드는 감정이라고만은 할 수 없다. 나는 이 글에서 수치심의 완전히 다른 양상, 즉 가장 인간적이고 윤리적이며 타자와 공감할 수 있는 감정이라는 측면에서 다루고자 한다.

소설가 박완서는 40여 년 전 부끄러움을 모르는 산업사회의 시민들이 가져야 할 덕목을 수치심을 아는 것이라고 소설 〈부끄러움을 가르칩니다〉를 통해 말했다. 우리는 이제 박완서의 문제의식을 재전유할 때가 된 것 같다. 왜 개인의 삶에서 수치심을 자각하고 수치심을 가져야 더 인간적인가라는 질문을 할 때이다. 이 글은 수치심이 개인의 내면을 인간적으로 만들고, 타자와 깊이 공감하는 건강한 사회를 만들 수 있는 긍정적 감정으로 취급하는 방식에 대해 생각해보고자 한다.

수치심의 개념들

수치심은 생물학적으로 '붉은 뺨'과 관련된 감정이다. 타인의 시선 앞에서 부끄러움을 느낄 때 인간은 얼굴이 붉어지는 생물학적 메커니즘을 가지고 있다. 즉 인간만이 갖는 감정이라는 의미이다. 다윈은 "얼굴을 붉히는 것은 (……) 다른 사람이 우리를 어떻게 생각하는지를 생각하는 것"으로 파악하였다. 그는 수치심을 단순한 자기 성찰이 아니라, 타자와의 인정 구조 속에서 느끼는 자기 인식이라고 보았다. 즉 수치심을 자기 비난의 토대가 아니라, 사회적 토대로 이해했다.[1] 붉은 뺨을 갖는 것을 도덕적 수치가 아니라, 타자라는 사회적 토대 위에서 형성되는 감정으로

1 잭 바바렛, 《감정의 거시사회학》, 박형신·정수남 옮김, 일신사, 2007, 191쪽.

보았던 것이다.

최근 심리학에서 수치심은 뜨거운 주제이다. 특히 병리적 내면이 형성되거나 작동될 때 수치심이 주요한 변인(變因)으로 들러붙어 있다고 보기 때문에 임상 치료를 위해 세심하게 접근되고 있다. 심리학에서 수치심은 죄책감과 구분됨으로써 고유의 감정적 특징을 세목화한다. 두 감정이 구성되고 작동되는 방식이 어떻게 다른가에 따라 수치심의 구조를 파악할 수 있기 때문이다. 두 감정은 공통적으로 도덕적·자의식적·부정적·내면적 속성을 가지며, 대인 관계를 경험할 때 생기는 감정이다.

그럼에도 두 감정이 작동하는 기제에는 차이가 있다. 가장 큰 차이는 자기 평가의 초점이 전면적인가, 부분적인가에 있다. 즉 수치심이 전체 자기를 문제 삼는다면, 죄책감은 구체적 행동을 문제시한다. 즉 어떤 실수를 저질렀을 때 수치심은 전면적으로 자아를 문제시하는 반면, 죄의식은 부분적인 특정 행위에 대해서만 부끄러움을 느낀다. 그렇기 때문에 수치심은 더 큰 고통을 수반하며, 죄책감은 상대적으로 고통을 덜 느낀다. 수치심이 숨거나 도망치고 싶은 욕망이라면, 죄책감은 고백이나 사과하기로 나타난다. 수치심이 관찰자와 관찰당하는 자로 분열되는 반면, 죄책감은 통일된 자아가 유지된다. 자아에 대한 충격의 면에서도 수치심은 자기 가치를 평가절하하며 자기를 무능력하게 인식하는 반면, 죄책감은 자기 가치를 손상하지 않는다.[2] 그런 점에서 수치심은 타자의 시선으로 자기의 도덕적 결여를 가치 평가할 때 생기는 부정적 감정으로 정의

---

2 June Price Tangney & Kurt W. Fischer, *Self-Conscious Emotions*, New York: The Guilford Press, 1995. p. 116.

할 수 있으며, 부끄러움을 전면화한다는 점에서 근원적이고, 현상적으로 더 고통스러우며, 치료의 관점에서 보았을 때에도 자아에 깊이 관여하고 있어서 치유되기 어렵다고 볼 수 있다.

레비나스는 존재론적 관점에서 수치심을 자아가 자기 자신에게 못 박혀 있는 존재라는 사실, 즉 자기 자신에게서 벗어날 수 없는 자의 전체성으로 파악하기도 하였다.[3] 반면에 타인과의 인정 관계의 우선성을 강조하는 악셀 호네트는 수치심을 타인의 인정에 의한 자아 이상이 무시되었다는 점에서 도덕적 인정 투쟁을 가능하게 하는 사회적 감정으로 파악했다.[4] 이처럼 수치심이란 자아와 타자 사이에서 형성되는 심리적이면서도 관계적인 복합 감정이다.

문제는 수치심을 경험하는 자들이 이 감정을 어떻게 다루고 어떻게 작동하는가의 방식에 있다. 수치심을 경험하는 자들은 부끄러움의 실체가 해명되지 않기 때문에 이것에 대한 질문을 계속한다는 사실에 주목할 필요가 있다. 자기 자신도 해결할 수 없는 부끄러움의 감정은 때로 병리적으로 표현될 수 있지만, 부끄러움이라는 사건의 의미를 근원적으로 묻기 때문에 오히려 근원적 감정이라고 할 수 있다. 자아에 깊이 침윤된 수치심은 개인의 내밀한 문제를 넘어 사회적이고 역사적인 맥락에서 발생되기에, 수치심을 경험하는 자는 자기가 겪는 수치심의 근원적 지점을 되묻지 않을 수 없다. 이와 같은 역사적이고 윤리적인 수치심의 구조를 잘 포착한 철학자는 조르조 아감벤이다.

---

3 에마뉘엘 레비나스, 《탈출에 관해서》, 지식을만드는지식, 김동규 옮김, 2012, 53~54쪽.
4 악셀 호네트, 《인정투쟁》, 문성훈·이현재 옮김, 사월의책, 2011, 261~262쪽.

아감벤은 예외 공간인 아우슈비츠의 생존자(이슬람교도)의 수치심에 주목하면서 사회적 감정으로서의 수치심과 그것의 이중 구조에 대해 분석하였다. 그는 인간적 윤리가 파괴된 아우슈비츠에서 살아남은 자가 느끼는 특수한 권력 체계로서의 수치심에 대해 사유한다. 이는 아우슈비츠의 가해자가 아닌 피해자의 수치심, 즉 가장 밑바닥에 있는 '살아 있는 시체'인 '이슬람교도'[5] 앞에서 느끼는 생존자의 수치심에 대한 것이다.[6] 즉 아우슈비츠의 가해자가 느껴야 할 (법적) 수치심이 아니라, 피해자의 윤리적 수치심에 대한 것이었다. 아감벤이 주목한 것은 피해자 앞에서 느끼는 피해자들의 수치심이며, 이 수치심이 어떻게 증언의 역설을 가능하게 하는가를 말한다. 아감벤은 유태인 수용소에서 살아남은 프리모 레비의 텍스트를 중심으로 생존자의 수치심을 분석한다. '나는 살아 있다, 고로 죄가 있다'는 생존자들이 갖는 공통 감정이었다. 학살은 우연적으로 불시에 일어났으며, 어떤 기준도 없이 행해졌다. 이때 생존자들은 누군가 나 대신 죽었기 때문에 내가 살아남았다는 부끄러움을 갖게된다. 수치심이 타인의 시선에 의해 발생하는 것이라면, 이때 생존자들에게 타인이란 누구인가? 그것은 죽은 자, 내 앞에서 나 대신 죽어간 자들이다.

사실상 수치심은 '죽인 자'들이 느껴야 할 감정이다. 그러나 아이히만

---

5 '무슬림', '무젤만' 및 '이슬람교도'로 번역되는 이들은 수용소에서 '걸어 다니는 시체', '살아있는 死者', '미이라 인간'으로 불리운 자들이다. 수용소 가스실로 가기 전의 존재들인데, 폐렴에 걸리지 않기 위해 몸을 구부리고 흔드는 모습 때문에 생긴 별명이다.(프리모 레비,《이것이 인간인가》, 돌베개, 2007, 136쪽 참조.)

6 조르조 아감벤,《아우슈비츠의 남은 자들》, 정문영 옮김, 새물결, 2012, 144~166쪽.

은 '나는 하느님 앞에서만 죄가 있다'라고 하면서 수치심의 구조를 보편
화했다. 죄 없는 생존자들은 오히려 수치심 때문에 파괴당했다. 아우슈
비츠 생존자인 프리모 레비의 자살은 그것을 웅변한다. 증언하고 증언해
도 치유될 수 없는 것, 살아남았다는 수치심. 레비는 그 수치심을 원동력
으로 '이것이 인간인가?'라고 질문하면서 아우슈비츠의 의미를 되물었
다. 그의 글쓰기를 수치심의 글쓰기라고 해도 좋을 것이다.

한국에서 수치심의 글쓰기를 전형적으로 보여주었던 사람은 김종삼
시인이다.

> 1947년 봄
> 심야
> 황해도 해주의 바다
> 이남과 이북의 경계선 용당포
>
> 사공은 조심 조심 노를 저어가고 있었다.
> 울음을 터뜨린 한 영아(嬰兒)를 삼킨 곳.
> 스무 몇 해나 지나서도 누구나 그 수심(水深)을 모른다.
>
> _김종삼, 「민간인」

이 시는 해방 이후 이북에서 남쪽으로 이주했던 월남민들이 생존을
위해 황해도 해주시 용당포[7]를 건널 때 우는 아기를 바다에 집어던진 사

---

7 용당포는 황해도 해주시 해주만의 용당반도 끝에 있는 포구로서 미·소에 의해 3·8선이 그어진 접

건을 압축적으로 묘사한다. 월남민들은 고향을 버리고 몰래 월경했던 냉전 체제의 피해자들이었다. 이 시는 월남민이라는 당대의 피해자들을 가해자와 피해자의 구도, 즉 월남민 어른과 영아로 세분화한다. 용당포의 월남민 생존자들은 영아의 죽음 때문에 살아남은 자이다. 아감벤이 제기한 사회적·역사적 수치심은 낯선 타자의 시선에서가 아니라, 하위 피해자(죽은 아기)의 시선 앞에서 느끼는 피해자(어른 생존자)의 수치심이다. 김종삼은 용당포의 생존자들이 살기 위해 바다에 던져진 영아의 죽음 앞에서 부끄러움을 느끼며, 생존자 어른들이 침묵한 영아 살해 죄를 압축적으로 보여주었다.

김종삼은 이 일이 일어난 지 20여 년이 지나고 나서 뒤늦게 이 사건에 대해 썼다. 이미 죽어 말할 수 없는 피해자 중의 피해자인 영아의 죽음 앞에서 누가 죄인인가, 군인과 민간인은 구별 가능한가, 전쟁의 폭력성은 극복되었는가 등의 문제들을 제기한다. 이 시는 자기 안에 들어와 소멸되지 않는 부끄러움, 즉 수치심이 동력이 되었다. 바다에 내던져진 영아의 시선으로 자기를 바라볼 때 생기는 부끄러움 말이다.

시인 김종삼은 죽을 때까지 죽은 동생, 죽은 고향 사람들, 죽은 예술가들을 반복적으로 호출하여 애도하는 시를 썼다. 이미 죽어서 미안하다고 사과할 수 없는 이들의 시선 앞에서 자유롭지 못했기 때문이다. 내가 아는 한, 김종삼은 한국시사에서 가장 윤리적인 시인이다. 사회가 부과한 수치심을 윤리적 감정으로 전유하고, 사회 역사가 저지른 죄를 나의 것으

경 지역이어서 이북에 거주할 수 없는 월남민들이 남한으로 내려오기 위해 주로 이용하였다. 이곳은 3·8선 중에서 제일 위험한 지대였으며, 남한 경찰과 북의 소련군 및 북한군 간의 총격전, 납치 사건이 자주 일어나는 삼엄한 곳이었다.(「철의 장막 3·8선 답사」, 〈동아일보〉, 1947. 10. 2. 참조)

로 책임지려고 했던 인간은 흔치 않다. 아우슈비츠에 프리모 레비가 있었다면, 한국전쟁에는 김종삼이 있었다. 김종삼은 수치심을 가장 순수한 윤리적 감정으로, 사회·역사적 의미로 확장한 '붉은 뺨'을 가진 인간이었다.

탈-수치심과 과잉-수치심 사이

수치심을 부정적으로 인식하는 사회, 수치심을 병리적인 것으로 여기고 치료하고 도려내야 할 것으로 생각하는 사회, 수치심을 무의식적으로 억압하는 사회를 탈수치심 사회라고 할 수 있다. 수치심을 치유하고 억압하고 제거하기만 하면 개인의 자존감이 인정되고, 우울감이 사라지고, 행복하고 명랑한 사회가 도래할까? 물론 사회적으로 타인의 수치심을 유발하는 억압적 권력 시스템에 대해서는 비판해야 한다. 그러나 문제는 수치심을 유발하는 권력 체계를 비판해야지, 수치심이라는 감정 자체를 근절해야 할 것으로 접근해서는 곤란하다. 오히려 수치심은 타자와의 상호 인정 관계가 근원적으로 우선하고 있음을 증명하는 사회적 감정으로 이해할 필요가 있다. 즉 죄 없는 하위 주체 앞에서 느끼는 윤리적 수치심은 건강한 사회를 만들어나갈 수 있는 원동력임을 알아야 한다. 기쁨, 즐거움, 행복감, 자존감만으로 우리는 삶의 충족감을 갖기 어렵다. 긍정적 감정만으로는 자기 자신을 성찰하기 어려우며, 삶의 외부에서 주어지는 압력의 의미를 자기 배려의 차원으로 전환하기 어렵다. 「인사이드 아웃」에서 소녀 라일리가 기쁨의 감정만으로 '좋은 삶'을 구축할 수 없었던 것처럼 말이다.

소설가 살만 루슈디에 따르면 '수치심'의 반대말은 '명예'가 아니라, '후안무치(파렴치함)'이다. 즉 수치심의 반대말은 '수치심 없음'이라는 것이다. 루슈디는 환상과 현실을 섞어놓은 소설《수치》에서 수치심 결핍이 어떻게 정치와 결합하여 국가와 인간 사회를 망가뜨리는지를 단적으로 보여준다.《수치》는 수치심이 없는 사회, 수치심을 느끼지 못하는 사람들의 사회를 환상과 역사를 씨줄 날줄 삼아 엮어낸 소설이다. 태생적으로 수치의 씨앗이었던 주인공 오마르 하이얌은 어머니들에게서 수치심을 느끼지 않도록 교육받는다.

부모의 자존심과 특별한 생활 여건 때문에 열두 살 나이의 오마르 하이얌 샤킬은, 당시 금지당했던 감정이 낯설기 그지없었다. "그게 어떤 느낌인데요?" 그가 물었다. 그러자 어머니들은, 아들의 당혹감을 눈치채고 온갖 설명을 시도했다. "네 얼굴이 뜨거워진단다." 막내 버니가 말했다. "하지만 심장은 덜덜 떨리지." "여자들에게는 울거나 죽고 싶은 마음이 들게 해." 추후니 엄마가 말했다. "그렇지만 남자들은, 이성을 잃고 날뛰게 되지." "하지만 가끔은, 반대로 작용하기도 한단다." 중간 어머니가 예언적인 독기를 품고 내뱉었다.[8]

하이얌이 금지당한 수치심이라는 감정을 어머니(들)는 고통스러운 것으로 설명하고 있다. 이 감정은 금지당하기 쉬운 것일 수도 있다. 얼굴이

---

8 살만 루슈디,《수치》, 김선형 옮김, 열린책들, 2011, 54쪽.

뜨거워지고, 심장이 덜덜 떨리고, 울거나 죽고 싶게 하는 감정, 이성을 잃고 날뛰게 하는 감정을 굳이 경험할 필요가 있겠는가? 이후 하이얌은 수치심을 느끼지 않은 채 살아가면서 소녀를 강간하고, 권력과 쉽게 손잡고, 아내와 자지 않고, 동생의 살인에 대해 아무 행동도 하지 않았다. 마지막 죽음에 이르러서도 그는 끝까지 "나는 죄가 없소"라고 말한다. 그리고 "다른 사람들이 내 인생 이야기에 주된 등장인물 역할을 차지했지요"라고 대답한다. 즉 수치심을 몰랐던 하이얌은 자기 삶의 주인공이 되지 못했다는 것이다. 이렇듯 수치심을 금지당하고 수치심을 느끼지 않는 자는 자기 행동에 대해 책임질 수 없다. 나의 부끄러움을 나의 것이 아니라 타인의 것으로 되돌릴 때, 나의 삶에서 나는 주인공이 될 수 없기 때문이다.

반면, 하이얌이 사랑한 여자는 역설적이게도 타인들이 느껴야 할 수치심을 온몸으로 안고 태어난 수피야 지노비아이다. 소설에서 그녀의 얼굴은 석유에 붙은 불길처럼 새빨갛게 붉어질 뿐 아니라, 너무 뜨거운 나머지 수피야의 뺨에 키스를 한 노파의 입술이 화상을 입었으며, 그녀의 목욕물에 손을 데일 정도였다. 그러나 수피야의 수치심은 아들을 낳아야만 했던 그녀의 어머니, 권력을 손에 넣은 정치인 아버지, 그리고 파키스탄으로 그려지는 정치적 혼란기의 국가 시스템이 부여한 것이었다. 즉 수피야가 수치심 그 자체가 된 이유는 타인들이 수치심을 갖지 않았다는 역설 때문이었다.

손상된 소녀의 머리카락에서 동그랗게 만 발가락 끝까지 퍼져 나간 붉은 불길 같은 창피함 때문에 물의 온도가 비등점까지 올라간 것이다. 적나라하게 말하자면: 수피야 지노비아는 세상에서 자신의 존재가 다른 사람의 주목을 받을 때마다 통제 불가능할 정도로 붉어졌다. 그러나 그녀는 또한 세상 때문에 창피해서 붉어졌는지 모른다고, 나는 믿는다.[9]

수피야의 수치심 과잉은 "세상 때문에 창피해서"라는 원인이 부여된다. 즉 타인들이 부끄러운 짓을 하고 경험하는 수치심을 갖지 않았기 때문에, 그녀는 수치심 과잉이 되었다. 자기의 수치심이 아니라, 타인에게 부여받은 수치심은 병적 에너지로 전환된다. 얼굴이 붉어지고 체온이 급격하게 올라가는 질병 때문에 그녀는 결국 백치가 된다.

작가 루슈디는 수피야를 통해 수치심이 분노감이나 폭력의 에너지로 전환될 수 있음을 상징적으로 표현하고 있다. 수피야는 무의식적 분노감으로 새의 내장을 폭발시키고, 자기를 강간하려는 소년들의 머리통을 뽑거나, 하이얌과 과거의 저택을 폭발시킬 수 있는 잠재적 폭력성을 갖게 된다. 수피야의 수치심에 대한 표현은 생물학적이면서도 사회적인 감정을 이중적으로 드러낸다. 수치심을 모르는 정치인(가족들)의 수치심을 부여받은 그녀의 감정이 결국 폭력으로 드러난다는 서사가 수치심이 개인적·사회적으로 어떻게 취급되어야 하는지를 우회적으로 시사한다. 수치심을 금지당한 남자(탈-수치심)와 타인의 수치심을 온몸 가득 장착한 여자(과잉-수치심)는 결혼하지만, 사랑의 관계에 이르지 못하고 결국 여자의 손길에 모든 것이 폭발하고 사라지는 것으로 소설은 마무리된다.

이 소설을 수치심의 관점에서 읽는다면 이렇게 정리할 수 있다. 수치

---

9 위의 책, 177쪽.

심의 결핍은 결국 자기 삶의 주인이 되지 못하게 만들고, 나의 것이 아니라 타인에게 부여받은 수치심은 분노와 폭력으로 전환된다는 것이다. '탈-수치심' 사회와 '과잉-수치심' 사회는 괴멸될 수밖에 없다. 루슈디는 후안무치와 수치심을 동전의 양면으로 인식하고 있는 것 같다. 수치심을 배제하거나 타인의 수치심을 내면화하는 것은 결국 자기를 파괴하고 사회를 파멸시키는 결과에 이른다는 것이다. 나의 수치심을 제대로 갖고 살아가는 것, 작가는 수치심의 의미를 집요하게 묻고 있다.

2010년대에 '나'의 수치심을 가지고 살아간다는 것은 어떤 것일까? 아감벤이 제기한 죄 없는 하위 주체 앞에서 경험하는 수치심의 윤리는 어떻게 가능한가? 루슈디가 비판하는 탈수치심이나 타자에게 부여받은 수치심이 아니라, '나'의 수치심은 어떻게 삶에서 의미화될 수 있을까? 나는 세월호를 목격한 자들이 경험하는 수치심과 그 수치심을 해결하는 '말하기' 방식에 주목하고자 한다. 세월호에 탔다가 수장당한 단원고 아이들 앞에서 느끼는 '나'의 수치심에 대한 것 말이다.

2014년 4월 16일 아침을 우리는 기억한다. 특별할 것도 없는 평범한 봄날 아침이었다. 많은 사람들이 텔레비전이나 미디어를 통해 사건의 전모를 목격했다. 나쁜 국가는 304명의 죄 없는 사람들을 구하지 않았다. 그리고 나(우리)는 텔레비전 화면을 통해 실시간으로 세월호가 바다에 가라앉는 과정을 목격했다. 이후 나(우리)는 세월호 사건의 해석자가 아니라 목격자임을 깨달았다. 내게 그 사건은 파랗게 뒤집힌 채 가라앉는 세월호와 SNS에 남겨진 아이들의 목소리와 동영상으로 깊이 각인되었다. 죽어가면서 '사랑한다', '너 먼저 나가'라고 말하던 아이들 앞에서 가눌 수 없는 슬픔과 부끄러움은 계속되었다. 죄 없이 죽어간 아이들의 시

침몰하는 세월호의 선체

선 앞에서 나(우리)는 자유로울 수 있는가. 나쁜 국가 시스템, 나쁜 국가 지도자, 나쁜 해경, 나쁜 선장이 구하지 않은 아이들을 나(우리)는 실시간으로 목격하고 있었다. 내가, 곧 우리가 느끼는 수치심은 실체는 내가 세월호의 목격자라는 사실이다.

수치심과 증언의 역설

사실 세월호 사건 앞에서 수치심을 가져야 할 사람들은 나쁜 국가의 지도자, 선장, 해경들과 같은 이들이다. 그러나 이들은 책임을 지지 않았다. 잘못이 없다고 말하고, 죄가 없다고 말한다. 그러나 '붉은 뺨'을 가진 많은 이들은 아무도 부여하지 않았지만 스스로 수치심을 느끼고, 그 사태를 윤리적으로 책임지려고 한다. 문학에 한정한다면, 많은 소설가와 시인들은 수치심과 슬픔을 공유하고 책임지고 싶어 한다. 말하지 않을 수 없기 때문이다. 죄 없이 죽어간 자들은 말할 수 없는 진실 그 자체이다. 그 진실을 누가 말할 것인가? 어떻게 말할 것인가?

여기서 말하기 주체, 즉 누가 세월호의 진실을 말할 수 있는가의 문제가 제기된다. 아감벤은 증언의 역설적 구조를 통해 아우슈비츠에 대한 말하기 주체를 새롭게 제안한다.

> 증언할 수 없는 것, 증언되지 않은 것에는 이름이 있다. 수용소의 은어로 그것의 이름은 (독일어로) '무젤만(der Muselmann)'인데 말 그대로 '이슬람교도'라는 뜻이다. (……) 가스실에서 최후를 맞이한 '이슬람교도'들은 모두 다 똑같은 이야기를 갖고 있다. 아니 보다 정확히 말해 아무런 이야기도 갖고 있지 않다. 그들은 마치 바다로 흘러가는 시냇물처럼 비탈을 따라 내려가 맨 밑바닥에 이르렀다. (……) 그들, '이슬람교도'들, 익사한 자들이 수용소의 중추를 이룬다. 끊임없이 보충되고 항상 동일한 이 익명의 집단, 아무 말 없이 행진하고 노동하는 익명의 비인간 집단, 이미 너무나도 배가 고픈 나머지 실제로 아무런 고통도 느끼지 못하는 그들에게서 하늘이 주신 광채는 빛을 잃었다.(레비)[10]

아감벤은 아우슈비츠 가스실로 먼저 들어간 '이슬람교도'들을 증언

---

10 조르조 아감벤, 앞의 책, 61~65쪽.

6장 수치심

텍스트에서 추출한다. 이슬람교도란 수용소 가스실로 가기 전의 존재들인데, 폐렴에 걸리지 않기 위해 몸을 구부리고 흔드는 모습 때문에 생긴 별명으로서, '걸어다니는 시체'로 불리기도 했다. 수용소에서의 죽음을 경험한 자들은 생존자가 아니라, 먼저 죽어간 '이슬람교도'들이었다.

그렇다면 누가 증언할 수 있는가? '온전한 증인'은 누구인가? 아감벤은 일견 증언 가능한 자를 죽어간 '이슬람교도'들이라고 말한다. 그러나 온전한 증언자는 이미 죽었기 때문에 언어가 없다. 경험은 있으되 언어가 없는 자들이다. 따라서 죽음의 경험은 없지만 그것을 목격한 자들, 언어가 있는 자들이 '의사(擬似) 증인'이 될 수 있다. 아감벤은 이를 '증언 불가능성'으로 증언해야 하는 '증언의 역설'이라고 하였다. 생존자, 즉 의사 증인은 온전한 증언자를 법적으로 위임받은 역설적 지위에 놓이게 된다. 누가 증언할 것인가? 생존자들이다. 가스실로 들어가는 이슬람교도들을 목격한 자들만이 남는다. 증언 불가능성을 증언해야 하는 자들이 남는다.

그렇다면, 한국 사회에서 세월호는 어떻게 말해질 것인가? 세월호 앞에서 느끼는 수치심을 어떻게 표현하고 어떻게 해결할 것인가? 죽음을 당한 죄 없는 이들이 온전한 증언자이지만, 그들은 언어를 잃었다. 대신 죽음의 경험은 없지만, 그것을 목격하고 공감하는 자들이 '의사 증인'이 될 수밖에 없다. 세월호의 증언 불가능성은 증언의 역설을 통해 가능하다. 이제 그들의 죽음을 나의 책임으로 느끼는 이들이 말하기 시작했다. 세월호 사건 이후 한국의 증언 문학은 새롭게 탄생되는 중이다. 이전의 증언 문학이 리얼리즘 기법을 활용한 집단적 고발 문학에 가까웠다면, 2010년대 세월호 사건 이후 증언 문학은 공감과 윤리적 수치심이 작동되면서 개인의 목소리를 되살려내는 개성적 방식으로 확장되고 있다.

일본 후쿠시마 원전 사태로 죽어간 이들을 애도하는 글쓰기에 대해 사사키 아타루는 다음과 같은 방향을 제시했다.

> 우리는 당사자는 아닙니다. 여러분은 오늘, 지금 이 자리에 계십니다. 그 말은 죽지 않았다는 의미입니다. 어쩌면 집도 가족도 잃지 않았겠죠. 물론 우리도 언젠가 그녀들 그들처럼 될지 모릅니다. 그런 의미에서 우리와 그녀들 그들의 입장에는 '상대적'인 차이만이 존재할 뿐입니다. 그러나 상대적인 입장의 차이야말로 '절대적'입니다. 그러므로 제 안의 무엇인가는 제가 섣불리 대변해서 말하는 것, '그녀들 그들'과 자신을 안이하게 동일시하고 감상에 젖어 '설교'하는 일을 강하게 거부합니다. (……) 사망자, 이재민을 어떻게 '이용'하지 않고, 그러나 압도적인 이 현실에 소설로써 응답할 수 있을까요.[11]

사사키 아타루는 글 쓰는 주체들과 죽은 이들과의 차이를 분명하게 인식하라고 주문한다. 글 쓰는 자(증언하는 자)는 후쿠시마의 당사자는 아니다. 당사자들은 죽었고, 글쓰는 자들은 살아 있다. 사사키 아타루는 이들의 '상대적 차이'를 분명히 하자는 것이다. 즉, 섣불리 대변하지 말기, 안이한 동일시하지 말기, 감상에 젖어 설교하지 말기, 후쿠시마 경험자들을 이용하지 말기.

---

11 사사키 아타루, 〈부서진 대지에, 하나의 장소를〉, 쓰루미 슌스케 외, 《사상으로서의 3·11》, 윤여일 옮김, 그린비, 2012, 47~48쪽.

6장 수치심

이를 아감벤의 용어를 빌려 말하자면, '의사 증언자'는 '온전한 증언자'의 법적 위임을 쉽게 받기 어려우며, 그 자리에 너무나 빠르게 앉을 수 없다는 말이기도 하다. 최근 세월호 사건에 윤리적 수치심을 느끼고 증언의 욕망을 갖는 시인들은 서서히 반(反)-대변하기, 반-설교하기, 반-이용하기의 방법을 구현하고 있는 것 같다. 2014년 당시에 출판되었던 시집《우리 모두가 세월호였다》는 너무나 빠르게 온전한 증언자의 자리에 의사 증언자들이 앉았다. 최근에는 반-대변하기 방식을 구현한 작품집《엄마, 나야》가 발간되었다. 이 작품집은 새로운 증언 문학의 형식을 제안하고 있다.

> 그런데 엄마, 나 요즘 살쪘어.
> 뜨거운 밥에 참기름이랑 고추장 넣고 비벼 먹는 거
> 내가 좋아하잖아.
> 너무 많이 먹었나 봐. 이제 정말 돼지가 된 것 같아.
> 그러니까 엄마, 나 수학여행 가는 날
> 밥 못 차려준 거 생각하면서 가슴 아파하지 마.
> 나 잘 먹고 화장실도 잘 가.
>
> _「김수정(2학년 2반) 내가 다 지켜보고 있어」 중에서

위 시의 저자는 모호하다. 시집의 서지 사항에는 저자가 '곽수인 외'로 되어 있다. 곽수인은 죽은 단원고 학생이다. 사실상 인용된 시는 시인 이우성이 썼다. 그럼에도 "그리운 목소리로 수정이가 말하고, 시인 이우성이 받아 적다"라고 기록하고 있다. 그렇다면 이 시는 누가 쓴 걸까? 이 시

는 '온전한 증인'과 '의사 증언자'를 분명히 구분하면서도 그 거리를 짧게 줄였다. 이 시집에는 "단원고 아이들의 시선으로 쓰인 육성 생일 시 모음"으로 부제가 달려 있다. 4·16 이후 안산시 와동의 치유 공간 '이웃'에서 정신과 의사 정혜신과 심리 기획가 이명수에 의해 기획된 '생일 시'는 치유 프로그램의 일환이었다. 돌아오지 못한 단원고 아이들의 생일날 가족과 친구, 지인들이 모여 생일 모임을 하는 프로그램에서 아이의 시선으로 쓰는 '육성 시'를 발표, 낭송한 것을 모아 펴낸 시집이다. 이 시들은 살아남은 부모들의 고통을 치유하기 위해 쓰였다. 죽은 자들이 살아남은 자들의 고통을 함께 하기 위해 언어를 빌려준 셈이다. 아감벤의 증언의 역설 구조를 뒤집은 독창적 형태라고 할 수 있다.

세월호를 수장한 죄 있는 자들은 수치심을 느끼지도 책임을 지려고 하지 않지만, 세월호 사건을 목격하고 수치심을 느끼는 사람들은 증언을 계속하고 있다. 붉은 뺨을 가진 사람들의 사회와 증언의 공동체가 부서진 대지 위에 작은 나무들을 심고 있다. 이것이 내가 주목하는 수치심의 윤리적 가능성이다.

'붉은 뺨'을 가진 사람들의 사회로

앞서 현대사회의 수치심이 부정적으로 이해되면서 치료하고 억압하고 도려내야 할 감정으로 취급되는 현상을 비판하고, 수치심을 자기 것으로 삼아 타인의 고통에 공감하고 타인과 연대할 수 있는 증언의 형식을 제안하고자 하였다. 수치심은 개인과 사회를 더 건강하게 만들어나갈 수 있는 사회적이고 윤리적인 감정이기 때문이다.

1970년대에 박완서는 탈수치심 사회를 비판하고 수치심의 의미를 탁월한 입담으로 소설화했다. 〈부끄러움을 가르칩니다〉는 조그만 실수에도 얼굴부터 빨개지고 어쩔 줄 몰라 쩔쩔매는 "부끄러움에 과민한 병적인 감수성"의 소녀였던 주인공이 세 번 결혼하는 과정을 거치면서 약삭빠르고 후안무치한 행동을 서슴지 않는 소시민이 되어가다가 불현 듯 자기의 수치심을 자각한다는 이야기이다.

> 아아, 그것은 부끄러움이었다. 그 느낌은 고통스럽게 왔다. 전신이
> 마비됐던 환자가 어떤 신비한 자극에 의해 감각이 되돌아오는 일이
> 있다면, 필시 이렇게 고통스럽게 돌아오리라. 그로 이렇게 환희롭게.
> 나는 내 부끄러움을 감수했고, 자랑을 느꼈다. 나는 마치 내 내부에
> 불이 켜진 듯이 온몸이 붉게 뜨겁게 달아오르는 걸 느꼈다.[12]

주인공은 마지막에 자신의 후안무치한 삶과 사회에 부끄러움을 느낀다. 그 감정은 고통스러웠지만, 환희로우며 자랑스럽다고 쓰고 있다. 고통스럽지만 환희롭다는 역설은 어떻게 가능할까? 수치를 자각하는 순간 주인공의 내면에는 꺼져 있던 불이 켜지고 온몸이 뜨겁게 달아오른다. 그리고 그녀는 붉은 뺨을 가진 사람으로 재탄생한다. 박완서는 서울 시내 학원 간판에 '부끄러움을 가르칩니다'라는 깃발을 휘날리고 싶다고 썼다.

---

12 박완서, 《부끄러움을 가르칩니다》, 문학동네, 1999, 327쪽.

수치심을 느끼지 않는 탈수치심 사회에서 사람들은 행복해질 수 없다. 타인과 내가 근원적으로 상호 인정 관계에 있다는 사실을 느낀다는 것, 약한 자들의 고통을 공감한다는 것, 말할 수 없는 자의 자리에서 내가 말할 수 있다는 것을 경험하게 하는 감정이 바로 수치심이다. 권력자에게 부여받은 수동적인 것이 아니라, '나'의 것으로 전유한 수치심은 나와 사회를 성찰하게 하고, 연대하게 하며, 상호 인정과 공감을 실현할 수 있는 긍정성을 내포한다. 윤리적 수치심을 경험할 수 있도록 우리는 '부끄러움을 가르치는' 사회로, 붉은 빰을 가진 사람들의 사회로 나아갈 때, 역설적으로 더 행복해질 수 있을 것이다.

7장
공포

도대체 뭐가 무서워

서윤호

고려대학교 법학과를 졸업하고, 독일 함부르크 대학교에서 「법 존재론과 헤겔의 법 개념」으로 법학 박사 학위를 받았다. 현재 건국대학교에서 학술연구교수로 재직 중이며, 몸문화연구소 부소장으로 활동하고 있다. 연구의 주된 관심 방향은 헤겔의 '인정 이론'을 토대 위에서 현대사회의 다양한 문제들을 비판적으로 분석하는 데 있다. 저서로 《사물의 본성과 법 사유》가 있으며, 《포르노 이슈》, 《우리는 가족일까》, 《다문화사회와 이주법제》 등에 참여했다.

새로운 공포의 출현과 공포의 일상화

이전에는 볼 수 없었던 새로운 불안과 공포의 징후가 뚜렷하게 우리의 생활 세계에 아무런 통제 없이 스며들고 있다. 아침에 일어나면 지구촌 곳곳에서 새로운 사건과 사고가 끊임없이 우리에게 전달된다. 바야흐로 공포는 이제 가히 우리의 현대사회를 뒤덮고 있는 가장 지배적인 감정이라고 할 만하다. 오늘날 우리가 살고 있는 이 세계를 엄습하고 있는 이 새로운 공포의 실체는 무엇인가? 그것은 이전의 공포와는 어떤 차이가 있는가? 한 가지 분명한 사실은 이미 이런 새로운 공포가 우리의 일상의 삶 곳곳에 스며들어 있다는 점이다. 멀쩡한 하늘에서 날벼락이 떨어지는 것처럼 우리 주변에서 멀쩡해 보이는 도로가 움푹 꺼지는 일이 발생한다. 중국 기나라 사람이 하늘이 무너질까 땅이 꺼질까 아무 근거 없이 걱정하던 일이 일상 현실에서 더 이상 기우가 아니라 엄연한 사실이 되어버린 세상을 우리는 살고 있다. 오늘날 우리의 세계는 도대체 어디로 가고 있는 것일까?

공포란 무엇인가? 현대적 공포는 어떤 특징을 갖는가? 우리 사회의 공포 현상은 무엇인가? 오늘날 권력과 자본은 공포를 어떻게 다루는가? 신자유주의 사회에서 진행되는 공포의 개인화 현상은 아무 문제가 없는 것인가? 이러한 문제들을 중심으로 지금까지 전개된 공포를 둘러싼 학문적 논의를 개괄적으로 정리하고, 현대적 공포의 실체와 쟁점이 무엇인지 분명히 밝히고자 한다.[1] 우리가 비록 공포를 근본적으로 극복할 수는 없다고 하더라도, 공포와 관련하여 사회적 연대의 강화를 통해 우리의 삶을 유지하는 전략을 새롭게 짜는 것이 불가능한 일은 아니다. 이제는 공포에 대한 개인적 차원의 대응을 넘어서는, 사회적 차원에서의 연대의 회복이 더 강하게 요구되고 있음을 직시하는 것이 중요하다. 이는 곧 신자유주의적 공포정치의 일상화와 공포의 상품화에 대한 비판이기도 하다.

공포란 무엇인가?

공포의 감정은 어떤 감정인가? 파랗게 질린 얼굴, 머리와 귀를 온통

---

[1] 현대적 공포 현상의 원인과 대책이 무엇인가 하는 물음은 비교적 최근에 와서야 비로소 학문적 관심의 대상이 되기 시작했다. 공포에 대한 최근의 연구 자료는 다음과 같다. 지그문트 바우만, 《유동하는 공포》, 함규진 옮김, 산책자, 2009 ; 프랭크 푸레디, 《우리는 왜 공포에 빠지는가?》, 박형신·박형진 옮김, 이학사, 2011 ; 배리 글래스너, 《공포의 문화》, 연진희 옮김, 부광출판사, 2005 ; 박형신·정수남, 《감정은 사회를 어떻게 움직이는가: 공포 감정의 거시 사회학》, 한길사, 2015 ; 구연상, 《공포와 두려움 그리고 불안》, 청계, 2002 ; 안종주, 《위험 증폭 사회》, 궁리, 2012.

감싼 두 손, 텅 빈 눈, 떡 벌어진 입. 뭉크의 「절규」는 누가 보더라도 확실히 현대인이 가지는 불안과 공포의 감정을 가장 잘 표현하고 있는 걸작이라 할 만하다. 겁에 질린 이 그림의 주인공은 무엇에 놀라고 있는 걸까? 우리는 그 실체를 알 수 없다. 공포의 순간은 끔찍하다. 누구나 살다 보면 두렵고 무서운 순간들을 경험한다. 불안과 공포의 순간은 우리의 영혼과 몸을 갉아먹는다. 피하고 싶지만 피할 수 없는 공포의 순간은 그야말로 온몸을 얼어붙게 만든다.

흔히 공포와 불안의 차이는 대상성의 유무를 기준으로 구별된다고 한다.[2] 공포는 두려움의 대상이 구체적으로 존재하지만, 불안은 두려움의 대상이 구체화되지 않는다는 것이다. 그러나 실제 이러한 구별은 큰 도움이 되지 않는다. 그 구별의 핵심을 이루는 대상성의 실체가 분명하지 않기 때문이다. 심리학의 영역에서는 공포와 불안의 구별이 중요할지 모르나, 현재 사회학 분야에서 이루어지는 공포에 관한 대부분의 연구에서는 그와 같은 세밀한 구별에는 커다란 신경을 쓰지 않는다. 이에 따르면 일반적으로 공포는 미래의 불확실성과 예측 불가능성에서 비롯되는, 인간이 지닌 보편적 감정으로 정의된다.[3] 이러한 공포에 대한 일반적인 개

---

2 공포와 불안 개념의 구별에 관해서는 오신택, 「롤로 메이의 실존주의 심리치료의 철학적 기초」, 《철학연구》 제130집, 대한철학회, 2014, 141쪽 참조. 이에 따르면 프로이트는 대상성이 있는 것은 공포로 대상성이 없는 것은 불안이라고 구분하고 있는데, 메이는 이를 좀 더 섬세하게 다음과 같이 구분한다. "공포는 특수하고 객관적이며 규정될 수 있는 위협에 대한 반응이다. 그러나 불안은 모호하고 산만한 느낌이다." 키에르케고어는 "불안은 일정한 무엇을 가리키는 공포나 혹은 공포와 유사한 개념들과는 전혀 다르다는 것을 지적하지 않을 수 없다"라고 주장한다.(쇠렌 키에르케고어, 《불안의 개념》, 임규정 역, 한길사, 1999, 160쪽) 불안과 공포의 차이에 대한 프로이트와 메이의 주장은 이러한 키에르케고어의 통찰을 계승했다고 볼 수 있을 것이다.
3 박형신·정수남, 앞의 책, 54쪽.

에드바르 뭉크, 「절규」(1893)

넘 정의는 불안과 명확한 구별을 하지 않는 점에서 학문적 엄밀성이 떨어질 수 있을지는 몰라도, 오히려 공포를 폭넓게 파악하면서 불안과의 경계를 무너뜨리면서 우리의 일상적인 삶에 끈적끈적하게 달라붙어 있는 현대적 공포의 특징을 잘 드러내고 있다. 어쩌면 이와 같이 그 대상의 불명확성이 현대적 공포의 실체를 이루고 있는지도 모른다.

아무래도 뭔가 그 실체를 알 수 없는 끔찍한 상황과 분위기는 우리를 불안하게 만든다. 우리 인간이 가지는 이러한 불안과 공포의 감정은 우리 자신의 실존과 관련된 근원적인 문제이기도 하다. 끝없는 현실 세계의 변화는 우리의 삶을 불안정하게 만들고, 우리의 미래를 불확실하게 만든다. 이러한 미래의 불확실성과 불안정성, 그리고 인간 능력의 한계에 대한 인식이 초래하는 감정이 바로 공포를 불러일으킨다.

하이데거에 따르면, 공포는 우리를 보호해주는 안전장치가 풀렸을 때 거기서 비롯되는 위협이나 무서움으로 이해된다. 공포는 안전장치가 풀린 상태에서 자신에게 아직 닥치지는 않았지만, 이미 그 위험을 느낀 상태에서 발생하는 감정이다. 과거에 마주했거나 또는 현재 우리가 실제로 마주한 위험에 대한 반응이 아니라, 미래에 닥칠지도 모르는 위협에 대한 반응이다. 애덤 스미스도 일찍이 공포가 전적으로 상상력으로부터 도출되는 격정, 즉 우리가 실제로 느끼는 것이 아니라 우리가 앞으로 고통당할지도 모른다는 것을 표현한다고 지적한 바 있다. 다시 말해 공포는 사건에 대한 반응이 아니라 사건에 대한 전망이다. 공포의 대상은 손상 또는 위해에 대한 예견이지, 피해야만 하는 위협적인 행위자 또는 물리적 힘 그 자체가 아니다. 공포는 합리적 선택에 의해 피할 수 있는 대상이 아니라, 위험에 처할지도 모른다는 감정적 느낌이다.[4]

공포는 모든 생물이 체험한다. 동물도 두려움과 공포를 갖는다. 자기 생명을 위협하는 것이 돌연히 나타났을 때 동물이 보이는 반응은 분명하다. 도망치느냐 아니면 맞서 싸우느냐 둘 중 하나다. 인간도 마찬가지다. 하지만 인간이 느끼는 공포는 동물이 가지는 공포와는 다른 측면이

---

4 위의 책, 205쪽 ; 구연상, 앞의 책, 33쪽.

있다. 이차적 또는 파생적 공포의 특징을 띠는 것이다. 이 파생적 공포는 실제 위협이 출현했든 안 했든 인간의 행동을 제약한다. 다시 말해 희생자들의 인식을 왜곡하고, 인식에 따라 취하는 행동의 선택지를 바꿔버린다. 파생적 공포는 위협과 직접 마주쳤던 과거의 경험에서 나온 침전물이라고도 할 수 있다. 그런 침전물은 실제 체험이 끝난 뒤에도 끈질기게 남아 더 이상 자신의 생명이 위협받지 않는 상황에서조차 그 행동에 영향을 미친다. 이와 같이 파생적 공포란 하나의 프레임처럼 작동한다. 불안과 취약함의 감정을 자신의 세계관 속에 스스로 짜 넣은 사람은 실제로 위협이 없더라도 위험에 직접 맞닥뜨렸을 때에나 보일 만한 반응을 나타낸다. 그렇기에 바우만은 파생적 공포를 자가 발전하는 공포라고 부른다.[5]

지그문트 바우만은 그의 저서 《유동하는 공포》에서 이러한 공포의 특징을 탁월하게 묘사하고 있다. 그는 공포를 불확실하다는 것, 위협의 정체를 모른다는 것, 그것에 대처할 방법이 없다는 것, 그것에 달려들어 맞서 싸우려 해도 싸워볼 도리가 없다는 것으로 파악한다. 공포가 가장 무서울 때는 그것이 불분명할 때, 위치가 불확정할 때, 형태가 불확실할 때, 포착이 불가능할 때, 이리저리 유동하며 종적도 원인도 불가해할 때다. 어떤 규칙성도 합리적 이유도 없는 공포, 그 낌새가 여기저기서 언뜻언뜻 나타나지만, 결코 통째로 드러나지는 않는 공포야말로 가장 무시무시하다. 이어서 그는 현대적 공포의 유동적 특징을 다음과 같이 말한다.

---

5 지그문트 바우만, 앞의 책, 13쪽.

공포는 어디에나 있다. 공포는 어디서나 새어든다. 우리의 가정에, 전 세계에, 구석구석마다, 틈마다 홈마다 스며든다. 공포는 어두운 거리에도 있고, 반대로 밝게 빛나는 텔레비전 화면 안에도 있다. 침실에도 있고, 부엌에도 있다. 우리의 일터에는 공포가 기다리고, 그곳을 오가기 위한 지하철에도 공포가 도사린다. 우리가 만나는 사람들, 혹은 누군지 알지 못하는 사람들에서도, 우리가 소화하는 것들, 그리고 우리가 접촉하는 것들에도, 공포가 숨어 있다. 자연도 인간도 우리를 공포에 빠뜨린다.[6]

바우만이 말하는 유동적 공포는 우리에게 암울한 현실을 보여준다. "그것은 아마도 가장 무시무시한 영역이 될 것이다. 감각이 통하지 않고 정신이 산란해지는 회색의 영역. 하지만 그 영역의 이름은 아직 없다. 그 영역에서는 더욱 짙고 더욱 사악한 공포가 스민다."[7] 여기에서는 발전소가 폭발하고, 주식시장이 붕괴하고, 든든해 보이던 수만 개의 일자리가 하루아침에 사라져버리고, 항공기끼리 서로 충돌하고, 시장 가격이 미쳐버려 소중한 자산이 물거품처럼 되어버린다. 거의 매일 새로운 위험이 나타나고 경고된다. 얼마나 더 많은 위험이 남아 있는지, 어떤 것들이 우리 눈을 피해 어딘가 숨어서 예고 없이 터질 준비를 하고 있는지 아무도 모른다. 그 재난은 완전히 자연적이지도 인위적이지도 않으며, 둘 중 어느 것도 아닌 것처럼 보인다. 그렇기에 바우만은 유동적 공포와의 싸움

6 위의 책, 15쪽.
7 위의 책, 15쪽.

이란 평생 끝나지 않는 과업이라고 말한다. 공포를 일으키는 위험, 그것은 우리가 살면서 내내 떨쳐낼 수 없는 포착 불가능한 동반자로 느껴진다. 오늘날 도처에서 위험과 위협이 도사리고 있으며, 이제 우리는 공포 없는 삶을 살 수 없다. 우리의 일생 전체가 어쩌면 끝끝내 물리치지 못할 공포와의 길고도 헛된 싸움이 되어버렸는지도 모른다. 오늘날 공포는 끈적끈적한 형태로 우리의 삶 곳곳에 달라붙어 있다. 바우만의 현대의 유동적 공포에 대한 언급은 오늘날 우리가 처한 암울한 현실을 잘 보여주고 있다. 어쩌다 이런 지경에 이르게 되었는가?

현대적 공포의 작동 메커니즘

공포는 우리에게 언제 어디서나 있었고 앞으로도 그럴 것이다. 그렇기에 필경 현대사회에서만 공포가 유독 부각되는 것은 아닐 것이다. 그럼에도 불구하고 오늘날 많은 학자들이 공포에 커다란 관심을 가지는 까닭은 무엇일까? 그것은 현대의 공포가 이전과는 다른 형태의 작동 메커니즘을 가지고 있기 때문일 것이다. 오늘날 공포를 유발하는 조건과 가능성은 분명히 전통 사회의 그것과는 다를 수밖에 없다. 마찬가지로 사람들이 공포로부터 벗어나는 기제 또한 전통 사회와 달라질 수밖에 없다.

전근대사회에서 인간에게 가장 커다란 공포는 대체로 자연재해와 질병이었다. 합리적이고 과학적인 인식이 발달하기 이전의 전근대사회에서는 이러한 공포의 근원이 인간의 통제권 밖에 있다고 생각되었으며, 신 또는 초자연적 존재에 의지함으로써만 공포를 극복할 수 있다고 믿었다. 그러나 실제로 인간은 신이나 초자연적인 존재를 통해 공포를 극복했다기보다는 오히려 공포를 망각함으로써 자신의 안전감을 확보했다고 하는 편이 더 옳을 것이다. 물론 이러한 방식도 나름의 기능을 다했고 아직도 종종 새로운 형태로 그 모습을 드러내기도 한다.

그러나 이제 주술로부터 해방된 근대사회는 전근대사회와는 다른 방식으로 공포에 대한 전략을 구사한다. 근대사회에서 미래는 전적으로 합리성과 과학적 인식으로 무장한 개인의 몫이 된다. 생활 세계의 모든 영역이 끝없이 합리화되고 과학적인 틀로 재편성된다. 근대사회의 개인들은 미래의 삶을 스스로 결정하고, 그에 대한 책임도 스스로 지게 된다. 이렇듯 근대사회는 개인에게 무한한 가능성을 부여하고, 개별화된 개인들은 극한적 생존을 위한 극한적 경쟁을 펼친다. 그러나 합리적인 근대사회의 편성으로 획득한 결실을 한껏 향유하는 순간, 부메랑처럼 어두운 한쪽 구석에 밀쳐놓았던 발전의 그림자들이 다시금 귀환한다. 위험 사회의 도래가 그것이다.[8] 개인들의 극한적인 경쟁의 결과는 오히려 개인들에게 의미 있는 삶을 살아가는 능력을 심히 위협하는 상황을 야기한다.

이러한 상황이 야기하는 공포로부터 사회적 안전감을 확보하는 것은 이제 국가와 전문가 체계의 몫이 된다. 사회의 합리화와 과학화라는 두 장치는 여전히 그것을 수행하는 과정이라고 할 수 있다. 이는 불안과 복잡성을 감소시키고 예측 가능성을 높임으로써 공포를 극복하기 위한 것이기도 하다. 산업화, 민주주의, 복지국가의 발전은 신뢰 체계의 구축을 통해 공포를 적극적으로 극복하고자 하는 과정에서 나온 결과물이라고

---

8 울리히 벡,《위험 사회》, 홍성태 옮김, 새물결, 1997.

할 수 있다. 실제 근대 이후의 많은 제도적 장치들은 이러한 사회적 안전망을 끊임없이 발전시키고자 하는 노력들이다. 복잡성의 정도가 비교적 덜한 근대사회의 경우에는 사회적 안전망의 구축이 크게 어렵지 않다. 그러나 오늘날의 사회는 고도의 기능적 분화 과정을 거치면서 복잡성이 크게 증대했을 뿐만 아니라 공간적 범위 또한 전 지구적으로 확장되었다. 그와 함께 이제는 더 이상 과거와 같이 단순하게 사건들을 통제할 수 있는 상황이 줄어들고 걷잡을 수 없는 통제 불가능성의 상황이 매우 높아지고 있다. 그렇기에 오늘날 현대사회에서 공포는 더욱더 가중된다. 인간에 의한 자연의 파괴, 핵 공포, 지구온난화 등에 대한 공포는 분명 전통 사회에서는 경험할 수 없던 것들이다. 인간의 역사는 공포 극복의 역사라고도 할 수 있지만, 우리는 공포 극복의 노력으로 인해 새로운 공포에 빠지는 역설적 상황에 처하게 되었다.

위험 사회의 이론이 주장하듯이, 오늘날 위험의 대부분은 과거와 같은 '자연적 위험'이 아니라 인간이 만들어낸 '제조된 위험'이다. 오늘날 우리가 겪는 대부분의 공포는 과학과 합리성이 진전되는 과정에서 비롯된 제조된 공포라 할 수 있다. 기든스에 따르면, 오늘날 우리가 처해 있는 많은 불확실성은 바로 인간 지식의 증가에 의해 창출되어온 것이다.[9] 이러한 제조된 위험의 상황에서는 모든 것이 불확실해진다. 우리는 어떤 수준의 위험이 존재하는지 알 수 없을 뿐만 아니라, 어느 시점까지가 너무 늦지 않은 시점인지 확실히 알 수 없다. 이제 과학과 전문 지식은 신뢰의 기반이라기보다는 과학 그 자체에 대한 불신의 원인이 되기도 한

---

9 앤서니 기든스·울리히 벡·스캇 래쉬, 《성찰적 근대화》, 임현진·정일준 옮김, 한울, 1998.

다. 위험의 근원은 이제 더 이상 우리의 무지가 아니라 우리의 지식이다.

이와 같이 지난 몇십 년 동안 꾸준히 사회 안전망을 구축해오던 근대 사회는 체계의 모순과 함께 오히려 그 반대의 길을 걷기 시작했다. 그동안 생산력 증대를 통해 경제적 안전망을 확보하고자 했던 자본주의 체계는 생산 관계와의 모순을 불러일으키면서 거꾸로 사회 안전망을 위협하고 있다. 사회의 양극화, 민주주의의 위기, 복지의 축소, 전 지구적 실업 사태는 그 과정에서 발생한 것이라 할 수 있다. 이것들은 이제 기본적인 신뢰 체계를 무너뜨리며, 경제적 공포, 정치적 공포, 사회적 공포, 환경적 공포, 더 나아가 사람에 대한 공포에 이르기까지 공포를 전면화하고 있다.

이제 공포에 질식된 개인들은 스스로 미래를 기획하거나 심지어는 희망을 가지기조차 어렵게 되었다. 게다가 모순에 직면한 사회 체계는 신자유주의의 이름으로 공포의 극복은 뒷전에 내팽개쳐둔 채 개인들에게 공포를 떠넘기는 일에만 몰두하고 있다. 미래의 불확실성이 가속화되는 현대사회는 더 이상 공포의 극복이라는 문제에는 속수무책이라는 태도로 일관하고 개인들에게 공포의 책임을 전가함으로써 사회적 안전을 담보하기 위한 통치술을 발전시키는 데에만 전력을 다하고 있다. 오늘날 우리 사회는 이러한 신자유주의적 공포 관리 체제의 특성을 잘 보여준다. 이와 같이 현대적 공포의 작동 메커니즘은 오늘도 우리의 생활 세계 곳곳에서 아무런 통제 없이 매끄럽게 기능하고 있다.

우리 사회의 공포 현상

우리 사회에서 공포의 현상은 끝없이 나타난다. 대량 해고와 실업, 청년 실업, 세월호 사건, 강남역 살인 사건, 사스 사태, 메르스 사태, 미세 먼지, 기후 변화, 싱크홀, 개인 정보 유출 사건, 테러 방지법 사태, 사드 배치 문제 등등 그 목록은 끝없이 이어진다. 경제, 노동, 안전, 먹거리, 질병, 환경, 정보, 안보 등 일상의 거의 모든 영역에서 공포와 불안이 바우만의 표현처럼 끈적끈적하게 달라붙어 있다. 그중 우리의 일상의 삶과 밀접하게 관련된 경제적 공포를 중심으로 우리 사회의 공포 현상을 살펴보고자 한다. 오늘날 우리의 일상생활이 살벌한 공포의 분위기로 바뀌게 된 것은 1997년 외환 위기 이후 지속된 경기 침체와 노동시장의 유연화에서 찾을 수 있다. 기업의 구조 조정, 고용 불안정, 수시적인 대량 해고, 명예퇴직 압박, 비정규직 고용 증가, 노조 조직률 저하, 청년 실업 양산 등 노동시장의 신자유주의적 전환으로 인해 일반 노동자들의 일상생활은 매우 불안정한 토대 위에서 재구성될 수밖에 없다. 우리 사회의 일상적인 공포는 기본적으로 이와 같은 장기 전망의 결핍에서 비롯되며, 이러한 흐름은 2000년대를 경유하면서 경제 영역뿐만 아니라 사회의 모든 분야로 확산되었다.

오늘날 우리 사회를 살아가는 사람이라면 누구나 인정하듯이 실업은 그 자체로 하나의 커다란 공포가 되었다. 실업의 공포 앞에서 언제 해고당할지 한 치 앞을 내다볼 수 없는 노동자에게 일상의 하루하루는 불안의 연속일 수밖에 없다. 이처럼 실업이 사람들을 극도의 공포로 이끄는 까닭은 단지 생계의 위협을 넘어 사회적 관계를 단절시킴으로써 실업자를 한 사회에서 잉여 인간으로 철저히 고립시키기 때문이다. 그러나 현행의 시스템하에서는 이러한 실업의 공포를 극복하기 위한 노력마저도 고도 경쟁이 초래하는 또 다른 공포에 갇히게 한다. 이렇게 우리 시대에 노동자들은 공포를 극복하기 위한 전략이 공포를 낳는 공포의 악순환 구조 속에서 살고 있다. 사회의 미래라고 하는 청년들도 또한 실업의 굴레에서 벗어나지 못하고 있다. 청년 실업은 뚜렷한 해결책 없이 갈수록 더욱 심화되고 있고, 국가와 시장은 외환 위기 이후 내내 이 문제를 해결하기는커녕 청년 세대에게 더욱 치열한 경쟁만을 강요하고 있다. 그 결과 청년 세대에게 학교 졸업 후 취업 전까지의 백수 생활은 이제 군 복무와 같이 의무 기간처럼 받아들여지는 실정이다. 대학에서도 졸업을 유예하는 학생의 수가 계속 증가하고 있다. 이는 취업에 대한 불안을 학교라는 울타리 안에서 상쇄하면서 동시에 취업 준비를 위한 안정적인 시간을 확보하기 위한 궁여지책이다. 이처럼 노동시장의 불확실성은 개인의 미래를 매우 불투명하게 하고 장기적인 인생 설계를 점점 더 어렵게 만들며, 불안과 공포를 더욱 가중하고 있다.

개인의 안전은 끊임없이 위협을 받게 되고, 그 속에서 개개인은 생존을 위해 자신의 안전만을 최상의 목표로 삼는다. 이는 부지불식간에 다른 구성원의 안전감을 위협하고, 결과적으로 또 안전하지 않은 사회를 만드는 악순환으로 이어진다. 청년들은 일자리가 없어 미래를 빼앗기고, 복지 사각지대의 사람들은 빈곤에 시달리고, 무한 경쟁에 처한 사람들은 그들의 인간적 감정까지도 박탈당하고, 그로 인한 죽음의 공포에 시달리고, 결국 자살로 그 공포를 끝장내는 일까지 벌어지고 있다. 우리 사회가 자살 공화국의 오명을 얻게 된 것은 어쩌면 당연한 일일지도 모른다. 우리 사회의 일상생활은 개인화의 심화와 더불어 사회적 공포에 민감해지는 양상으로 전개되고 있다. 국가는 개인에게 닥쳐오는 위험을 사회적 안전망을 통해 떠맡기보다는 그 부담을 최소화하려고 한다. 작은 정부 또는 효율적 정부라는 신자유주의적 국가관은 개인에게 자신의 삶을 스스로 개척하고 경쟁에 맞서라고 부추긴다. 개인 스스로 감당하기 버거운 사회적 혼란과 중층적 위험이 날로 증가하면서 사람들은 이제 국가 또는 시민사회가 아닌 개인의 차원에서 동원할 수 있는 정보와 전문가 체계에 의존한다. 하지만 이러한 상황에서도 사람들이 경험하는 공포는 줄어들지 않는다.

우리 사회는 미래의 경제 위기 공포만을 전면에 내세우고, 현재의 공포가 아닌 미래 세대의 공포를 줄인다는 명목하에 이미 공포를 강화하고 있는 기존의 방식을 여전히 고수하고 있다. 공포의 근원이라 할 수 있는 현행의 시스템을 제대로 인식하려는 노력보다는 오히려 공허한 안전 담론에만 몰두하고 있다. 오늘날 우리의 국가 권력은 사회적 안전망의 구축을 통해 불안정한 생애 과정에 적극 개입하는 것이 아니라, 개인들이 느끼는 공포를 증폭하는 방식으로 공포정치를 부추기고 있는 셈이다. 이러한 상황에서 공포에 움츠러든 개인들에게는 기존의 체제에 적극 순응하는 것만이 생존을 위한 확실한 방책이 된다. 이처럼 국가는 사회적 불안과 공포를 개인에게 떠넘기는 방식으로 국민들에게 강제하지 않고 효율적으로 통치할 수 있는 기제를 구축해나가고 있다.[10]

---

10 정수남, 「공포, 개인화 그리고 축소된 주체」, 《정신문화연구》 제33권 제4호, 한국학중앙연구원, 2010, 329~357쪽.

권력과 자본은 공포를 어떻게 다루는가: 공포정치의 일상화와 공포의 상품화

어찌 보면 오늘날 우리는 인류 역사상 가장 안전한 삶을 누리는 시대를 살고 있다고도 할 수 있을 것이다. 우리의 기대 수명은 과거에 비해 크게 늘었으며, 생명과 질병의 위험을 예방할 수 있는 탁월한 의료 수단도 충분히 갖추고 있다. 그럼에도 불구하고 다른 한편으로는 우리는 역사상 유례 없이 커다란 위험과 불안, 공포를 느끼며 살고 있고, 안전과 관련된 것이면 뭐든지 민감하게 반응하는 역설에 빠져 있다. 다양한 안전장치가 크게 늘었음에도 불구하고 공포에 대한 민감증과 안전 강박증은 감소하지 않고 오히려 급격하게 증가했다. 바우만도 마누엘 카스텔의 분석을 인용하면서, 안전 강박증과 함께 안전 보장 기제의 어떤 허점도 견디지 못하는 우리의 태도가 그토록 불안과 공포에 사로잡히게 되는 주된 이유이자 재생산을 거듭하며 끊임없이 불안과 공포를 확충하는 원천이라고 말한다.[11] 안전 강박증은 보호 수단의 결핍에서 비롯되는 것이 아니라, 끝없는 보호 수단 추구와 광적인 안전 추구를 중심으로 조직된 사회에서 필연적으로 나타나는 보호 범위의 불명확성에서 비롯된다. 그에 따라 안전의 기준은 끝없이 계속 올라가기만 한다. 이와 같이 줄어들 줄 모르고 치유될 줄 모르는 우리의 강박적인 불안감은 이른바 기대 상승의 부수적 효과라고 할 수 있다. 그것은 근대 특유의 약속이며, 과학적 발견과 기술적 발명이 계속되어 결국 공포로부터의 완전한 해방을 이룰 방법

---

11 지그문트 바우만, 앞의 책, 213쪽.

을 찾아낼 수 있으리라는 널리 퍼진 확신으로 이루어진다. 그러나 사라지지 않는 불안은 그 약속이 지켜질 수 없음을 강변한다. 아직도 실현되지 않았다는 사실에 그것이 곧 실현될 수 있다는 신념이 합쳐지게 되면 불안정 상태에 빠지게 된다. 그리고 불안은 새로운 욕망으로 변화한다. 그런 불안을 일으킨 당사자를 찾아내고 처벌하고 싶은 욕망, 그리고 배신당한 희망에 대한 보상과 배상을 요구하고 싶은 욕망이 꿈틀거린다.

정치권력은 이런 우리의 불안과 공포를 기가 막히게 활용한다. 이는 오늘날 신자유주의적 공포정치의 일상화로 그 모습을 드러낸다. 공포정치란 사람들의 불안 의식을 하나의 정치적 자원으로 삼아 국민들의 순응을 유도함으로써 자신들의 목적을 실현하고자 하는 정치라고 규정할 수 있다.[12] 인류 역사상 공포가 존재하지 않은 경우는 없었고, 정치는 본래 이러한 공포에 맞서서 대안을 제시하고 그것을 실현하기 위해 위험을 감수하는 것이다. 그러나 오늘날 현실을 바꿀 능력을 아예 포기해버린 정치인들에게 정치 세계에서 살아남기 위한 전략은 사람들의 감정을 조작하는 감정 정치, 즉 공포정치뿐이다. 마키아벨리는 《군주론》에서 이렇게 말한다. "통치자들은 사랑받기보다는 두려움의 대상이 되는 데서 더 큰 안전을 발견한다." 이는 현실 정치에서 공포가 갖는 정치적 의미를 잘 보여준다. 공포라는 감정은 하나의 정치적 자원이 될 수 있다. 이것은 소극적 의미와 적극적 의미로 살펴볼 수 있다. 먼저 소극적으로 권력이 축소되는 상황에서 공포 또는 겁주기 전략은 반대자들의 토대를 침식하고 유권자들의 동의를 얻는 데 기여할 수 있다. 또 적극적으로 정치적 위기나

---

12 프랭크 푸레디, 《공포정치》, 박형신·박형진 옮김, 이학사, 2013, 167쪽, 242쪽.

주여, 런던에 자비를 베푸소서
런던에서 흑사병의 공포가 극에 달했던 1665년에 발간된 책에 수록된 목판화이다. 유럽 인구의 3분의 1을 앗아간 페스트로부터 살아남은 예술가들이 그릴 수 있었던 것은 흑사병에 대한 공포의 기록뿐이었다.

사회적 분열 상황에서, 공포는 공적 질서를 강요하고 무서워하게 하여 권력을 유지하는 데 이용될 수 있다. 이렇게 공포는 인지된 위협에 대한 하나의 공통 반응을 유발함으로써 합의와 통일성을 획득하기 위한 중심점이 될 수도 있다.

이러한 공포의 정치적 성격은 실제 역사상 수많은 독재정치에서 정치적 무기로 이용되었다. 하지만 공포정치는 단지 역사 속 과거의 것만이 아니다. 프랭크 푸레디는 최근 공포정치가 서구 사회의 공적 생활을 지배하고 있다고 주장한다. 그에 따르면 현재의 정치는 테러 공포, 망명자 공포, 반사회적 행동 공포, 어린아이들에 대한 공포, 음식과 관련한 공포, 환경에 대한 공포, 연금에 대한 공포, 유럽의 미래에 대한 공포 논쟁에 의해 지배되고 있다. 이를 통해 푸레디는 과거에는 공포정치가 우파 정치의 일반적 특성이었지만, 현재는 좌파와 우파 모두 공포 정치의 선점을 놓고 경쟁하고 있다고 분석한다.[13]

정치권력의 공포정치의 일상화와 더불어 자본에 의한 공포의 상품화도 공포 감정의 현대적 취급에서 중요한 문제이다. 오늘날 공포 산업은 거대한 블루오션이 되었다. 이러한 사태의 진전에 한몫을 한 자본주의는 이 공포마저도 자신의 논리에 종속시키며 공포를 온갖 형태의 상품으로 탈바꿈시키고 있다. 공포의 상품화가 바로 그것이다. 대표적인 상품이 바로 보험과 보안 시스템이다. 이제 모든 위험과 공포가 자리하는 곳에 공포 상품이 따라다닌다. 여기에는 언론도 한몫 거든다. 메르스 사태가 발생했을 때 엄밀한 과학적 절차를 통해 어떻게 해결될지에 앞서 공포를 부추기는 기사가 난무했다. 메르스는 내 바로 옆에 있는 듯하고 내가 숨쉬는 어느 때고 침투할 준비가 되어 있는 것처럼 위협한다. 매체들 간의 보도 경쟁은 언론의 진실성과 상관없이 공포를 팔아먹을 수밖에 없다. 메르스에 대한 엄밀한 조사나 방어 능력 없이 증폭된 공포에 빠지게된 일반인들은 그저 마스크가 별 소용없는 줄 알면서도 불안감을 떨치기위해 그것을 착용할 수밖에 없을 뿐이다. 그리고 소독제가 얼마나 유용할지에 대해 별로 신뢰하지 않으면서도 세정제를 틈틈이 사용한다.

과연 이러한 공포는 궁극적으로 누구에게 이득이 되는가? 이와 같은

---

13 위의 책, 179쪽.

상황은 현대를 살아가는 개인과 사회에 어떻게 영향을 미치는가? 물론 개인은 자신이 사회적으로 누리는 지위와 권력 등 각자가 처한 상황에 따라 공포를 다르게 경험할 것이고, 사회 안전망의 구축 정도에 따라 사회가 공포에 대항하는 정도도 다를 수밖에 없을 것이다. 하지만 근원적인 공통의 문제는 공포가 개인적 차원과 사회적 차원 모두에 있어서 미래에 대한 기획과 사회 변혁의 가능성을 점차 차단한다는 점이다. 개인이나 사회 모두 일차적으로 공포를 극복하기 위해 진지하게 노력하기보다는 당장 직면한 공포를 최소화하는 데 전력을 다하게 된다. 개인적 삶의 양식이나 사회구조를 바꾸기 위한 새로운 도전은 사라지고 오히려 그러한 도전 자체가 공포를 촉발하는 것으로 받아들여진다. 변화와 도전의 길이 완전히 가로막혔다는 것은 아니다. 도전이 있다고 해도, 다만 개인의 자율적 판단에 의해 사회 모순이나 기득권에 대항하는 이상주의적 도전이 아니라 기득권이나 지배계급이 제공한 도전과 혁신 매뉴얼에 따른 현실주의적 도전이 대부분을 이룬다. 오늘날 우리 사회에서 창궐하는 온갖 도전과 혁신의 수사학은 기득권자들의 지배를 좀 더 견고하게 하는 데 기여할 뿐이다. 도전, 혁신, 창조, 개척 정신, 자기 계발, 인문 정신 등의 어휘마저도 국가권력과 기업에 의해 이미 장악되어버렸다.

이렇게 외환 위기를 겪은 이후 거의 20여 년을 보내는 동안 우리 사회에서 공포는 우리의 영혼에 스며들어 정신 구조까지 바꿔놓고 있다. 매스컴은 불안을 자극하는 기사를 실시간으로 내보내고 안전을 소재로 한 방송 프로그램이 날로 번창하면서 광고주들의 입맛을 유혹한다. 공포는 후기자본주의 시대에 새로운 이데올로기로 등극함으로써 계급, 권력, 사회구조적 차원의 문제를 안전의 문제로 바꿔놓았다. 오늘날 공포나 불안은 체계의 문제이지만 그럼에도 정작 개인들이 할 수 있는 것은 생존을 위해 가족과 내 한 몸을 안전하게 챙기는 것뿐이다. 그리고 이것은 개인에게 지상 명령이 된다. 이렇듯 공포는 이제 사람들의 삶을 짓누르는 하나의 감정을 넘어 개인들의 사회적 삶을 지배하는 윤리의 토대이자 사회를 또 다른 모습으로 바꿔버리는 힘으로 작용하고 있다.

신자유주의적 공포의 개인화 현상과 사회적 연대의 회복

오늘날 우리가 경험하는 공포는 더 이상 사회적 차원에서 공유되거나 분담되지 않고 점점 더 개인적인 차원으로 수렴된다. 이러한 개인화의 과정은 이중성을 내포하고 있다. 자율성이 증가하는 동시에 책무성도 증가한다. 다시 말해 집단적 제약으로부터 자유로워지는 만큼 개인이 혼자서 감당해야 하는 책무도 많아진다. 이웃과 거리감을 유지하면서 프라이버시를 확보하는 데 성공하지만, 그만큼 이웃과 공유할 수 있는 일도 사라진다. 예컨대 아이를 이웃에 흔쾌히 맡길 수 있는 문화는 사라지고, 공인된 보호 기관이나 교육 기관에 의탁해야 하는 관리 문화가 지배하게 된다. 물론 이러한 현상은 사회의 기능적 분화와 전문가 체계의 발전이라는 근대적 합리화의 산물이다. 하지만 최근 공개된 어린이집 폭행 사건이 말해주듯이 어린이집에도 자녀를 마냥 믿고 맡길 수 없다. 이러한 상황은 전문가 체계에 대한 불신을 초래한다. 전문가 체계 자체가 공포를 불러오는 모순적 상황을 초래한다.

이와 같은 공포의 개인화 현상은 후기 자본주의 체제의 확산과 더불어 더욱 심화되고 있다. 새로운 사회적 위험의 증가, 전통적 규범의 해체, 신자유주의 체제의 전면화 등은 개인에게 자유를 부과함과 동시에 일상적 공포를 확산시키는 구조적 요인으로 작동한다. 신자유주의적 질서하에서 국가와 시장은 노동자들에 대한 사회경제적 책임을 최소화한다. 국가와 시장은 개인이 각자 알아서 안전장치를 마련하도록 자유롭게 내버려둘 뿐이다. 사회적 위험에 포획당하고 노동시장에서 퇴출되더라도 국가와 시장이 안전망을 제공해주지 못하는 상황에서 개인들은 철두철미한 자기 생존 전략 외에는 다른 대안을 찾지 못하고 있다. 공포의 개인화 현상은 사회 구성원들 간의 불신을 확산시키고 주체의 자발적 영역을 그만큼 축소하는 결과를 낳는다. 과거에 저항과 진보의 아이콘으로 여겨졌던 젊은 세대는 오늘날 도전과 모험을 꺼리고 안정적이고 보수적인 삶을 추구하려 든다. 공포가 개인화되는 과정에서 사회적 위험은 개인에게 도전보다는 안정을, 변화보다는 유지를, 공공성보다는 사익성을 더욱 강요하게 된다.

공포 감정에는 일반적으로 다음과 같은 통념이 따라 다닌다. 공포는 무력감이나 위축감을 그 특징으로 한다. 따라서 일반적으로 공포는 사람들로 하여금 무능력하다는 느낌을 유발하고 행위를 위축시키고 새로운 변화를 가로막는다. 또 공포가 유발하는 무력감 때문에, 공포는 전적으로 종속적이거나 또는 취약한 지위나 역할을 차지하고 있는 사람들의 감정이라고 빈번히 가정된다. 정말 그럴까? 공포 감정에 대한 이러한 일반적 통념에 대해 바바렛은 분명한 이의를 제기한다.[14] 먼저 공포가 특정한

---

14 잭 바바렛, 《감정의 거시 사회학》, 박형신·정수남 옮김, 일신사, 2007, 268쪽.

관계 속에서 주체의 취약성을 나타내는 경우, 오히려 공포는 필연적으로 주체에게 자신의 이익에 더욱 적절하게 기여할 수 있도록 상황을 변화시킬 수 있는 선택과 유인책을 고려하게 만든다. 또 단지 무력한 사회적 행위자만이 공포를 경험하는 것이 아니라, 엘리트들도 그들이 지배하는 사회 체계 내에서 권력관계가 상대적으로 변화하여 자신들의 특권적 지위가 위협받을 때 공포를 느낄 수 있다.

이렇게 본다면, 현대의 유동적 공포에 대해 신자유주의가 펼치는 공포정치와 공포의 상품화 전략에 대해서 적극적인 대응 전략을 강구하는 것이 가능하다. 우리는 현대의 유동적 공포에 망연자실하지 않고 오히려 공포에 질린 자들의 연대를 모색할 수 있다. 다시 말해 공포는 연대를 가능하게 하는 전제이기도 하다. 이는 격렬하고 심지어는 적대적이기까지 한 고도 경쟁 사회에서 고도 연대 사회로의 전환을 가능하게 하는 감정적 토대를 이룬다. 이러한 대응 전략의 감정적 전환을 이루기 위해 필요한 것은 '연대의 감정'이다. 악셀 호네트가 지적하고 있듯이, 사회적 연대는 상호 인정의 토대 위에서 비로소 가능하다.[15] 다시 말해 개성화된 자주적인 주체들이 상호 대칭적인 가치 부여 속에서 서로를 존중하고 인정하는 것을 전제로 할 때 비로소 사회적 연대가 제대로 이루어질 수 있다. 왜냐하면 그러한 조건하에서만 타인의 개인적 특수성에 대한 수동적인 관용만이 아니라 감정적인 관심과 적극적인 상호 인정이 가능할 수 있으며, 또 타인의 속성을 적극 배려할 때에만 우리의 공동 목표가 제대로 실현될 수 있기 때문이다.

---

15 악셀 호네트,《인정투쟁》, 문성훈·이현재 옮김, 동녘, 1996, 221쪽.

이제 사회적 연대의 회복을 통해 공포의 상품화와 공포정치의 일상화가 활개치지 못하도록 빗장을 지르는 것이 요구된다. 그들 자신도 스스로 해결하지 못하는 공포를 무책임하게 개인들에게 떠넘기는 사기 놀음에 굳이 겁을 먹어가면서 함께할 까닭이 없다. 현대의 유동적 공포와 직면한 우리에게 필요한 것은, 비록 그 공포가 두렵고 또 근본적으로 해결되지 않는다 해도, 두 눈을 크게 부릅뜨고 겁에 질린 자들끼리라도 손을 맞잡고 서로를 강하게 만드는 것뿐이다. 우리는 촛불의 힘으로 국가권력을 바로잡는 역사적 과정을 통해 이를 분명하게 경험했다.

8장
분노

분노의 정치학으로서의
메갈리안 현상

이 글은 「증오의 프리즘으로서의 일간 베스트 현상 읽기」(《철학논집》 제41권 제0호, 서강대학교 철학연구소, 2015)와 「전복적 반사경으로서의 메갈리안 논쟁」(《한국여성철학》 제24권, 한국여성철학회, 2015)을 수정, 보완하여 엮은 글입니다.

윤지영

프랑스 파리 소르본 대학에서 철학 학사, 석사와 팡테옹 소르본 대학에서 철학 박사를 취득한 페미니스트 철학자이다. 현재 건국대 몸문화연구소에서 KU 연구 전임 교수로 재직 중이다.

오늘날을 혐오의 시대로 진단하는 것은 과연 적합할까? 여성 혐오에서 남성 혐오, 이성 혐오까지 혐오라는 정동이 유일한 시대 감정으로 정의되는 것에 대해 문제를 제기해봐야 한다. 다시 말해, 이 시대가 혐오라는 정동에 오롯이 다 먹히지 않게 하기 위해서는 분노의 정동을 세밀하게 개념화해야 하는 것이다. 이러한 관점에서, 이 글은 혐오로 축소되지 않는 분노의 역량, 그 첨예한 정치성의 활시위를 겨누는 과정이 될 것이다. 왜냐하면 감정의 동력학적 에너지를 어떻게 배치하느냐에 따라 우리가 발 디디고 있는 이 현실이 기존 질서를 견고히 하는 순응의 공간이 되기도 하고, 혹은 이러한 기존 질서판이 뒤틀려버리는 저항의 공간이 되기도 하기 때문이다.

분노와 혐오의 차이

　분노의 감정을 다루기 전에 우선 혐오라는 감정과 이것이 어떻게 구분되는지를 살펴보아야 한다. 그렇다면 혐오란 무엇인가? **혐오하는 자는 불합리한 상황에 노출되었을 때에 그 현실의 판을 뒤집어 문제 제기하지 않는다.** 대신 사회적 정서와 상식, 통념이 지정하는 굴종적 견뎌냄의 태도를 견지한다. 그런 후, 자신이 우위적 위상을 가지게 될 때 그러한 혐오의 감정을 하위 계급성을 담지한 이들에게 발산하는 것이다. 즉 자신이 겪은 부조리한 사태의 원인 제공자에게 분노하기보다 스스로가 부조리의 재생산자가 되는 것이다. 이를 통해, 부조리한 상황에서 한 치도 벗어나지 못하도록 고통과 견딤을 대물림한다. 그리고 이것을 **사회적 여묾의 방식**이자 **사회화, 정상화되는 방식**이라 주지하는 것이다. 이러한 혐오의 재생산 구조는 군대나 시집살이에서 대표적으로 나타난다. 불합리한 처우를 일삼는 상부 계급자에게 즉각적으로 문제 제기하는 것을 하극상의 반체제적, 반인륜적 행위로 낙인찍음으로써 침묵과 견뎌냄의 시간을 강요하는 것이다. 이것은 곧 보수적, 폐쇄적 사회가 작동하는 방식이라 할 수 있다. 그러하기에 적재적소에서 제대로 분노하지 못하는 이들은 자신이 병장이나 시어머니라는 상부적 위치에 올랐을 때에 그간 당했던 치욕의 역사를 자신에 비해 약자라고 여겨지는 이들에게 되풀이한다. 이로써 그동안 쌓였던 원한의 감정을 권력 의지로 분출하는 것이다.

　그러나 **분노하는 자는 불합리한 상황 앞에서 질문하는 자이다.** 분노하는 자는 상식적 좋음으로 통칭되는 예의범절과 효, 사회성, 효율성 등의 프레임을 깨뜨리는 이다. 즉 불합리의 원인 제공자에게 다시 질문을 건네며 이제껏 전제되어왔던 침묵의 카르텔을 부수는 이다. 혐오는 불합리의 서사를 구성하도록 한 발신인에게 상흔의 메시지를 전달하기보다 전혀 다른 이에게로 그 부조리의 상처를 수신하도록 한다. 이에 반해, 분노는 불합리의 서사가 개인적 서사에만 국한된 것이 아니라 어떻게 사회적 구조 안에서 견고화되고 전수되는가에 주목한다. 다시 말해 분노라는 파토스는 부조리가 서사화되고 발신, 수신되는 양식이 어떻게 자신을 정체화하고 주체화하는 방식들을 결정하는가를 추적 가능하게 한다. 예를 든다면, 분노의 감정은 유럽의 '분노하라!(indignez-vous!)' 시위를 통해 구체화되어서 나타났다. 이러한 '분노하라' 시위 운동은 금융 자본주의의 탐욕과 부정부패, 높은 실업률과 이민자에 대한 차별, 소득 불평등에 대한 저항운동으로 촉발되었다. 또한 이 운동은 미국 뉴욕의 월가를 "점령하라!(Occupy!)" 시위로 이어졌으며, 슬라보예 지젝과 주디스 버틀러와 같은 진보적 좌파 지식인들에 의해 적극적으로 지지되기도 했다. 왜냐하면 분노라는 감정은 사유 파동과 존재 요동을 촉발하는 것이자 부조리한 현실의 짜임판을 직시하고 이에 변환점을 도입하도록 하는 감정이기 때문이다.

분노하는 자—메갈리안

그렇다면 분노하는 자는 누구인가? 분노의 정치적 역량이 발산되는 경로로서 최근의 페미니즘 격랑을 선도한 메갈리안 현상을 살펴볼 수 있다. 그렇다면 여기서 메갈리안은 누구인가. 메갈리안(megalian)은 《이갈리아의 딸들》[1]이라는 소설의 제목과 '메르스 갤러리' 사용자의 합성어로, 이 호칭을 획득한 이들은 이전까지 만연해 있던 여성 혐오의 프레임을 뒤집어 패러디하며 문제적 주체화 양태들로 부상하였다. 2015년 5월 메르스(MERS)라는 코로나 바이러스가 전파되면서 감염에 대한 공포, 정부에 대한 불신 등을 촉발하였는데, 당시 한국 사회의 위기 담론이 여전히 젠더 편향적인 기존 의미 질서를 공고화하는 방식으로 가동되는 것에 대한 문제의식, 그것을 폭발시킨 것은 메갈리안으로 명명되기 이전의 메르스 갤러리 사용자들이었다. 여기서 '위기(Crisis)'라는 파국적 계기는 고대 그리스어 '크리네인(κρίνειν)'에서 어원학적으로 기인하는데, 이는 "어떤 것을 '분리'해서, 그 '차이'를 드러내어 알고, '판단'하며, 실천적으로 '결정'하는 일련의 과정성과 관계"[2]있다. 그렇다면 이러한 분리, 차이화, 판단, 결정이라는 위기의 작동 구조 안에 메르스를 둘러싼 젠더 편향적 담

---

1 《이갈리아의 딸들》은 노르웨이 작가 게르드 브란튼베르그의 1975년작 소설로, 가모장제의 사회에서의 여성 중심성이 어떠한 방식으로 남성의 몸과 사유를 미시적 차원은 물론 거시적 차원에서 예속화하는가를 날카로이 드러낸다. 기존 가부장 사회에 대한 역전 현상으로서의 이갈리아에 대한 묘사 전략은 가부장제가 당연하게 전제하고 있는 차별의 공리들과 상식들이 얼마나 편향적인 것인가에 대한 반사경으로서 작동한다. 이갈리아에서 남성의 열등성은 신체에 대한 지속적 각인을 통해 드러나며 이것은 페로라는 음경 가리개의 부착을 통해 구체화될 뿐만 아니라, 미의 가치를 구현하는 남성의 특정 신체화 방식에서 큰 키와 근육질 몸, 힘 등은 열등-가치화되고 뚱뚱한 몸과 작은 페니스, 작은 키는 욕망의 지점이 된다. 또한 여성 클리토리스 중심으로 개편된 성적 실천에서 남성의 쾌락은 철저히 배제되며, 피임과 양육의 책임은 남성만의 본성과 기능으로 자연화되고 본질화된다. 나아가 남성의 공적 영역에서의 소외는 참다운 남성성의 본질을 구현해내는 방식으로 이것에 문제를 제기하는 저항 담론들은 철저히 억압되며, 오히려 모든 기득권을 누리는 여성들이 드센 남성들에 의해 역차별당하는 비애를 겪는다고 너스레 떠는 모습이 이 소설에서는 상세히 묘사되고 있다. 즉 이 소설은 가부장제 사회가 주지하고 있는 차별 기제가 얼마나 우스꽝스럽도록 비정합적이고 비논리적인가를 이러한 전복적 반사경을 통해 통렬히 풍자하고 이를 들여다보게 하는 것이다.

2 김정숙, 「이윤택의 연극 위기의 미학과 담론성」, 《한국 연극학》 제48호, 한국연극학회, 2012.

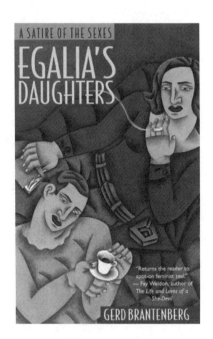

1995년 미국 실프레스(Seal Press)에서
출간된 미국판《이갈리아의 딸들》표지

론이 구성되는 방식을 낱낱이 해부해보자.

메르스 바이러스의 열 번째 감염 남성이 보균 의심 단계였음에도 불구하고 중국 출장을 강행했고 결국 중국에서 메르스 확진 판정을 받았다.[3] 그리고 이 남성이 탄 비행기를 함께 탄 한국 여성 두 명이 메르스 보균 의심자로 격리 조치당하는 과정에서 의사소통의 어려움으로 인한 격리 거부가 있었고, 격리 조치 수용 후 이들은 바이러스 음성 판정을 받았다.[4] 이 두 사건은 일상성에서 '분리'되는 사태—한국이라는 국경을

---

3 「메르스 의심 환자 중국 출장… 국가 방역망 뚫렸다」, 〈경향신문〉, 2015. 5. 29.
4 「홍콩 당국 "메르스 확진자와 비행기 동승 韓人 2명, 격리 거부 중"」, 〈연합뉴스〉, 2015. 5. 30.

넘어 중국 일대로 메르스 코로나 바이러스가 확산될 위험 사례로 진단된 것이다. 첫 번째 사태가 양성 판정이고 두 번째 사태는 음성 판정이었음에도 불구하고 그 감염의 확진 여부와는 상관없이 두 사태는 **젠더**(gender)에 따라 대비된 **반응의 '차이'**를 야기한다. 메르스 감염자가 남성이라는 젠더를 지녔을 때엔 그의 중국 출장 강행은 생계 부양자로서의 아버지의 의무를 다한 책임감의 발로이자 조직 사회의 희생으로 읽혔다. 이로써 그에 대한 온정주의적 이해가 주된 '판단' 양태였다면, 홍콩에 체류한 두 여성에 대해서는 온갖 혐오가 쏟아졌다. 즉 이들은 지각 없고 이기적인 무개념녀이자 쇼핑이라는 허영적 과소비를 일삼는 김치녀, 원정녀로서 온갖 욕설과 폄하의 대상이 되었다. 이러한 **이중적 '판단'**의 도입은 위기의 담론이 여전히 기존의 남성 중심적 질서를 봉합하는 양식임을 보여준다. 그러나 메르스 갤러리의 사용자들 중 몇몇으로부터 이러한 위기 담론의 보수성에 대한 의미망 찢기라는 새로운 '결정'이 촉발된다.

메갈리안의 분노는 온몸을 진동시키는 포효로서 '아니오'라는 저항의 외마디로 들끓는다. 날이 선 기민성의 가시와 촉수로 몇천 년의 무게와 휘장을 두른 전통과 관습, 상식이라는 의미화 체계의 베일을 찢어내버림으로써 우리에게 통각의 경험을 안기고 만다. 즉 경화된 고막을 비수처럼 찔러 우리가 봉합해버리고자 한 구멍과 심연을 솟구치게 하는 것이다. 그리하여 소음들로 치부되어왔던 정제되지 않은 언어들을 왈칵 쏟아내버리도록 한다. 그렇다면 왜 메갈리안들은 뱉어내고 쏟아내며 분출하는 언어를 구사하는가.

니체적 사자 단계로서의 메갈리안들

메갈리안들은 《차라투스트라는 이렇게 말했다》에서 니체가 제시하는 정신의 세 가지 변화 단계 중 어디에 해당할까? 그들은 기존 가치 덕목들과 태도들을 의무처럼 짊어지고 그 무게에 으스러지던 낙타의 단계에서 이미 벗어났다. 그렇다면 여기서 낙타라는 국면은 무엇인가? 이것은 자신에게 끊임없이 의무를 부과하는 초월적 상위 심급에 대한 "체념과 경외"[5], 굴종의 역사를 새겨나가는 단계를 말한다. 다시 말해, 이것은 기존의 가치 체계들이 제시하는 "너는 마땅히 해야 한다"라는 의무의 강령들, 그 정언명법들이 실어 나르는 신성한 덕목에 의해 질식당하고 매몰당하는 차원으로서의 노예적 상태를 뜻한다. 이러한 전통적 가치들 속에 자신의 육체를 각인하고 축소해가는 것이 성실성과 온화함의 덕목을 둘러쓰는 방식이자 여성이라는 젠더의 특징으로 여겨지기도 했다.[6] 이 사회에서 여성이 된다는 것은 마치 낙타가 중력이라는 자연법칙에 종속되는 것처럼 처녀성과 모성이라는 사회, 문화적 법칙들에 예속되는 것을 의미한다. 이로써 여성의 낙타성은 여성의 본질처럼 여겨져온 것이다. 나아가 이러한 낙타다움으로서의 순응과 감내, 두려움은 여성의 덕목으로 고양되어왔다.

그러나 메갈리안들은 중력과 도덕, 상식의 무거움에 짓눌린 낙타 단계에서 벗어나 사자의 단계 속으로 돌진해나갔다. 그러하기에 그들의 언

---

5 프리드리히 니체, 《차라투스트라는 이렇게 말했다》, 사순옥 옮김, 홍신문화사, 1991, 36쪽.
6 니체가 낙타 단계를 기독교 전통에 갇힌 유신론자로 본다면, 현대 한국 사회에서는 여성이라는 젠더가 부과된 자로 해석할 수 있다. 이러한 관점에서 메갈리안은 전형적 여성이라는 젠더성의 의무들과 규율들을 거부하는 사자 단계가 된다.

어는 더 이상 외부에 대한 경외와 체념, 그리고 자기 자신이라는 내부성에 대한 자기 검열과 자기 힐난이라는 이중구조가 부과하는 고통에서 벗어나 분노의 힘을 분출한다. 이러한 관점에서, 메갈리안의 언어가 정제되어 있지 않고 정화되지 않으며 그저 배설하고 폭발한다는 비난은 무엇을 간과하는 것일까? 이는 메갈리안들의 변화 단계가 사자라는 국면으로 진입했음을 보지 못하는 것이다. 또한 남성적 욕망의 배설소로 여태껏 전락했던 이들에겐 배설의 권리조차 승인되지 않아왔다는 점을 인정하지 않는 것이다.

그렇다면 배설이란 무엇인가. 배설은 체내의 노폐물을 체외로 배출하는 것으로 안에서 바깥으로 빠져나가는 상태를 의미한다. 이러한 배설(dejection)을 투사(projection)와 연계하여 분석해보자. 투사는 용납할 수 없는 자신의 무의식적 욕망이나 불안 또는 실패 등의 이유를 다른 사람이나 다른 대상에게 귀착시키는 것으로, 대표적인 예로 "저 여자가 나를 유혹했다"라는 것이 있다. 이것이야말로 전형적인 남성적 말하기의 방식이자 남성적 본능에 대한 정당화 기제이기도 하다. 그렇다면 안에서 바깥으로 내던져지는 욕망의 방향성이 과연 여성이라는 젠더에게는 허용돼왔던가? 자연법칙에 예속되는 방식인 생리나 출산만이 안에서 바깥으로 향하는 여성의 배출 행위로서 승인되고, 이를 제외한 배설과 투사는 이미 남성적 가치이자 본성, 특권으로 자연화돼버린다.[7] 이러한 관점에서, 여성은 남성적 배설의 공간이자 남성의 욕망을 담아내는 몸-그릇

---

7 자신의 성욕에 충실하고 욕설들을 거침없이 내뱉으며 나아가 자신의 욕망들을 자유자재로 표현하는 것을 남성적인 것으로 여김과 동시에 자신의 욕망과 성욕 배설에 서툰 남성을 초식남으로 명명, 분류하며 이를 사회적 병리 현상으로 진단한다.

으로서 외부적인 것이 내부에 담기는 주입(injection)의 공간이 된다. 즉 몸-그릇으로서의 여성은 배설과는 다른 방향성—바깥에서 안으로—을 갖는다는 점에서 이것이 내사(introjection)의 방식과 맞닿음에 주목하고자 한다. 여기서 내사란 외부의 대상을 자신의 내부로 받아들여 자신의 일부로 동화시키는 것으로, 외부적 현실에 의해 비롯된 분노를 배출하지 못하는 상황일 때에 이 분노를 자신에 대한 힐난과 자책으로 전환하는 심리 구조를 의미한다. 대표적으로 "내가 무언가 잘못해서 남편이 때리는 것이다"라는 말하기 방식에서 드러난다고 할 수 있다. 즉 몸-그릇으로서의 여성은 남성적 배설물—욕설이든 정액이든 폭력의 상흔이든—을 담아내며 오히려 이러한 자기 자신을 더러움의 대상으로 수치화하고 자책하는 방식을 통해 "여성은 견뎌내야만 한다"라는 강령을 주입받아온 것이다.

그러나 메갈리안들은 죄책감과 자기 힐난을 분노로 전환하고자 과감히 배설의 주체가 되고자 했다. 그러하기에 그들은 고통과 쾌락, 슬픔과 기쁨, 욕망과 충동을 향해 온몸의 진동과 진통을 쏟아내고 뱉어내는 것이다. 드디어 배설이라는 안에서부터 바깥으로의 운동을 하기 시작한 메갈리안들에게 "여성마저 배설하면 안 된다"라는 비난의 화살을 돌리는 것은 이미 배설이 남성적 권력이 확인되고 재생산되는 특권적 지점임을 인정해버리는 것은 아닌가. 더 나아가 공중 화장실에서의 여성의 배설 행위를 관음증적 시선으로 포획해내려는 불법 '도촬' 카메라가 도처에 설치된 것[8]은 무엇을 의미하는가? 이것은 배설하는 주체로서의 여성

---

8 「나도 찍혔나? 몰카 공포에 빠진 대한민국」, 〈뉴시스〉, 2015. 9. 8.

을 남성적 욕망의 배설 대상으로 다시금 축소하고자 하는 행위라 할 수 있다. 따라서 불법 도촬 카메라의 대대적 생산과 유포와 공유, 소비 행위는 여성들이 배설의 주체가 될 수 없음을 규정하는 것이 된다. 또한 이것은 배설의 순간에도 배설의 대상으로 소비될 수 있음을 여성들에게 각인하여 몸가짐을 조심할 것을 강요함으로써 낙타로서의 행동 강령과 지침을 부과하는 방식인 것이다.

그러나 메갈리안들은 "여성은 ~해야만 한다"라는 절대적 행동 강령들이 더 이상 정당화될 수 없음을 직시하는 자이다. 그리하여 "나는 하고자 한다"를 외치는 사자 단계라 할 수 있다. 충돌과 갈등, 욕망과 분노마저 남성적인 가치라고 여기며 순종과 체념, 양보와 조화를 미덕으로 삼아야만 했던 낙타-여성은 이제 없다. 즉 메갈리안들은 갈등의 첨예한 긴장, 그것의 역학성을 통해 거대한 용으로 상징되는 진리와 덕목, 상식의 비늘들을 온몸에서 떼어내고 있는 중이다. 여기서 황금 비늘로 뒤덮인 용[9]은 진리의 이름이자 선과 아름다움의 가치들이 응집된 기존 의미 질서의 결정체에 해당한다. 이러한 거대한 질서와 맞서지 않고서는, 즉 용의 비늘이라는 경화된 피부 조직들이 자신의 살들을 구성하는 것을 거부하지 않고서는 사자라는 저항과 혁명의 단계로 이행해 갈 수 없다. 화려하고도 위용 넘치는 용의 황금 비늘 앞에서 눈부셔 고개 조아리던

---

9 "그대는 해야 한다"라는 용은, 사자인 이 정신이 가는 길을 가로막고 누워 있다. 그것은 비늘 달린 한 마리 짐승으로 하나하나의 비늘에서 "그대는 해야 한다"라는 글자가 금빛으로 번쩍이고 있다. 천년 동안 거쳐 온 모든 가치가 비늘에서 번쩍이며 모든 용 중에서 가장 힘센 이 용은 이렇게 말한다. "모든 사물의 일체의 가치—그것은 내 몸에서 번쩍이고 있다"라고.(프리드리히 니체, 앞의 책, 36쪽)

낙타가 아니라, 이제 그 비늘들을 한 톨 한 톨 뜯어내어 바스러뜨리는 행위가 메갈리안이라는 사자의 국면에서 실행되고 있는 것이다. 기존의 가치들, 곧 처녀성과 모성이라는 황금 비늘을 뒤집어쓰고 있던 낙타[10]에서 이제 그 협착된 비늘들로 뒤덮인 자신의 살점을 할퀴어 잡아 뜯고 생채기 내지 않고서는 사자의 "아니오"라는 저항의 외마디는 빚어내어질 수 없다. 나아가 이 황금 비늘이 표피를 덮고 있는 얇고 단단하게 생긴 작은 조각들, 편린들에 불과하다는 것을 직시하고 그 편린들의 비전체성을 하나하나 드러내는 것이 바로 메갈리안이라는 사자-여성의 날카로운 발톱이 가진 분노의 힘인 것이다. 즉 이렇게 분노로 들끓는 사자는 "아니오"의 외침을 통해 진리의 이름으로 떠받쳐지던 세계 전체에 대한 부정은 물론 이러한 세계 위에 발 디디고 있던 자기 자신에 대한 부정을 감행한다. 이로써 기존의 의미 질서와 문화 체계를 망치로 부수어대는 것이다. 의미 질서와 문화 자체가 아버지의 법질서의 파편들이며 벽돌이었기 때문이다. 사자의 망치질은 극단적이고 파괴적으로 보이며 모든 유의미한 것을 폐허로 이끄는 듯 보인다. 이것은 가치의 공백을 가져오는 부정적 자유의 양태로 여겨진다. 그러나 가치의 폐허 더미를 거치지 않고서 창조의 운동이 과연 가능할까? 사자의 포효와 저항의 몸짓을 치열히 구성해내고 있는 메갈리안들은 가치와 덕목들, 진리가 이미 남근적 의미화 방식에 불과했음을 고발하며 이를 구토해낸다. 이러한 구토는 낙타의 되새김질과는 다르다. 사자의 구토는 기존에 있는 것들의

---

10 메갈리안들은 여성 억압의 프레임을 내면화하는 방식을 "'코르셋'을 입는 것"이라고 표현하고 있는데, 이는 황금 비늘을 뒤집어쓴다는 니체의 수사학으로 환원하여 분석할 수 있다.

반추와 소환이 아니다. 이것은 모든 내부성을 뒤집고 헤집어서 바깥으로 쏟아내어 자신을 비워내고 세상을 비워내는 적극적 행위이기 때문이다. 바로 이러한 비움 없이는 새로운 가치들이 도래할 미지의 대지도 구성될 수 없다.

낙타의 반추 행위에서는 동화와 소화가 일어난다. 이에 반해 구토에서는 소화와 동화의 거부가 일어난다. 즉 외부의 것을 내부로 동화하여 소화시키는 내사의 형태를 낙타가 구현한다면, 자신의 내부를 외부로 끄집어내는 투사의 형태는 사자에게서 일어난다고 할 수 있다. 이러한 관점에서, 메갈리안들은 자신의 열등성에 대한 서사와 끝없는 죄책감과 수치심의 감정을 더 이상 스스로의 결핍과 결함이라는 내부의 탓으로 돌리는 것을 멈춘다. 그리고 이러한 부조리한 양상들이 아버지 법질서의 구조적 폭력성에서 비롯된다는 것을 직시하였다. 그리하여 이제 그들은 적극적 투사를 드디어 시작했다. 나아가 이를 통해 저항적 투사(鬪士)로 나아가는 모습을 띨 수 있는 것이다.

분노의 언어와 혐오의 언어—메갈리안과 일베의 차이

그렇다면 메갈리안의 언어는 '일베'의 언어와 어떻게 다른가? 남성 중심적인 온라인 커뮤니티의 문법을 민낯 그대로 전시하는 일베의 언어는 혐오의 언어로서 여성들을 개념녀와 무개념녀, 성녀와 창녀 등으로 이분법적으로 범주화한다. 이러한 숭배와 낙인의 이중 기제에 의해 여성들은 위계화되고 분열된다. 다시 말해, 일베의 언어는 낙인 범주만을 양산하는 게 아니다. 마치 여성이 조금이라도 노력하면 그 노력의 대가로 찬양과 숭배, 승인의 범주 안으로 들어올 수 있을 것이라는 환상을 심어주는 것이다. 이를 통해 '개념녀'와 '김치녀'를 대립시킴으로써 여성들 간의 상상적 적대 관계를 구축하고 여성의 적을 여성으로 돌린다. 이를 통해 여성들이 함께 저항의 거점을 마련할 수 있도록 하는 정치적 연대를 불가능하게 하는 것이다. 왜냐하면 여성들 간의 연대의 고리를 끊어놓음으로써 남성 중심적 현실의 비대칭적 권력 구조를 지속적으로 유지, 보존해 갈 수 있기 때문이다.

그러나 메갈리안의 언어는 남성들 사이에 이분법적 분할선, 즉 '김치남'과 '개념남'을 도입하지 않는다. 이로써 남성들 간의 적대 관계를 조장하는 목적성조차 없다. 즉 메갈리안의 언어에는 낙인 범주만이 존재함으로써 공격적이기만 한 언어로 여겨지기 십상인 것이다. 한국 남성들이 여성들에게 승인받고 숭배받을 수 있는 안전망 하나도 설치해놓지 않는 메갈리안의 언어야말로 너무나도 잔혹한 것이라 할 수 있다. 메갈리안들은 남성들 간의 분열을 조장하기 위해 남성 숭배의 범주를 마련해두기보다, 자신들이 어떻게 여성 혐오라는 일상의 운용 원리 앞에서 자기혐오에 빠지지 않고 매 순간 저항하는가에 주목하기 때문이다. 그러하기에 '갓치'라는 용어를 만들어내는 데에 주력하는 것이다. 여기서 갓치란 몇천 년의 관습의 무게와 습관의 관성을 깨고 저항적 행위들을 구성해나가는 자들이 된다. 이를 통해 메갈리안의 언어가 일베의 혐오 언어와 목적성 자체가 다름이 드러난다.

또한 메갈리안은 일베들의 용어에서 열등 가치화와 낙인 범주화 방식―김치녀를 김치남으로, 삼일한을 숨쉴한으로[11]―을 변역(變易)하여

---

11 각각 '(김치녀는) 3일에 한 번' '(김치남은) 숨 쉴 때마다 한 번' 때려야 한다는 말을 줄인 것이다.

이것을 그들에게 다시 끼얹어버리는 전략을 취한다. 여기서 변역어란 고쳐서 바꾸어버리고 비틀어 변형해버리는 언어이다. 이것에는 풍자와 조롱, 의미의 미끄러짐과 이탈, 어긋남이라는 차이의 궤적이 개입 가능하다는 의미이다. 다시 말해, 메갈리안들이 혐오의 언어를 변역하여 만든 새로운 욕설과 낙인 범주들은 일베들의 혐오의 언어에 그대로 대응시키고 복사한 번역(飜譯)어가 아니다. 왜냐하면 번역어는 기존의 의미 구조를 그대로 살려 의미 대응과 의미 보존을 최대화하는 것을 목적으로 하는 것이기 때문이다. 만약 일베 언어의 충실한 번역어가 되려면, 일베 언어의 특징인 숭배와 낙인 범주의 두 용어 모두를 다 차용해 와서 이에 대응하는 언어들을 만들어내야 할 것이다. 그러나 메갈리안의 언어는 오직 낙인 범주만을 변역하여 고치고 바꾸고 뒤틀고 조롱하고 변형해버림으로써 일베 언어에 대한 충실한 번역어가 되길 거부했다. 이러한 관점에서 메갈리안의 언어는 일베 언어의 단순 복사물이 아니다. 이것은 비대칭적 젠더 체제라는 편향된 힘의 축을 휘저어보고 뒤집어보려는 저항의 행위인 것이다.

　나아가 일베는 메갈리안들을 김치녀의 전형으로 규정하여 이를 억압함으로써 자기 존속의 근거를 확보하고자 한다. 바로 이러한 이유에서, 일베들은 혐오의 대상들에 대한 이름 짓기를 실행하는 것이다. 이처럼 일베는 자기 보존욕으로 추동되는 집단으로서 신화적 폭력, 즉 법 보존적이자 기존 질서를 유지하기 위한 보수적 폭력[12]을 구사하는 이들이다.

---

12 신화적 폭력과 신적 폭력은 발터 벤야민의 〈폭력 비판을 위하여〉에서 제창된 개념으로, 전자가 법 제정적, 법 보존적 폭력으로 보수적 사회 유지를 위한 것이라면 후자는 법 파괴적, 혁명적 폭력이라 할 수 있다. "신화적 폭력이 법 정립적이라면 신적 폭력은 법 파괴적이고, 신화적 폭력이

기존의 가치 체계에 대한 보존과 유지에 매달리는 일베들은 자신의 권리를 요구하고 재화의 평등한 분배를 요구하는 소수자들을 원래의 자리, 본래적 자리라는 침묵의 자리로 되돌려놓으려 한다. 이에 반해 메갈리안들은 자신의 존립 자체의 항구성을 목적으로 삼는 것이 아니다. 이들은 여성 혐오 현상의 종식과 더불어 스스로도 사라질 수 있다는 점에서 일베와의 공멸을 유도해내고자 하는 **신적 폭력—혁명적, 법 파괴적 폭력—의 구사자**들이다. '전부 아니면 무'를 향해 자신을 내던져 체제는 물론 자기 자신마저 분쇄해버릴 수 있는 이들만이 신적 폭력이라는 혁명적 힘을 추동할 수 있다. 이러한 측면에서 메갈리안들은 자기 보존적이기보다 오히려 자기 파괴적 성격을 내포한다. 나아가 메갈리안들을 여자 일베로 등치시키는 것은 메갈리안들이 구사하는 반사경 전략이 어떠한 다각적 반사 원리와 반사 효과를 내포하는가를 간과하고 마는 것이다. 다시 말해, 메갈리안들은 기존 질서의 판을 다시 짜내고자 하는 분노의 행위자들인 것이다.

메갈리안의 미러링 전략, 그 반사 원리에 대하여

왜 일베는 메갈리안이 분노로 비추는 반사경 앞에서 경악하는가. 우리에게 있어 존재와 이미지는 매우 밀접한 연관성을 갖는 것인데, 다른

경계를 설정한다면 신적 폭력은 경계가 없다."(발터 벤야민, 〈폭력 비판을 위하여〉, 《역사의 개념에 대하여·폭력 비판을 위하여·초현실주의 외》, 최성만 옮김, 길, 2008, 111쪽)

몸의 부위들과는 다르게 얼굴만은 거울에 의해서 이미지로 구성될 때에만 비로소 볼 수 있는 것이기 때문이다. 타자와 세계, 자신의 발과 팔, 몸통 등을 분류하고 판단하는 눈이라는 감각기관이 얼굴에 위치해 있는 이상, 자신의 눈으로 자신의 얼굴을 직접적으로 볼 수 없는 역설이 인간을 구성한다. 바로 이러한 역설을 통해 우리 존재가 이미 이미지의 구성물이라는 것을 알 수 있다. 이러한 맥락에서 일베는 자신의 얼굴에 메갈리안이라는 전복적 반사경 앞에 비추어 바라볼 때에 비로소 자신의 얼굴에 직면하게 되는 것이다. 그러나 완성된 신체 이미지로서의 자신의 얼굴 앞에서 일베는 경악의 외마디를 내지르는데 이것은 마치 메두사가 자신의 얼굴에 돌처럼 경화되어버린 것과 같은 외마디이다. 메두사는 자신의 얼굴을 페르세우스의 방패를 반사체 삼아 확인하게 됨으로써 자신의 전체적 이미지의 완성과 더불어 자신의 존재의 실체가 확인된 순간, 죽음으로 내동댕이쳐진다. 일베는 메두사와 같이 자신의 존재가 이미지로 완성되는 순간 경악하게 되며 바로 그 경악의 반사체가 메갈리안인 것이다.

그렇다면 메갈리안이라는 반사경은 과연 어떠한 반사 원리를 가지는가? 거울의 구조는 비추는 것과 비추어진 것이 동일하게 재생산되는 경로가 아니다. 이미 거울은 대칭과 변형, 왜곡, 무한 반사의 다양한 반사 원리에 의해 작동되는 것이다. 즉 메갈리안의 미러링 전략은 일베에 대한 충실한 담아냄이 아니다. 이미 이것은 거울 구조의 반사 원리가 함유한 변형의 스펙트럼을 통해 일베라는 현상을 통렬히 꿰뚫어내되, 그 너머의 무엇을 도래시키고 마는 것이다. 바로 '그 너머의 무엇'이 문제적인 것이기에, 사람들은 메갈리안이라는 반사경 앞에서 유독 불유쾌해하고 불편해하며 불안해하고 만다. 왜냐하면 이 반사경은 기존 질서에 대해 질문을 던지는 분노의 힘으로 작동하는 것이기 때문이다.

이처럼 거울은 동일성의 궤적에서 끊임없이 이탈하는 것이다. 거울은 평면거울, 볼록거울, 오목거울이 있는데, 이 세 가지 형태의 거울들 중 어느 것도 동일성의 원리에 기여하는 것이 없다. 이미 대칭과 휘어짐, 맺힌 상의 상하 반전, 좌우 반전, 크기의 축소와 확대 등을 수반하는 변형의 장이 바로 거울의 구성 원리인 것이다. 즉 메갈리안이라는 반사경을 일베와의 동일체로 보는 것은 거울의 반사 원리에 대한 몰이해에서 비롯된다고 할 수 있다.

이러한 관점에서, 메갈리안의 미러링이 구사하는 첫 번째 전략은 평면거울의 반사 효과, 이미지의 좌우 반전 현상이다. 여성 혐오의 코드들을 비추어내되 그것이 맺힌 상의 왼쪽과 오른쪽이 서로 대칭되어 반대로 보이도록 하는 효과를 낳는다. 이를 통해, 여태껏 매끄럽고도 당연하게 읽혀지던 여성 혐오의 메시지들—남성이 군대를 가는 것은 다 여자 때문이며 여자가 남자의 피를 빨아먹으며 기생한다—이 얼마나 무논리적이며 모순으로 가득 찬 증오의 암호들인가가 드러난다.[13] 바로 이러한 여

---

13 무논리의 메시지인 여성 혐오 발언들은 다음과 같이 해체 가능하다. 남성이 군대에 가는 것은 국가에 의해 징집 대상으로 규정되기 때문인데, 마치 이러한 징집의 주체를 국가가 아닌 여성으로 오인하는 오류가 범해지고 있다. 이러한 남성 병역의 의무 문제는 징집된 병사들에게 최저임금을 지급하여 그들의 노동력 착취 구조를 극복하고 상부 하달식의 의사소통 구조의 개선을 통해 권위주의적 문화가 타파되어야 한다. 나아가 징집제에서 모병제로의 전환 가능성의 문제들을 통해 그 대안을 찾을 수 있는 매우 복합적이고 중층적인 사안이 군 징집 문제이다. 그럼에도 불구하고 여성에게 군대의 모든 문제들을 전가하는 여성 혐오의 발언들은 징집의 주체인 국가라는 상부 심급에 맞서고 저항할 분노의 힘이 없는 이들이 자신들의 상황을 소수자들의 탓으로 돌리는 구도를 보여준다. 이러한 논리적 해체를 거치면 기존의 여성 혐오 발언들은 무논리적 암호로 흩어지고 만다.

성 혐오 메시지들의 비정합성을 메갈리안이라는 평면거울 효과가 탁월히 지적해내고 있다. 이와 같은 평면거울 효과는 남성과 여성 간의 비대칭적 질서를 폭로하는 분노의 에너지를 갖는다.

그리고 여성이 남성에 기생한다고 보는 것은 여성에게 전형적으로 성별 노동 분업화되어 있는 가사 노동과 돌봄 노동—임신과 출산, 양육, 교육 등—을 재생산(reproduction)의 영역에 가둬둠으로써 무급화하기 때문이다. 그리하여 이를 어떠한 가치도 창출, 생산하지 않는 것으로 비가치화하고 만다. 바로 이러한 가사 노동의 무급화는 가사 노동을 노는 일이나 아무것도 하지 않는 일로 여기게 한다. 그럼으로써 가정에서의 주부의 위상은 유급 노동자인 남성에 비해 낮으며 경제적 의존성을 가진 이로 한정되고 만다. 여성의 돌봄 노동을 통해 일상의 안락함과 쾌적함, 식사 등을 가족 구성원들이 제공받음에도 불구하고 이를 어떠한 것도 생산하지 않는 것으로 보는 관점이 여성을 기생적 존재로 규정하는 데 기여하고 있는 것이다. 즉 여성을 남성 경제력에 기생하는 이로 보는 여성 혐오적 발언이 생산성 개념에 대한 한계적 시야에서 비롯됨을 알 수 있다.

또한 메갈리안의 미러링 전략은 물체의 상을 축소하되 보다 폭넓은 지평을 가시화하게 하는 볼록거울 효과를 구사하기도 한다. 이러한 볼록거울의 반사 효과를 통해 여성 혐오 현상들은 개인적 불운이나 예외적인 경험이 아닌, 보다 거시적이고 구조적인 현상으로 펼쳐진다. 예를 든다면, 불법 도촬 카메라 촬영은 지금까지 철없는 사춘기 소년의 치기 어린 행동이나 혼자서 보는 개인적 일탈 행위로 여겨 이를 그리 심각하게 여겨지지 않아왔다. 그러나 메갈리안의 활동으로 밝혀진 바에 의하면 소라

넷에서 대량 유통, 소비, 확대 재생산되는 구조적 현상이자 범죄 현상이었던 것이다. 부조리한 현실에 대한 적확한 통찰은 더 이상 가만히 있지 않을 것임을 선언하는 분노의 힘을 통해서 가능해졌다.

세 번째로 메갈리안이 구사하는 미러링 전략은 사물의 위치에 따라 크기가 달라지며 가까운 것은 확대하되 먼 것은 상을 축소하여 상하 반전을 가져오는 오목거울 효과 또한 갖는다. 여성이 점유하는 위치에 따라 낙인 범주를 세분화하여, 여자가 이 땅에 태어나기만 해도 김치녀, 소비를 하면 된장녀, 아이를 낳으면 맘충, 운전을 하면 김여사로 지속적 혐오의 대상으로 전락하도록 하는 것을 날카롭게 집어내었다. 다시 말해, 일상에 가깝게 널려 있는 혐오 언어들의 폭력적 상들을 메갈리안의 오목거울에 더욱 크게 맺히도록 하여 이것의 심각성을 효과적으로 드러낸 것이다. 이러한 오목거울 효과의 또 다른 예는 "나는 여성을 좋아하므로 여성 혐오자가 아니다"라고 외치며 성 구매를 일삼는 남성들의 욕망이 무엇을 근간으로 하는가를 보여준다. 남성의 성 구매는 개인적 성적 본능 해소의 차원이 아니라 자신들의 타자로서의 여성을 구매와 삽입의 대상으로 규정하고 소비하는 행위를 통해 남성들 간의 사회적 연대를 구성하는 방식이다. 여성에 대한 남성 욕망의 상층부 그 아래에 면면히 흐르고 있는 여성 혐오의 기저를 상하 반전을 통해 통렬히 뒤집어서 보여준 것이 메갈리안의 오목거울 효과이다. 왜냐하면 회사의 회식 문화나 거래처에 대한 로비 방식, 군대 휴가에서 선후임이 친해지는 방식, 또래문화에서 낙오되지 않으려는 방식으로 성 구매의 기회를 빈번하게 접하게 되는 남성들이기 때문이다. 그들에게 있어, 성 구매 행위란 이 사회에서 남성이 되어가는 통과의례이기도 한 것이다. 그리고 이를 용인하는 것을 당연하게 여기는 사회적 편견들을 내면화해감으로써 남성이라는 젠더로 구성되는 것이다. 즉 이러한 규범적 남성성의 구축 과정에서 핵심적 요소가 여성의 성 착취를 통한 공통 경험의 공유인 것이다. 메갈리안은 이러한 현실에 대한 분노에서 비롯된 미러링 전략을 통해 여성 혐오의 국면을 통렬히 펼쳐 보여줌과 동시에 이를 뒤엎고자 하였다.

남성 중심적 질서에 대해 비춘 전복적 반사경

과연 우리는 제대로 분노한 적이 있는가. 분노를 애써 굴욕감이나 죄책감으로 필터링함으로써 누구도 거스르지 않는 현실의 안정과 평온을 보장받고자 하지 않는가. 현실 속 자신의 자리를 보존하고자 안간힘 쓰며 혐오의 언어들 앞에서 침묵하고 웃어넘기진 않았는가. 왜냐하면 이것이 현실에서 그나마 잔존하는 방식이자 위협받지 않는 법이기 때문이다. 그러나 메갈리안이라는 전복적 반사경은 우리의 안온한 일상의 매듭들이 무엇을 기반으로 하고 있었는가를 선연히 들여다보게 한다. 즉 당연하게 여기거나 견디는 것 외에는 다른 방도가 없다고 여겨왔던 남성 중심적 질서의 부조리함을 우리 눈앞에 들이민 것이다.

이러한 관점에서, **남성 혐오는 없다**. 단지 **남근 질서에 대한 분노**(indignation), **여성 혐오에 대한 분노**만이 있을 뿐이다. 혐오는 기존 질서와 규범을 보존하고 유지하는 것이자 자신보다 소수자들에게 질서를 유지한다는 명목으로 폭력을 구사하는 것이기 때문이다. 이에 반해 분노는 자신보다 물적 조건이나 사회적 관계망에서 우위를 누리고 있는 상위 계급자들뿐만 아니라 자기 자신마저 뒤흔들어놓는 혁명적 폭력이다. 즉 여성 혐오의 일상을 뒤흔들고 변화시켜나가는 메갈리안의 행위들은 분노를 원동력 삼았던 것이다. 분노라는 감정은 미러링 전략만이 아니라 기존 남성 중심적 언어를 털어내어버리게 하는 개념적 상상력의 도약대이기도 하다. 뿐만 아니라, 분노의 에너지는 다른 방식의 행위를 기획하는 실천적 상상력의 추동력이기도 하다. 이제 메갈리아 이후의 새로운 페미니즘들은 이러한 메갈리안을 계승함과 동시에 넘어서고 있다.

우울과 애도,
그 빈자리 너머

이 글은 「상실, 애도, 기억의 예술: 낸 골딘의 사진」(《철학논총》 제86집,
새한철학회, 2016. 11. 30.)을 수정·발전시킨 글입니다.

김주현

이화여자대학교 대학원 철학과에서 미학과 페미니즘으로 철학 박사 학위를 받았다. 연구의 주된 관심은 후기 분석 미학의 예술 존재론이며, 메타비평과 현장 비평에도 참여하고 있다. 서울시립대학교와 이화여자대학교 교양대학에서 교수로 재직했으며, 건국대학교 몸문화연구소와 여성문화이론연구소에서 연구하고 있다. 현재 건국대학교 예술디자인대학원 겸임 교수이다. 주요 저서로 《여성주의 미학과 예술작품의 존재론》, 《외모 꾸미기 미학과 페미니즘》, 《생각의 힘: 비판적 사고와 토론》 등이 있으며, 「왜 성찰적 글쓰기인가?」, 「미술대학 글쓰기 교육 체계」, 「설치의 존재론: 박이소 유작전 진품 논란」, 「퍼포먼스 아트의 존재론 : 신민의 〈Basketball Standards〉를 중심으로」, 「집과 가정: 젠더와 주거 디자인」, 「포스트 예술 시대의 미학과 비평」, 「반키치론 비판」, 「아마추어리즘 미학과 한국 여성 바느질」 등 다수의 논문을 발표했다.

상실에 대한 헌정

낸 골딘(Nan Goldin)의 친언니 바바라 홀리(Barbara Holly)는 열여덟 살이던 1965년에 자살했다. 낸은 1986년 자신의 첫 번째 사진집, 《성적 의존의 발라드(The Ballad of Sexual Dependency)》를 바바라에게 헌정했다.[1] 또한 1996년 뉴욕 휘트니 뮤지엄에서 열린 전시, 〈낸 골딘: 나는 당신의 거울이 될 거다(Nan Goldin: I'll be your mirror)〉에서도 바바라를 공식적으로 애도했다.[2]

낸은 1996년 전시에 1964년 작은 시골 마을 식당에서 열린 가족 모임 사진들을 출품했다. 그러나 이 행복한 가족 모임이 채 일년도 지나지

---

1 Nan Goldin, *The Ballad of Sexual Dependency*, New York: Aperture, 1986, p. 9.
2 Nan Goldin, David Armstrong, Hans W. Holzwarth(ed.), *I'll Be Your Mirror*, New York: Whitney Museum of American Art, 1996, p. 17.

않아 바바라는 워싱턴 교외의 기찻길에 반듯이 누워 죽음을 맞았다. 전시에 공개된 사진 중에는 두 줄로 앉고 선 가족들의 모습이 있는데, 이 사진에서 바바라는 앞 줄 아버지 옆에 앉아 카메라를 똑바로 응시한 반면, 뒷줄에 선 '낸시'[3]는 카메라를 바라보지 않는다. 사진에서 가족은 화기애애해 보이지만 실상은 그렇지 않았다. 바바라는 늘 자신의 분노와 공포를 감췄고 결국 자살하고 말았다.[4] 바바라의 죽음은 더할 나위 없이 평화롭게 교외 생활을 즐기던 이 유태인 중산층 가족에게 엄청난 충격이었다.

이상적인 역할 모델이자 가장 가까이에서 마음을 나눴던 바바라의 죽음은 열한 살의 '낸시'에게 깊은 상처를 남겼다. 사진작가가 된 낸 골딘의 평생의 친구인 비평가, 귀도 코스타는 이 사건을 다음과 같이 기록했다.

> 1965년 4월 12일 언니 바바라가 끔찍한 방법으로 자살한다. (……) 낸시의 부모는 [바바라를 잃었다는] 상실을 인정하지 않았고 죄책감을 느끼는 것도 거부했다. 이 엄청난 사실을 단지 부정하는 것으로 일관했다. 살아남기 위한 처절한 몸부림이었다. 그들에게 가장 중요

---

3 낸 골딘의 어릴 적 이름은 낸시 골딘(Nancy Goldin)이었다. 그녀는 언니의 죽음 이후 가출하여 자유롭고 급진적인 공동체에서 활동하며 사진을 찍기 시작했다. 이러한 전환에서 그녀는 자신의 이름을 '낸시'에서 '낸'으로 바꿨다. 이 글에서는 독자들의 이해를 돕기 위해 '낸시'에 작은 따옴표를 달아 낸과의 차이를 부각하고자 한다. 이름을 바꾼 것은 낸이 바바라를 애도하는 중요한 방법이자 내용이다. 이 이야기는 이 글의 마지막 부분에서 자세히 다룰 예정이다.
4 바바라가 자살한 이유는 성적 정체성에 관한 것이었다. 아마도 1960년대의 전형적인 보수적 중산층이자 이성애자인 부모님과는 이러한 고민을 나눌 수 없었을 것이다.

한 것은 바바라의 죽음을 이웃들이 모르게 하는 것이었다. '낸시'에게도 바바라가 사고로 죽은 것으로 말한다. 그러나 예민한 '낸시'는 무슨 일이 일어났는지 다 알고 있었고, 깊이 상처받는다. 어떤 경우든 진실을 밝히는 데 집착하고, 진실을 위해서라면 불편함, 따분함, 체면 손상 따위를 전혀 개의치 않는 낸의 태도는 아마 이 사건으로부터 형성된 것 같다. '낸시'는 모든 사람들과 모든 사물들을 대상으로 격렬한 싸움을 벌이기 시작했다. 그녀는 미국 정신의 어두움으로 존재하는 그 '꿈' 뒤에 감춰진 악몽인 당대의 거짓과 물질주의를 가장 미워했다.

이윽고 카메라로 눈을 돌린다. '낸시'는 이제 낸이 된 것이다. '낸시'는 스스로도 잘 알아차리지 못하는 사이 순종적인 가족주의의 힘겨운 억압으로부터 벗어나 1960년대의 흐름에 몸을 던지게 된다. 고통과 자유를 위한 일종의 훈련 기간이었다. '낸시'는 집과 부모를 버리고 나왔고 (……) 히피 공동체 생활에 빠져들었다. 불행히도 그런 삶의 형태는 환상 속의 것이기 일쑤일 테지만 그 환상은 자유와 활력으로 물들여진 것이었고, 낸이 절친한 동료 그룹 안에서 매일매일 진지하게 추구한 것이었다.[5]

1960년대의 보수적인 분위기에서 낸시의 부모는 바바라의 상실을 받아들이지 않았고 죄책감조차 억제했다. 프로이트 식으로 말하자면, 그들은 바바라를 '정상적으로' 혹은 '성공적으로' 애도한 것이라 볼 수 없

---

5 귀도 코스타, 《낸 골딘》, 김우룡 옮김, 열화당, 2007, 5~6쪽. 일부 번역을 필자가 수정하였다.

다. 프로이트의 정상적, 혹은 성공적 애도란 현실 검사(reality-testing)를 통해 사랑하는 대상의 부재를 인식하고 자책하지만, 차츰 그래도 '나는 살아야 한다'라는 나르시시즘에 입각해 사랑의 대체물을 찾아 리비도를 전향하는 것을 말한다.[6] 그러나 '낸시'의 부모는 바바라의 상실을 부정했고 따라서 '리비도의 제한-반항-전환'의 과정도 회피했다. 오직 자기방어기제로 '낸시'와 이웃에게 거짓을 일관했다. '낸시'의 부모는 바바라가 왜, 어떻게 죽었는지를 성찰하지 않았고, 바바라의 고통보다 자신들이 더 큰 고통에 빠지지 않기만을 필사적으로 바랐다. 반면 '낸시'는 다른 길을 선택했다. 바바라의 상실을 탐구했고 '낸시'에서 '낸'으로 스스로를 바꿨으며 끝없이 바바라를 기억했다. 바바라를 자신의 관점에서 조작하는 것이 아니라 결단코 알 수 없는 '타자'로 남겨두었고, 바바라가 아니라 자신을 변경하는 기억의 방식을 선택했다.

프로이트의 〈슬픔과 우울증〉을 읽는 전통적인 독해는 사랑하는 대상을 잃은 뒤, 대체물을 향해 리비도를 전환하는 정상적·성공적인 애도를 병적인 우울증과 대조한다. 그리고 병적인 우울증은 치료받아야 한다고 권유한다. 이러한 독해에 따르면 '낸시'의 부모와 낸은 모두 병적인 우울

---

6 지그문트 프로이트, 〈슬픔과 우울증〉, 《정신분석학의 근본 개념》, 윤희기 옮김, 열린책들, 2009, 235쪽. 이후 〈슬픔과 우울증〉에서 인용된 부분은 본문에 쪽수만 표기한다. "Trauer und Melancholie"는 우리나라에서 "슬픔과 우울증"으로 번역되었다. 하지만 김석은 프로이트가 말하는 'Trauer'가 슬픔의 상태뿐 아니라 슬픔을 견디기 위한 의식적 작업이라는 의미도 포함한다는 점에서 '애도'로 번역하자고 주장하였다.(「야만의 시대 애도의 필요성」, 《시작》 제13권 제3호, 천년의시작, 2014, 36쪽) 이 글은 이를 수용하여 '애도'라는 표현을 사용한다. 또한 프로이트에 대한 일반적인 독해는 '정상적인 애도와 대비되는 심각한 병적 상태'를 우울증이라고 보며, 이에 따라 프로이트를 소개하는 전반부에서는 '우울증'이라는 단어를 사용한다. 그러나 후반부에서는 정상적인 애도와 비정상적인 애도를 구분할 수 없다는 점을 지적하면서 '우울증' 대신 '슬픔'이라는 단어를 사용할 것이다.

증을 앓고 있다고 진단된다. '낸시'의 부모는 망각 속에, 낸은 반복적인 기억 속에 빠져 있을 뿐이다. 그런데 애도의 성공과 실패, 정상과 비정상이란 무엇인가? 그리고 사랑하는 이를 잃은 슬픔은 꼭 프로이트식의 성공적 애도로 전환되어야 하는가? 왜 고통과 괴로움은 극복되어야 하며 사랑의 대상은 대체되어야만 할까? 상실한 대상과 내내 함께 사는 것은 병적인 것인가? '낸시'의 부모와 낸의 슬픔은 바바라의 상실을 존중하지 못한 탓인가? 이들의 지속적인 슬픔은 병적 우울증으로 바바라를 욕보이는 것인가? 이제 나는 구순기의 나르시시즘과 항문기의 사디즘으로의 퇴행을 비판적으로 검토하면서 프로이트의 〈슬픔과 우울증〉을 새롭게 읽고자 한다.

하지만 그 이전에 〈슬픔과 우울증〉에 대한 또 다른 독해의 전통을 살펴보고자 한다. 이것은 병적 우울증을 치료하는 것은 정상적·성공적 애도를 위한 사회적 조건을 마련할 때 가능하다는 것을 강조하는 것이다. 2014년 세월호 이후 '애도'에 관한 한국의 담론들이 이에 속하며, 병적 우울증을 야기한 사회정의의 부재에 초점을 맞춘다.[7] 이들은 "국가와 사회 공동체가 제대로 된 애도 작업을 수행하도록 도와주면 주체는 외상적 경험을 잘 극복하고 현실에 적응하면서 다시금 욕망의 주체로 자신을 정립할 수 있다"[8]라고 주장한다.

사랑하는 이를 상실한다는 것, 그 상실이 죽음 같은 물리적인 부재이

---

7 전성원, 「애도의 정치학 혹은 애도의 부재에 대하여」, 《플랫폼》 제48호, 인천문화재단, 2014; 이영진, 「2014년 여름, 비탄의 공화국에서: 애도와 멜랑콜리 재론」, 《문학과 사회》 제27권 제3호, 문학과지성사, 2014.

8 김석, 앞의 글, 38쪽.

든, 이별 같은 관계적인 부재이든, 그 상처와 고통은 개인의 존재론적, 인식적, 도덕적 문제이며 동시에 정치적 문제이기도 하다. 사랑하는 이를 상실한 책임이 직접적으로 사회에 있다면 애도를 위한 공동체의 노력이 당연히 요구되며, 이를 통해 상실의 슬픔, 나아가 병적 우울증은 완화되고 치료될 수 있을 것이다. 리비도는 단지 본능적인 것이 아니라 관습적이고 문화적이며 따라서 리비도의 수행은 사회적 조건 속에서 실천되기 때문이다.[9]

우울증이 사디즘으로 나타나는 경우, 사디즘은 자기 자신에 대한 공격인 동시에 타자에 대한 공격으로도 읽힐 수 있다. 이때 타자는 죽음이나 배신으로 나를 떠난 사랑의 대상뿐 아니라, 내 사랑의 대상을 떠날 수밖에 없게 한 자, 곧 또 다른 타자나 사회구조가 될 수 있다. 그래서 나는 정상적 애도를 위해 사랑하는 대상의 상실에 사회가 책임져야 한다고 주장한 연구자들에게 동의할 수 있다.

그럼에도 나는 이들과는 다른 입장을 가지고 있다. 개인을 병적 우울의 상태로 몰아넣는 사회의 부조리에 대한 질책과 대안 마련을 촉구하는 것으로 애도를 다할 수는 없다. 사회적 변화와 더불어 자아와 타자의 전환, 곧 자아와 동일시된 타자가 애초에 어떻게 자아에게 슬픔을 야기했는지, 그리고 어떻게 삶 속에서 슬픔에 빠진 자아가 상실한 타자, 곧 없음이면서 있음인 유령과의 관계를 재구성할 것인가에 주목해야 한다. 사회적 보상이나 재발 방지 정책만으로는 상실의 슬픔을 종료하지 않는

---

9 문장수·심재호, 「강박증에 대한 프로이트적 정의와 원인에 대한 비판적 분석」, 《철학논총》 제 82집, 새한철학회, 2015, 209~211쪽.

다. 사랑의 대상을 대체하는 리비도의 전환이 '이 사랑(this love)'의 상실을 치유하지는 않는다. 물론 프로이트가 〈슬픔과 우울증〉이 병적 우울증을 치료하려는 의도에서 정상적·성공적 애도에 초점을 맞췄다 하더라도, 이러한 도식적 진단과 처방은 일상에 만연한 상실, 죄책, 기억의 의의와 가치를 놓친다.

반면에 나는 프로이트에 대한 데리다의 저항적 독해에서 새로운 독해의 가능성을 찾았다. 사랑의 대상은 대체되는 것이 아니라 사랑하는 자의 삶 속에 살아남아 있고, 애도의 작업은 내면화가 아니라 온전한 타자로 기억할 때 가능하다. 삶에 만연한 비극을 견디고 즐기는 것은 정상/비정상의 이분법적 도식이 아니라 감히 그 우울의 내용과 과정을 구체적이고 면밀하게 살피는 것에서 시작된다. 글의 마지막에서 나는 다시 낸 골딘에게 돌아가 사적 제의로서의 사진을 통해 지속적 슬픔의 행복한 삶을 제안할 것이다.

프로이트의 애도와 우울증

프로이트는 〈슬픔과 우울증〉에서 정상적·성공적 애도와 병적 우울증을 다음과 같이 구분한다. 사랑하는 대상이 부재하게 되면, 그에 대한 리비도를 철회해야 한다. 하지만 사랑하는 대상이 사라졌다고 해서 당장 그 사랑을 끊어내기는 어렵다. 사랑의 대체물이 보장된다고 하더라도 사랑하는 대상을 상실하자마자 그 대상을 향한 리비도를 포기하지 않는다. 프로이트는 사랑을 잃은 자가 상실한 대상에 대한 리비도를 철회하지 않고 계속 저항하며 집착과 환각에 빠지는 상황을 병적 우울증으로 간주한다. 반면 애도는 사랑하는 대상을 상실한 뒤 처음에는 그 대상에 리비도를 집중했던 기억과 기대가 살아날 때마다 리비도를 과잉 집중하는 환각에 빠지기도 하지만, 차츰 현실을 존중하는 가운데 새로운 대체물로 리비도를 이탈하는 것으로 정의한다.[245~246]

프로이트는 사랑하는 대상의 상실은 고통스러운 게 당연하며 그렇게 많은 이들이 고통스러운 시간을 보내지만, 그럼에도 계속 고통스럽게 사는 것은 리비도 경제학에 부합하지 않는다고 본다. 그래서 정상적인 애도 작업을 하게 되면 자아는 자유로워지고, 리비도는 어떠한 제약도 받지 않게 될 것이라고 낙관한다.[245] 프로이트에게는 이것이 슬픔에 대처하는 건강한 태도이다.

애도와 변별되는 우울증은 사랑하는 대상의 상실 외에 대상의 상실이 이상적인(ideal) 경우에도 발병한다. 즉, 사랑하는 대상이 실제로 죽지는 않았지만 더 이상 사랑하지 않는 경우, 사랑할 수 없는 경우에도 우울증을 유발할 수 있다. 더 이상 만날 수 없는 이별은 물론, 퇴색한 사랑이거나 현실에서는 성취할 수 없는 사랑이 이에 해당한다.

우울증이 발병하는 또 다른 원인으로는 상실이 일어난 것은 분명하지만 스스로 무엇을 상실했는지를 분명히 알지 못하는 경우도 있다. 떠나간 이가 '누구'인지는 알지만, 도대체 스스로 그의 '어떤 것'을 상실했는지 모르는 경우가 이에 해당한다. 이때 애도와 우울증의 차이는 의식과 무의식에 있다. 애도는 상실을 의식하지만, 우울증은 미지의 상실에 스스로 당황한다.[246~248]

그럼에도 프로이트는 병적 우울증의 가장 큰 특징으로 자애심의 급격한 저하, 자아 빈곤에 초점을 맞춘다. 우울증 환자는 "심각할 정도로 고통스러운 낙심, 외부 세계에 대한 관심 중단, 사랑할 수 있는 능력의 상실, 모든 행동의 억제"[244] 속에 누군가 자신을 처벌해주었으면 하는 징벌에 대한 망상적 기대를 갖는다. 그렇기 때문에 우울증 환자는 자신이 "쓸모없고, 무능력하고, 도덕적으로 타락했음"[247]을 만인 앞에 공개한다. 보통의 사람이라면 공공연하게 자신을 욕보이는 일을 피할 것이다. 그러나 사랑을 상실한 자의 자기 비난은 자애심의 추락이라는 비밀 때문이며, 이 비밀을 파악하는 것이 중요하다. 프로이트는 흥미롭게도 우울증 환자들이 보여주는 자애심의 추락이 역설적으로 나르시시즘의 과잉이라고 분석한다. 공개적으로 자기를 비난한 것은 오히려 떠나가버린 사랑의 대상과 그 대상을 꼭 사랑해야 한다고 생각했던 사람들을 향한 비난이었다.[250]

정상적·성공적 애도와는 달리 프로이트의 우울증 환자는 한편에서는 사랑의 상실에 지속적으로 슬퍼하고, 다른 한편에서는 나르시시즘으로 퇴행한다.[254] 그러나 프로이트는 전자에 대해서는 별다른 언급 없이 넘어간다. 우선 프로이트의 관심을 따라 나르시시즘부터 살펴보기로 하자. 프로이트는 우울증의 나르시시즘을 애증 병존의 이중적 양상, 곧 이중의 변천 과정으로 논의한다. 곧, 하나는 사랑의 대상을 자신으로 동일시하는 나르시시즘이고, 또 다른 하나는 사랑을 잃은 나 자신을 공격함으로써 만족하는 사디즘이다.

첫 번째 양상의 나르시시즘에서 우울증 환자는 사랑을 상실한 후 시간이 흘러도 다른 대상으로 전위되지 않은 자유로운 리비도를 오히려 자기 자신에게 향하게 한다. 이것은 자신이 상실한 사랑의 대상을 타자가 아닌 자신과 동일시하는 퇴행이다. 이때 자신을 버린 사랑의 대상과의 갈등, 곧 자아와 타자의 갈등은 '사랑하는 나'와 '사랑받는 나' 사이의 자기 분열[252]로 변형된다.

겉으로는 남들 앞에서 스스로를 비난하는 수치를 감수하는 것은 자기애의 추락처럼 보일 수도 있지만, 이것은 자기를 버린 타자로 인해 자기가 빈곤해질지 모른다는 두려움에서 나왔다는 것을 앞서 설명했다. 그래서 이러한 우울증은 역설적으로 타자에 대한 리비도를 회수해 자신으로 향하는 나르시시즘이 되는 것이다. 비록 사랑의 대상으로부터 버림을 받았지만, 그렇다고 해서 사랑하는 삶을 그만둘 수 없는 사람은 이제 대상이 아니라 자신을 사랑하는 나르시시스트가 된다. 슬픔에 빠진 나르시시스트는 타자가 아니라 자신을 사랑하게 되고, 울증에서 조증으로 전이한다. 프로이트는 이러한 전이를 병적인 것으로 간주하지 않는다.

프로이트는 사랑을 상실한 나르시시즘의 또 다른 양상으로 사디즘을 들었다. 우울증 환자는 자신을 사랑의 대상으로 선택하는 동일시를 통해 "자기 고문이라는 고통에서 만족"[255]을 추구하는 사디스트로서의 면모를 보여주기도 한다. 우울증 환자는 대상에서 리비도를 분리하려는 미움과 고수하려는 사랑 사이에서 갈등한다. 사랑하나 버림받은 상황에서의 애증 병존의 갈등이 우울증을 불러일으킨다.[10] 이 애증 병존 과정에서 사랑의 대상을 포기하고 자기를 공격하는 것으로 나아가는 것이 사디즘이다.[264]

프로이트는 우울증 환자의 나르시시즘과 사디즘 모두를 퇴행으로 간

---

10 김동훈, 「죽음을 부르는 질병인가, 인간 실존의 근원적 조건인가?: 서구의 철학사, 의학사, 예술사, 신학사 전체를 관통하는, 멜랑콜리 개념에 관한 총체적 고찰 2—로버트 버튼에서 슬라보예 지젝까지」, 《철학논총》 제80집, 새한철학회, 2015, 120쪽.

주한다. 우울증 환자는 사랑의 대상을 타자가 아니라 자아로 전환한 뒤, 스스로를 비난하고 공격하는 퇴행을 겪는다는 것이다. 자기 징벌이라는 우회로는 나르시시즘에서는 자아가 빈곤해지는 것에 대한 두려움으로부터 더더욱 자신을 사랑하는 것으로 작동하고, 사디즘에서는 타자에 대한 직접적인 적대감을 감추는 복수의 장치로 작동한다.

나르시시즘과 사디즘

앞에서 살펴본 〈슬픔과 우울증〉에 대한 전통적인 독해와는 달리, 정작 프로이트는 사랑하는 사람의 상실로 인한 끝없는 슬픔을 모두 '병적 우울증'으로 보지는 않았다. 나는 프로이트의 〈슬픔과 우울증〉이 '지속적인 슬픔'의 긍정성을 함축하고 있다는 것에 주목한다. 앞에서 나는 병적이고 실패를 의미하는 전통적 독해의 번역어인 '우울증'에 의문을 제기했다. 그래서 지금부터는 사랑하는 대상, 곧 타자를 잃은 고통스러운 감정을 우울증이 아니라 광의의 '슬픔'으로 명명할 것이다. 이 슬픔은 기억의 내면화에 저항하는 끝없는 애도의 과정이다. 프로이트의 '병적 우울증'은 '슬픔'의 하위 개념 중 하나이며, 또 다른 하위 개념으로는 '정상적·성공적 애도'와 '지속적 슬픔'이 있다. 이들을 구분하는 것은 모호할 뿐 아니라, 정상적/비정상적, 성공/실패, 건강한 것/병적인 것으로 나누기 어렵다. 프로이트 자신도 병적 우울증에 속하지 않는 지속적 슬픔의 존재를 승인했고, 부정적으로 평가하지 않았다.

프로이트에 대한 전통적인 독해는 사랑하는 대상의 상실에 관한 그의 진의를 놓치고 있다. 재해석되어야 할 것은 첫째는 우울증의 양상 중 나르시시즘에 연루된 '사디즘'의 역설이고, 둘째로는 우울증의 또 다른 양상인 나르시시즘에서 조증으로의 전이, 셋째는 성공적·정상적 애도 나 병적 우울증에 속하지 않는 지속적 슬픔이다.

우선 사디즘에 대한 새로운 해석 가능성을 살펴보자. 앞서 보았듯 프로이트는 우울증에서 사디즘이 나타날 수 있다고 주장했다. 사랑하는 이를 상실했을 때의 낙담, 세계에 대한 무관심, 리비도의 억제가 자기 징벌의 소망을 갖게 하며 이를 위해 공개적으로 자기 비난을 일삼게 된다. "쓸모없고, 무능력하고, 도덕적으로 타락한"[247] 자기 자신은 만인에게 비난받아 마땅하기에 스스로를 공격하고 고통스럽게 한다는 것이다. 결국 프로이트의 우울증에서 사디즘을 이해하려면 사랑의 대상을 타자가 아닌 자기 자신으로 전환한 나르시시즘의 전제가 요구된다.

하지만 프로이트는 나르시시즘의 전제하에 공격의 대상을 나 자신으로 명시한다. 버림을 받은 자는 사랑의 상실이 마땅하다고 공개적으로 스스로를 비난한다. 하지만 프로이트는 동시에 여전히 사디즘의 일반적 개념, 곧 타자에 대한 공격을 고수하는 비일관적인 태도도 취한다. 여기에는 비밀이 있다. 프로이트는 의도적으로 꽤 긴 분량을 할애하여 공공연한 자기 비난이 사랑의 상실이라는 부당한 대우를 받고 있음을 알리는 반항이라고 주장한다.[251] 결국 공개적인 자기 비난은 역으로 나는 사랑받기에 충분하며, 이러한 상실로 인해 결코 나의 인식적, 도덕적 가치에 흠집이 나서는 안 된다는 수사학적 전략인 것이다.

프로이트는 자기 비난을 "양심이라는 자기비판의 기구가 병에 걸리고, 자아가 빈곤해질 것을 두려워"[250]하는 역설로 본다. 이러한 수사는 버림받았지만 자기 충족성을 고수하라는 것, 슬픔에 빠져 자기 가치를 폄하하는 혼탁한 양심이 되어서는 안 된다는 자기 경고이자, 타자들에 대한 경고이다. 자기 비난은 사랑의 상실 앞에서도 자기를 비판적으로 반성하는 존엄한 자기 자신에 대한 확인이다. 그래서 프로이트는 스스로 사랑을 잃은 자의 공개적 자기 비난을 나르시시즘의 과잉이라고 말했다.

더불어 프로이트는 사디즘의 공격이 '자기 고문을 통한 만족'이라고 주장한다. 하지만 사디즘에서 사랑을 잃은 비난과 공격은 자기가 아니라 역으로 타자에게로 향한다. 자기 공격, 고문의 즐거움은 타자에 의한 부당한 처우를 폭로함으로써 자기 가치를 재정립할 때 발생한다. 사디즘이 도덕에 의해 마조히즘으로 변형되었다는 견해[11]는 프로이트의 역설적 수사를 잘 설명해준다. 사디즘의 우울증에 숨겨진 비밀은 수사의 겉과 속에서 공격 대상이 자아와 타자로 양립하고 있다는 점이다.

프로이트는 우울증의 열쇠가 자기 비난이 아니라 사랑하는 사람에 대한 비난에 있다고 분명히 밝혔다.[251] 즉, 겉으로 자기 비난을 일삼는 것은 수사일 뿐, 사디즘의 명확한 공격 대상은 타자인 것이다. 결국 사디즘의 우울증은 자기 비난을 사랑의 대상인 타자, 혹은 사랑의 종말로 이끈 또 다른 타자, 혹은 사회 및 운명을 공격한다. 이러한 자기 비난의 역설을 인지한 이들은 우울증 해결을 위해 사회 비판에 나섰다. 이들은 프로이트를 인용하면서 병적 우울증을 해결하기 위해 사디즘의 관점에서 상실의 사회적 조건을 재규정하고, 고통을 양산한 국가를 비판하는 글[12]

---

11 문장수·심재호, 「강박증에 대한 프로이트적 정의와 원인에 대한 비판적 분석」, 《철학논총》 제82집, 새한철학회, 2015, 209쪽.
12 김석은 "사회적 애도로서 집단적 의식이 제대로 작동하지 않는 사회는 실재의 구멍에 직접 노출

을 쓴 것이다. 이들 대부분은 병적 우울증이 동일시에도 불구하고 궁극적으로 자기 공격을 회피하는 나르시시즘의 진면목에는 주목하지 않은 채,[13] 우울증 발병의 근본 원인으로 타자들, 곧 공동체와 사회제도의 부정의를 비판하고 책임을 추궁하는 사디즘에만 방점을 두었다.

프로이트의 사디즘은 '슬픔'이 과도한 자기 비난에 빠지는 것을 설명하지 못한다. 정말로 사디즘이 상실의 고통 속에서도 정확히 원인을 규명하고 대안 제시를 촉구한다면, 그리고 이 과정이 원활하지 못한 것에 지속적으로 갈등하면서 그 부정적인 감정 상태를 고스란히 외부로 표현한다면, 이러한 '슬픔'을 간단히 '병적인 것'으로 치부할 수는 없다.

사랑의 상실로 '슬픔'에 빠진 이는 자신에게 닥친 고통의 구조를 명확히 인지하고 있다. 감정적 저격 대상으로 특정 책임자를 지정함으로써, 자기비판 도구인 양심의 가치 있는 삶을 수호할 것을 공동체에게 호소하고 있다. 사디즘의 우울증은 사랑의 대상을 타자에서 자기 자신으로 전환하는 동일시를 활용하되, 비난의 대상을 자기 자신에게서 타자와 사회로 돌리는 역설적 전략이다. 만일 프로이트가 문자 그대로 자기 비난, 자기 공격에 초점을 맞췄다면 엄밀하게는 '사디즘'이 아니라 '마조히즘'이라는 용어를 사용했을 것이다.

프로이트는 이러한 역설적 전략을 '자기 징벌의 우회로'라 표현했다.

된 개인들을 (……) 우울증의 상태로 내던질 수" 있다고 주장한다.(김석, 「애도의 부재와 욕망의 좌절」,《민주주의와 인권》 제12권 제1호, 전남대학교 5·18연구소, 2012, 74쪽)

[13] 김동규는 그래서 프로이트의 우울증은 주체 철학의 계보하에 모든 것을 동화시키는 나르시시즘이라고 단언했다.(김동규, 「프로이트의 멜랑콜리론: 서양 주체의 문화적 기질론」,《철학 탐구》 제28집, 중앙대학교 중앙철학연구소, 2010, 274쪽)

이 말은 사랑의 대상에 대한 복수이자, 직접적인 적대감을 피하기 위해 질병을 매개로 사랑의 대상을 고문하는 것을 뜻한다.[255] 우리의 비극적 삶은 결코 주체의 통제력에 달려 있지 않다. 그럼에도 상실의 고통이 몰아쳐 리비도가 회수될 때, 프로이트는 완벽하지는 않지만, 상실이라는 고통 상황을 유발한 책임자를 지목하고 합리적인 해결을 소망하는 '슬퍼하는 자'의 흥미로운 전략을 보여준 것이다. 상실의 고통은 결코 병적인 것이 아니기에 우울증은 사실 깊디 깊은 '슬픔'이며, 우울증 환자는 '슬퍼하는 자'일 뿐이다. 진정성 있는 슬픔은 공동체에게 자기비판의 양심을 발휘하게 한다.

둘째로 나르시시즘의 우울증이 조증으로 전이되는 사태에 대해서도 새로운 해석이 가능하다. 프로이트는 조증에 관해서는 〈슬픔과 우울증〉의 마지막 부분에 간단하게 썼고 불명확하고 유보적 태도를 일관하고 있기 때문에, 전통적 독해자들은 이것을 크게 주목하지 않았다. 그러나 '슬픔'이 다양한 스펙트럼의 감정들로 변이하고, 그 강도가 넓게 분포하며, 어느 순간에는 판명한 감정, 심지어 반대의 극한 감정으로까지 창발한다는 것은 '슬픔'이 삶을 구성하는 긍정적 힘이라는 것을 함의하는 중요한 힌트가 된다.

프로이트는 자신의 전통적인 독해자들과는 달리, '병적 우울증'을 애도와 명확히 구분하지 않았다. 물론 그는 '정상적' 애도와 '병적' 우울증이라는 표현을 쓰기는 했으나, 앞에서 보았듯 우울증의 병적 특성을 규정하지 않았다. 프로이트는 우울증이 근본적으로 애도와 유사하나 애증병존의 억압이 무의식의 상황에서 간헐적으로 표출될 뿐, 단조로운 한탄 소리가 매번 무의식의 다른 지점에서 들려오기 때문에 이 둘을 분류하는 기준은 불확실하다고 말한다. 게다가 프로이트는 우울증이 종결되는 이유나, 처방, 그리고 그것으로 인한 심리적 결과에 대해서도 결론을 유보하고 있다.[261~264]

프로이트는 우울증 환자의 나르시시즘 그 자체나 조증으로의 전도를 부정적인 것으로 간주하지 않는다. 사랑의 대체물을 타자가 아니라 자기 자신으로 동일시하는 퇴행에서 울증에서 조증으로의 변화를 겪는다고 말한다. 그는 '울증에서 조증으로의 전환'에 대해 사랑하는 이를 잃은 충격 속에서 리비도 철회를 요청받을 때 "자아가 빈곤해질 때까지 자아를 텅 비우"거나 "리비도를 반대로 집중"하는 것으로 설명한다.[257] 흥미롭게도 조증은 고통의 원인이 된 대상, 타자에게서 완전히 해방되었음을 드러낸다. "나는 대상을 상실했지만, 나는 살아 있다"[261]라는 프로이트의 표현은 조증을 상실로부터의 긍정적 삶의 힘, 혹은 신호로 해석할 수 있다.

프로이트는 조증 발병의 핵심적 조건이 리비도의 퇴행일 것이라고 추정한다. 우울증의 세 가지 전제 조건인 대상의 상실, 애증 병존, 자아로의 리비도 퇴행 가운데 처음 두 가지는 죽음이나 이별 이후 발생하는 강박적인 자기 비난 속에서 발견되는 조건들로, 조증과는 상관이 없다. 반면 리비도의 퇴행은 조증과 관련 있으며, 상실이 너무 깊을 때 반대 집중이 일어난다고 가늠한다.[264~265] 결국 신체의 상처와 정신적 고통이 너무 깊어지면, 곧 슬픔의 어느 지점에서 초월의 해방에 이르고 반대 감정인 행복으로 전환된다는 것이다. 그러나 프로이트는 그 전환의 구체적인 과정은 연구하지 않은 채 미완으로 남겨두었다.

프로이트는 정상적·성공적 애도가 대상의 상실을 인정하되 자신은 계속 살아가기로 결정하는 것에 반해, 병적인 우울증은 사랑의 대상을 향한 집중이 무가치하다는 것을 인정하고 그보다는 내 가치를 회복해가는 과정일지도 모른다고 본다.[264] 결국 프로이트는 애증 병존의 모든 갈등은 대상을 비난하고 경시하고 심지어는 대상을 제거함으로써 대상에 대한 리비도의 집착을 느슨하게 만들어 결국 '슬픔'을 자연스레 종식할 수도 있다고 인정한다.

그렇다면 과연 정상적·성공적 애도와 우울증의 차이는 무엇일까? 프로이트는 어떤 과정인지는 알 수 없으나 우울증이 종결되면 자신이 대상보다 더 낫다는 사실을 알게 되면서 만족을 느끼고 즐거워하게 된다고 보았다.[264] 이러한 발언은 〈슬픔과 우울증〉에서 '우울증'으로 기술한 현상들이 결코 병적인 것이 아니며, 오히려 상실로 인한 '슬픔'이 자아와 삶을 긍정적으로 재구성하는 계기가 될 수 있다는 것을 함축한다. 하지만 프로이트는 우울증에서 전화된 반대 감정의 상태를 '조증'이라고 명명했을 뿐, 그 즐거움이 왜 병적인지에 대해서는 기술하지 않았다.

'슬픔'은 우리 삶의 부분이며, 생애 동안 자주 나타나고 증폭된다. '슬픔'은 결코 우리의 삶에서 반드시 제거해야 할 재앙이 아니다. 프로이트는 질병의 구체적인 과정, 결과, 종결에 유보하는 태도를 취하고 있기는 하지만, 울증이든 조증이든 삶의 자연스러운 과정 속에 벗어날 수 있고, 그로 인해 각자의 가치를 확립해갈 수 있다는 가능성만큼은 인정했다. '슬픔'은 우리 삶의 제한성, 비극성, 통제 불가능성을 온전히 드러낸다. '슬픔'을 느끼고 표현하는 것이 삶의 가치를 조정하고 재구성한다.

이렇게 분석해보면 프로이트가 〈슬픔과 우울증〉에서 '정상적·성공적 애도'와 '병적 우울증' 중에 오직 전자의 길만을 독려했다는 전통적 독해가 유일하게 옳은 해석이라고 보기는 어렵다. 그렇다면 정상적/비정상적, 성공/실패, 병적/일상의 슬픔이 과연 우리에게 어떤 의미가 있는 것일까? 이제 '타자'의 '상실'로 인한 '슬픔'에 초점을 맞춰보자.

데리다의 끝없는 애도

자크 데리다의 애도는 프로이트식의 정상적·성공적 애도의 도식을 거스른다. 프로이트의 도식에서도 실패한·비정상적 애도는 끝없이 그 불가능성을 수행한다. 데리다는 《애도의 작업(Work of Morning)》에 실은 글 〈폴 드 만(1919~1983), 영혼에 관한 기억들 속에서(Paul de Man(1919-83) In Memoriam: of the The Soul)〉를 "내가 [당신의 추도사를] 나의 언어(my own tongue)로 말하는 것에 용서해주게"라는 문장으로 시작한다.

미국의 포스트모더니즘 문학비평가인 폴 드 만(Paul de Man)을 추모하는 이 글은 첫 번째 문장처럼 데리다의 프랑스어와 폴 드 만의 영어 사이에서 진동(oscillation)을 예고하지만, 더 정확하게는 데리다가 결코 폴 드 만을 대신해서 말할 수 없고, 청중들도 폴 드 만의 언어로 들을 수 없는 불가능성을 드러낸다. 폴 드 만과 더불어(with) 말하고 그에게(to) 말하고 싶지만, 폴 드 만은 지금 여기에 부재하고 침묵하기에 데리다가 그에 대해 말하고, 기억하고, 애도하는 것은 완수될 수 없다.[14]

14 Athena Athanasiou, "Reflections on the Politics of Mourning: Feminist Ethics and Poli-

프로이트에게 죽음은 타자를 떠나보내는 망각의 출발점이지만 데리다에게는 타자와 사는 기억의 출발점이다. 프로이트의 정상적·성공적 애도에서 타자는 잊혀야(exorcise) 한다.[15] 프로이트가 우울증을 '병적' 이라고 본 것은 사랑의 대상을 상실하고 그가 부재함에도 그와 계속 살고자 하는 욕망이 불합리하다고 전제하기 때문이다. 프로이트는 상실과 부재에 매몰된 리비도가 명백히 경제학에 부합하지 않는다고 비판했다. 하지만 프로이트는 한 번뿐이기는 하나, 정상적·성공적 애도나 병적 우울증 말고도 '지속적 슬픔'을 언급한 바 있다. 이제 데리다는 프로이트가 공란으로 남긴 지속적 슬픔을 긍정적으로 재구성한다. 지속적 슬픔은 실패가 불가피한 불가능한 애도이자 그럼에도 불구하고 끊임없이 수행되는 애도를 뜻한다.

데리다는 원론적으로는 정상적·성공적 애도 속에 상실한 사랑을 떠나가게 해야 한다는 것에 동의한다. 그러나 데리다에게 그러한 애도는 아무리 노력해도 불가능하다. 그래서 그는 프로이트의 애도가 도식적이라고 비판한다. 폴 드 만에 대한 추도사와 마찬가지로 데리다는 프로이트가 그의 딸인 소피의 죽음을 말하면서 마치 소피가 존재한 적이 없었던 것처럼 그 상실을 잊으라는 강요에 도전한다.[16]

그러나 애도의 실패로 인해 유령을 현실의 삶에 붙잡아둘 수도 없다.

---

tics in the Age of Empire", *HISTOREIN* Vol. 5, Athens: CIHIS, 2005, p. 42.

15 Mark Dooley & Liam Kavanagh, *The Philosophy of Derrida*, Kingston: McGill-Queen's University Press, 2007.

16 Jacques Derrida, *The Post Card: From Socrates to Freud and Beyond*, Alan Bass(trans.), Chicago & London: University of Chicago Press, 1987, p. 329.

그래서 데리다는 포스트프로이트주의자들의 해결책을 참조하였다. 니콜라시 어브러험(Nicolas Abraham)과 마리아 퇴뢰크(Mária Török)는 프로이트와는 달리 우울증의 자기 분열 상태에 처하게 되거나 상실의 대상을 자기 자신과 동일시하는 것을 자아 안에 존재하는 타자의 신비한 암호(encryptment)라고 부른다. 이 암호는 자아를 자기 정체성을 상실한 대상의 '무덤-너머(beyond)-삶'을 살아가는 유령으로 변경하는 것이다. 데리다는 그 결과 "죽은 이가 내게 겹쳐 살아간다(inhabit me). 하지만 그는 [여전히] 이방인(stranger)"[17]이라고 말한다. 그는 애도가 실패할 수밖에 없고 그 실패의 핵심적 요인이 타자의 타자성에 있다고 본다. 그래서 타자의 타자성을 먹어치우는 내사(introjection)나 내면화(interiorization)를 비판한다. 타자의 타자성은 정상적인 애도가 아니라 몸에 새기거나(incorporation) 암호 속에서 그리고 지속적인 슬픔 속에서만 알려지고 기억될 수 있다.[18]

타자의 상실 앞에서 우리의 기억은 대부분 내면화된 방식으로 구성된다. 내면화된 기억이란 우리 밖에 있는 타자가 무(無)이고 부재하므로 나의 방식, 나의 관점에서 타자를 구성하는 것을 말한다. 그러나 내가 타자를 정확히 반영하고 기억하는 것은 불가능하다. 이러한 기억은 타자를 배반한다. 이처럼 타자는 나의 한계를 드러낸다. 나의 밖에 있는 타

---

17 Jacques Derrida, *The Ear of the Other: Autobiography, Transference, Translation*, Peggy Kamuf(trans.), Christie Macdonald(ed.), Chicago & London: Schocken Books, 1985, pp. 57~58.

18 Penelope Deutscher, "Mourning the Other, Cultural Cannibalism, and the Politics of Friendship", *differences: A Journal of Feminist Cultural Studies* 10(3), Providence: Brown University Press 1998, p. 164.

자, 부재와 현존 사이에 존재하는 유령을 명석하게 포착하고 통제하는 것은 불가능하며 완수될 수 없다.[19] 그래서 데리다는 미흡하더라도 정말로 애도한다면 내사가 아니라 포합, 내면화가 아니라 암호로 기억할 것을 제안했다.

데리다에게 정상적인 애도는 불가능한 것이 된다. '정상적인 애도'는 타자의 타자성을 말살하기 때문이다.[20] 내면화된 기억에서 타자는 더 이상 타자가 아니다. 그 점에서 애도는 역설적이다. 결코 완수될 수 없는 애도, 실패하는 애도가 그나마 성공적이기 때문이다.

데리다는 욕망을 긍정하며, 애도 자체도 긍정한다. 애도는 내가 '내'가 되고, 자아 혹은 타자를 사랑하게 되는, 정체성 형성의 운동 자체를 구성하는 필수적 가능성이다. 인간의 유한성(mortality)은 우리 사랑의 조건이다. 사랑하는 사람에 대한 기억은 보존해야 하지만, 동시에 타자는 타자로 남아 있어야 한다. 다시 말해서 타자는 결코 동일시되지도 소멸되지도 않으며, 현존과 부재 사이에서 유령으로 떠돈다.[21]

> 누군가의 애도가 완수되지 못한다면, 심지어 애도의 의지가 없다고
> 한다면 그것은 오히려 충심(fidelity)의 형식이 된다. 만일 애도와 애
> 도하지 않음이 충심의 두 가지 형식이자 배신의 두 가지 형식이라면
> 우리가 할 수 있는 것은 양자 사이를 경험하는 일이다. 이것이 내[데

---

19 Jacque Derrida, *Memories: for Paul de Man*, New York: Columbia University Press, 1986, p. 34.

20 왕철, 「프로이트와 데리다의 애도 이론: 나는 애도한다 고로 존재한다」, 《영어영문학》 제58권 제4호, 한국영어영문학회, 2012, 789쪽.

21 니콜러스 로일, 《자크 데리다의 유령》, 오문석 옮김, 앨피, 2007, 302~303쪽.

리다가 말한 '가벼운 애도'이다. (……) 즉, 애도를 통해 상실함으로써 나의 내면에 그것을 간직하고자 한다.[22]

데리다는 프로이트의 정상적·성공적 애도가 기계적이고 냉정하다고 비판한다. 삶의 비애, 특히 사랑하는 이와의 갈등, 이별, 죽음은 우리의 존재, 인식, 도덕을 흔드는 상처를 남긴다. 우리는 슬픔을 겪으며 자신과 타자를 재정립한다. 타자를 타자로 남겨둘 때 그 어긋남과 불통은 세계와 자신의 한계를 직면하게 만들고, 더불어 살기 위해 불완전성과 불편함과 감내하게 된다. 슬픔으로부터 삶에 대한 충심이 나온다.

낸 골딘의 기억, 현존과 부재 사이

이제 낸 골딘의 가족사진과 바바라의 죽음으로 돌아가보자. 낸 골딘의 사진집,《성적 의존의 발라드》서문에는 바바라가 자살하기 1년 전의 모습이 담겨 있다. '낸시'는 언니의 죽음 이후 가족을 떠났다. 그리고 친밀한 공동체 속에 들어가 살았고 새로운 관계를 모색했다. '낸시'는 낸이 되어 환상 속에서 끝없이 자유를 추구했다. 낸이 벨벳 언더그라운드의 노래 제목인 〈나는 당신의 거울이 될 거야(I'll be your mirror)〉를 전시 제목으로 정한 것은 그녀의 사진이 지속적인 슬픔, 어긋나고 불가능

---

22 Diane P. Michelfelder, *Dialogue and Deconstruction: The Gadamer-Derrida Encounter*, New York: SUNY Press, 1989, pp. 151~152.

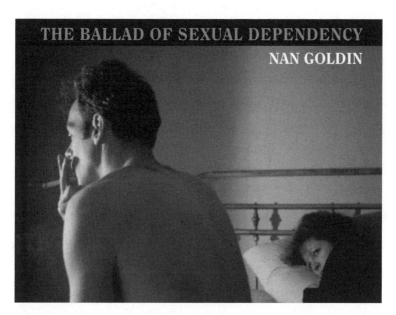

「침대 위의 낸과 브라이언, 뉴욕」(1983)이 사용된 낸 골딘의 사진집 《성적 의존의 발라드》

한 끝없는 애도의 작업임을 알려준다.

낸은 항상 새로운 세계 속으로 들어가 갈등하고 투쟁했다. 낸은 결코 언니 바바라와 가족을 대체할 새로운 대상을 찾아 뉴욕, 런던, 베를린을 떠돈 것이 아니다. 그녀의 사진은 사랑을 상실한 이들에게 '그들의 모습을 비춰주는 거울'이고자 했다. 낸은 사진에서 친밀한 이들의 일상을 보여준다. 1985년 뉴욕 휘트니 미술관의 휘트니 비엔날레에서 전시로 처음 선보인 〈성적 의존의 발라드〉는 스냅샷이 아니라 슬라이드 쇼의 방식으로 전시되어 삶의 연속성과 일상성을 재구성했다. 슬라이드 쇼의 전시는 삶의 비극성을 인지하고 재구성하는 일종의 사적인 제의가 되었다. 슬라이드 쇼를 통해 낸은 연재 사진이라는 새로운 형식을 창조했고, 그 속에서 유동하는 삶의 순간과 변화에 초점을 맞췄다. 또한 상업사진처럼 컬러 유광의 선명하고 매끄러운 표면은 삶의 통속성을 가시화했다.

그러나 표면의 통속성에도 불구하고 그녀의 사진은 항상 삶의 어두움, 결단코 이해할 수 없는 모호성을 담고 있다. 그녀의 사진은 주체의 방식대로 세계를 통제할 수 없음을 말하고 있다. 그녀는 침대 위의 연인들과 빈 침대를 반복해서 찍었다. 「침대 위의 낸과 브라이언, 뉴욕(Nan and Brian in Bed, New York City)」(1983), 「침대 위의 커플, 시카고(Couple in Bed, Chicago)」(1977), 「침실에서의 그리어와 로버트, 뉴욕(Greer and Robert on the Bed, New York City)」(1982), 「빈 침대, 보스턴(Empty Beds, Boston)」(1979) 등이 그것이다. 낸의 침대 사진들은 타자들의 소원한 관계나 불완전하지만 행복한 사랑을 보여준다. 자아, 타자, 세계의 불완전성, 반영 불가능성, 소통 불가능성, 통제 불가능성은 타자에 대한 존중, 공존, 협상이라는 삶의 최우선 가치로 나아가는 구체적인 방법을 보여준다. 이것은 슬픔이 세계를 재구성하는 방식이다.

《성적 의존의 발라드》의 단행본 표지로 유명한 「침대 위의 낸과 브라이언, 뉴욕」에 담긴 낸과 브라이언은 사랑의 시간이 끝난 후, 각자로 돌아가 서로를 바라보는 동시에 바라보지 않는다. 낸은 브라이언에게 사랑과 상실의 눈빛을 보낸다. 브라이언은 낸을 외면하지만 그의 시선에는 그녀에 대한 욕망과 더불어 불안과 미련이 담겨 있다. 낸은 케이블릴리스[23]를 통해 우연한 일상의 이미지에서 타자의 상실과 관계의 진실을 그렸다.

---

23 흔들림 없이 원격으로 셔터 버튼을 누르기 위한 보조 기구.

1986년 마흔의 나이에 에이즈로 죽은 친구 쿠키 뮬러(Cookie Mueller)에게 헌정한 전시, 〈쿠키 뮬러 포트폴리오(Cookie Mueller Porfolio)〉에서 낸은 태도와 방식의 변화를 보여준다. 이제껏 감성에 근거했다면 비판과 성찰이 작품의 근간을 이룬다. 그러나 비판과 성찰이 날카롭지만은 않다. 이 전시에서 낸은 에이즈라고 하는 비극을 주시하며 동시에 피사체 친구들을 따뜻하게 감싼다. 또 다른 사진 「쿠키와 비토리오의 결혼식(Cookie and Vittorio's Wedding: the Ring)」(1986)은 뉴욕에서 치러진 쿠키 뮬러와 비토리오 스카르파티(Vittorio Scarpati)의 결혼식을 기록했다. 결혼식을 올린 그해에 두 사람은 모두 죽었다. 쿠키가 죽기 몇 달 전에 비토리오가 먼저 세상을 떠났다. 「비토리오 관 앞에 선 쿠키(Cookie at Vittorio's Casket)」(1986)는 남편을 잃은 아내의 슬픔을 보여준다. 이 사진들은 에이즈로 죽어간 친구들 모두를 그대로 드러내는 낸의 지속적인 애도였다.

최근 낸 골딘은 개인 초상 외에도 풍경과 정물 사진 작업을 하고 있다. 「파티마의 촛불, 포르투갈(Fatima Candles, Portugal)」(1998)은 포르투칼 파티마의 성모 성당에서 찍었다. 이 사진은 죽은 친구들에게 바치는 봉애도로서 성당에 바쳐진 촛불들을 담았다. 이 사진은 삶의 현장, 곧 약물, 동성애, 그 외의 불가피했던 극단의 행위들을 보여준다. 그녀는 이 죽음들을 있는 그대로, 타자의 얼굴로 드러내고자 했다. 이들의 죽음을 자기 성장의 밑거름으로 미화하지 않았고, 강박적인 해피엔딩으로 비극적인 일상을 치장하지도 않았다.

1964년 바바라 골딘이 죽었을 때, '낸시'의 부모는 큰딸의 죽음에 침묵했고 상실로부터 죄책, 자기 비난, 대체물 선정, 자기 위안이라는 정상적·성공적 애도의 경로를 밟지 않았다. 상실의 순간에 멈춰서 마치 아무 일도 없는 듯 평온을 가장했다. 반면 '낸시'는 바바라의 죽음을 견딜 수 없었고 결코 떠나보낼 수 없었다. 그녀는 바바라의 유령과 함께 거주할 새로운 집을 찾아 떠났다. 바바라를 대체할 또 다른 사랑 따위를 원하지 않았다. 대체할 누군가로 바바라를 바꾸는 것이 아니라, 오히려 '낸시'에서 '낸'으로 자기 자신을 바꾸고 끝없이 자기 가치를 의심하며 공격했다.

낸은 삶의 비극을 목도했고 비애를 뚫고 가시화되는 슬픔의 긍정성을 포착했다. 반면 '낸시'의 부모는 바바라를 보내지 않고 그대로 남겨 두었다. 그 점에서 애초에 낸과 부모가 바바라의 죽음을 극복하고자 하지 않았고 극복할 수도 없었던 점은 같았다. 부모에게 바바라는 살아서도 죽어서도 온전히 타자이기만 했다. 그러나 낸은 바바라의 현존과 부재 사이에서 정형화된 삶의 쾌락을 공격하고, 우연적이고 파편적인 세계 속을 헤치고 들어갔다. 낸은 슬픔을 통해 바바라의 고통을 연대하며 함께 살고 있다.

낸은 "바바라는 바바라의 판본(version)으로 기억하되, 나 자신은 재창조했다"[24]라고 말한다. 낸, 부모, 친밀한 관계의 모델들, 그리고 관객들은 바바라의 상실로부터 강력한 삶의 동기와 세상을 바꾸는 무기로 슬픔의 힘을 배우고 실천한다. 낸은 1985년, 「울고 있는 수잔, 뉴욕(Suzanne Crying, NYC)」(1985)에서 자신과 오랜 시간을 함께한 뉴욕 공동체의 수잔 플레처(Suzanne Fletcher)가 슬픔 속에 눈물을 흘리는 장면을 담았다. 깊은 슬픔은 비정상이지도 병적이지도 않다.

---

24 Nan Goldin, *The Ballad of Sexual Dependency*, New York: Aperture, 1986, p. 9.

10장
감정 노동

얼굴 뒤에 감춰진 감정

윤소영

건국대학교 영어영문학과 희곡 전공. 동 대학원에서 「아버지의 부재 무대에 올리기」로 영문학 박사 학위를 취득한 후 영국 버밍엄 대학교 응용언어학과에서 번역학 석사를 받았다. 현재 건국대학교 글로컬캠퍼스 교양대학 글로컬전임교수로 재직 중이다. 몸과 관련한 주제를 총체적으로 연구하고 있다. 「노자에 비춰진 트랜스휴머니즘: '어메이징 스파이더맨' 시리즈를 중심으로」, 「〈Equus〉에 구현된 공간과 관계의 역학」 등 영미 드라마부터 번역학, 영미 아동문학에 이르기까지 다양한 영역에서 논문을 쓰고 있으며, 《내 몸을 찾습니다》, 《영화로 보는 미국 역사》 등의 저서에 참여했다. 최근 포스트휴머니즘에 대한 관심을 반영하여, 트랜스 휴머니즘, 포스트 휴머니즘의 유토피아/디스토피아 논의 등을 논문으로 생산하였고, 현재 AI시대의 인간의 진정한 인간다움 및 불가피한 포스트휴먼의 도래 등에 대해 연구 중이다.

감정과 감정 노동

"고객님과 마주하고 있는 직원은 고객님의 가족일 수도 있습니다."
대형 마트 등에서 흔히 마주치는 표어다. 자본주의 사회에서 대개 지갑
을 여는 고객은 갑(甲), 물건을 파는 직원은 을(乙)의 역할을 하게 된다.
이 표어는 을인 직원 역시 소중한 한 가족의 일원이니 따뜻한 대우를 해
달라는 일종의 부탁이다. 직원 역시 인간인 만큼 고객은 직원의 '감정 경
호', '심기 경호'를 해달라는 뜻이기도 하다.

이 표어는 그러나 단순한 표어 이상의 함의를 갖고 있다. 최근 '감정
노동', '감정 노동자'라는 용어가 심심찮게 등장하고 있다. 이 용어는 인
간의 감정이 노동 현장에서 또 다른 형태의 노동으로 자리하고 있음을
보여주는 신조어다. 《자아 연출의 사회학》을 쓴 어빙 고프만과 서비스직
의 감정 관리에 대해 연구한 스티븐 그로브와 레이먼드 피스크[1]는 "고객

은 청중이고 근로자는 배우이며, 근로 환경은 무대"라고 지적한다. 근로자/노동자가 근로 환경이라는 무대에서 펼치는 연기를 고객이라는 청중이 보고 있다는 뜻이다. 하지만 고객은 감정 노동자가 하는 일을 단순히 보고만 있는 것은 아니다.

'감정 노동(emotional labor)'을 처음 사용한 알리 러셀 혹실드(Arlie Russell Hochschild)는 노동 현장에서 발생하는 업무가 감정과 관련된 경우 'emotional work'가 아닌 'emotional labor'라고 표현함으로써 감정이 노동처럼 취급되면서 작동한다고 본다. 이러한 맥락에서 현대사회에서 감정 노동을 하지 않는 직업이 과연 있을지 의문스럽다. 노동과 감정 노동이 업무상 분화되지 않고 있다면, 사람을 대하는 모든 직업은 감정 노동 직업군에 속한다고 할 수 있겠다. 그러므로 1차 산업 관련 직종 및 2차 산업 관련 직종의 노동 현장과 달리, 서비스 업종이 주를 이루는 3차 산업 직종의 경우 모두 감정 노동을 할 수밖에 없는 현실에 놓여 있다. 예를 들어 농사짓기, 기계 설계, 조립, 생산을 담당하는 직업의 경우 감정 노동과 거리가 있는 셈이지만, 서비스산업과 관련된 직종은 기본적으로 감정 노동을 요구한다. 그렇다면 노동자를 한 개인으로 볼 때 그들에게 감정은 개인에게 중요한 가치이고, 생산력 향상에 있어서도 의미 있는 요소이다. 이는 특히 미국 자본주의 역사를 살펴보면 잘 알 수 있다.

1880~1920년대는 미국 자본주의의 황금기로 대기업이 대거 등장

---

1 Grove, Stephen J. and Raymond P. Fisk, "Impression Management in Servies Marketing: A Dramaturgical Perspective", *Impression Management in the Organization*, Robert A. Giacalone & Paul Rosenfeld(eds.), Hillsdale: Lawrence Erlbaum Associates, 1989.

10장 **감정 노동**

하면서 복잡한 관료 조직과 통합적 위계질서가 성립된 시기다. 제조업 종사자와 관리직 노동자가 각각 86퍼센트와 18퍼센트의 비율로 급증하던 이 시기에, 탐욕과 이기의 총아였던 자본가는 합리성과 책임감으로 무장한 새로운 경영 이데올로기를 가진 존재로 변모하게 된다. 이러한 상황에서 개인 즉 노동자의 '감정'이 중시되는 상황이 발생했다.[2] 감정과 노동의 관계를 자본주의라는 얼개를 통해 분석하고 있는 에바 일루즈[3]는 미국 사회의 변화에 대해 다음과 같이 주목한다. 19세기 미국 사회는 '가난뱅이가 부자 되다(from rags to riches)'라는 기치가 성행했지만, 20세기에 들어서면서 "인간은 부와 명예를 누리는 중에도 언젠가 정신적 번민이 닥쳐올 수 있다"[4]라는 지적을 통해 감정이 중요한 이야깃거리, 논의의 주제로 등장하게 될 것임을 암시한다. 일루즈는 감정 노동을 "표정과 몸의 표현을 대중에게 보여지게끔 하기 위해 감정을 통제하는 것"이라 지적한다. 즉 감정을 담는 표정과 몸의 표현을 개인으로서의 자아/타자가 아닌 사회적 관계 속의 타자에게 보여주기 위해 통제하는 것이라 할 수 있다. 소비자/고객은 권력을 휘두르듯 판매자와의 관계를 자본으로 연결해버린다. 그래서 자본이 매개하는 곳에서 판매자의 입장에 놓인 사람들은 자신이 원하든 원하지 않든 상관없이 항상 얼굴에 미소

2 에바 일루즈, 《감정 자본주의》, 김정아 옮김, 돌베개, 2010, 34쪽.
3 후기 자본주의 소비사회에서 감정의 위상에 주목하는 대표적인 사회학자인 에바 일루즈는 감정을 언어 이데올로기로 설명하려 한다. 일루즈는 감정과 자본주의의 관계에 대해 지속적인 관심을 가지고 연구에 집중하고 있고, 《낭만적 유토피아를 소비하기》와 《근대의 영혼을 구원함((Saving the Modern Soul: Therapy, Emotions, and the Culture of Self-Help))(University of California Press, 2008) 등을 통해 감정과 노동의 관계를 자본주의라는 얼개를 통해 분석하고 있다.
4 에바 일루즈, 앞의 책, 107쪽.

를 띠어야 한다. 이 둘 간에는 이렇게 갑-을 관계가 조성되고, 여기서 판매자는 진짜 자기가 아닌 거짓 자기를 만들어내고 소환해야 한다. 자신의 감정을 억압하고 거짓 얼굴을 띠어야 하는 입장에 놓인 사람들에게 이따금씩 언어적/물리적 폭력이 쏟아지곤 하는데도 화를 내거나, 맞서 싸울 수 없기 때문에 감정이 곧 노동이 전락하는 현실이 돼버린다.

감정 노동 직업군에 속하는 사람들에게서 찾아볼 수 있는 공통점은 불특정 다수를 대해야 한다는 것이다. 가령 마트나 백화점 판매원부터 택시 기사, 버스 기사, 음식점 서빙, 배달 직종에서부터 심지어는 교육 현장에 이르기까지 감정 노동의 영역은 점점 더 확장될 수밖에 없는 실정이다. 일견 감정 노동의 폐해는 소득수준이 낮은 편인 직업군에 종사하는 사람들에게서 주로 나타나는 것이라고 볼 수도 있으나, 사회가 점차 분화됨에 따라 소득수준만으로 단정하는 것에는 무리가 있다. 더불어 감정 노동에 따른 감정적 폐해는 가히 심각한 수준이어서, 2014년 서울시와 녹색소비자연대에서 시행한 설문조사에 따르면 제품 판매업

감정노동이 가장 심한 직업군

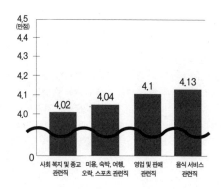

출처: 한국직업능력개발원(2013)

10장 감정 노동

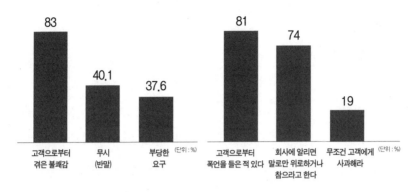

감정 노동 종사자들이 스트레스를 받는 요인　감정 노동 종사자들의 실태

출처: 서울시·녹색소비자연대(2014)　　출처: 환경노동위원회(2013)

종사자의 80퍼센트, 할인 마트 종사자의 73퍼센트, 백화점 종사자의
56퍼센트 등이 감정 노동에 의한 스트레스 정신질환을 경험했다고 한
다. 이런 종류의 스트레스가 지속되다 보면 분노, 좌절, 우울증 등이 나
타날 수 있고, 심한 경우 자살로까지 이어질 수 있다. 또한 인간이 사회
적 동물이라는 점과 감정이 사회적으로 구성된다는 점에서 감정의 사
회화라는 부분을 생각해볼 수 있다. "감정의 사회화는 감정을 느끼는 우
리의 자발적 능력과 상관관계를 맺"[5]고 있기 때문에 정서와도 결부된다.
그러므로 감정과 정서가 상호작용하는 공간에 감정 자본주의가 굳건하
게 자리잡고 있음을 간과할 수 없다. 일루즈의 지적처럼, 감정이 발동하
는 곳과 경제 논리가 작용하는 공간은 서로 상호 침투하는 문화 속에 대
립각을 세우고 있고, 특히 개인의 정서가 경제 행위와 관련될 때 경제 논

5　장 메종뇌브, 《감정》, 김용민 옮김, 한길사, 1999, 45쪽.

리가 감정생활을 지배하게 된다는 것까지 생각해볼 수 있다.

감정이란 무엇인가

"인간의 마음만큼 오래된 현실"[6]이라는 장 메종뇌브의 말처럼 감정
은 일상에서 흔하게 접하는 용어이고, 자주 언급된다. 철학적으로는 데
카르트를 신봉한 17세기 프랑스 철학에서 감정이라는 용어가 처음 등
장했고, 감정을 육체와 연결된 단순한 수동적 심리 상태로 축소하지 않
는 파스칼의 입장에서는 감정에 대해 "가치를 파악하는 기능이요, 정신
적 행위"[7]라고 본다.[8] 감정의 양태에 대해서는, '감정의 문화 이론'이 지
배적 정설로 자리잡은 1960년대 말만 해도 "감정은 언어와 마찬가지로
문화적으로 전승되고 학습되는 행위"[9]라는 입장을 취했다. 즉 이는 보편
적 감정보다는 특정 문화권에서 자라거나 살아본 사람만이 느낄 수 있
는 특정한 감정이 있음에 주목한 것이다. 하지만 인간 표정 연구의 대가
인 심리학자 폴 에크먼의 '얼굴 움직임 해독법'[10]은 이를 뒤집는 주장을

6 위의 책, 13쪽.
7 위의 책, 14쪽.
8 17세기부터 나타난 감정의 세 흐름과 세 개념은 첫째, '형이상학적' 흐름, 즉 정신적 가치를 파악
   할 수 있는 직관으로 나타나는 것으로 파스칼과 결부되고, 둘째, 말브랑슈가 관련된, 비합리적 현
   상인 감정이 환경에 대한 주체의 반응에 따라 육체적 변화가 뒤따른다는 '정신생리학적' 흐름, 마
   지막으로 막연한 지성이라 여기는 '주지주의적' 흐름으로 라이프니츠가 연결되어 있다.(딜런 에
   반스, 《감정》, 임건태 옮김, 이소출판사, 2002, 16~17쪽)
9 위의 책, 20쪽.
10 1978년 에크먼은 자신의 얼굴 여러 곳에 전극을 꽂아 감정에 따라 얼굴의 어떤 근육이 움직이는
   가에 대해 연구했다. 얼굴의 움직임, 즉 표정이 어떤 근육에 의해 만들어지는가를 연구함으로써

10장 감정 노동

내놓으며, 인간에게는 문화적 차이에도 불구하고 '분노, 혐오, 두려움, 기쁨, 슬픔, 놀람'이라는 여섯 가지 '기본 감정'이 존재함을 밝혀냈다. 이를 토대로 딜런 에반스는 기본 감정을 위의 슬픔 대신 고통을 넣은 여섯 가지로 제안하면서 인간이 말 없이도 소통 가능한 것은 기본 감정 덕분이고, 특히 표정과 몸짓은 이를 반영하기 위해 생긴 것이라 해도 과언이 아니라고 했다.[11] 나아가 기본 감정 말고도 문화적으로 특수한 감정이 있다는 것에 대해서는 '멧돼지 상태'[12]를 통해 설명한다. 구룸바족이 느끼는 멧돼지 상태를 다른 문화권의 사람들은 느끼지 못한다는 점을 예로 들어 기본 감정과 문화적으로 특수한 감정이 확연히 구분되고 있음을 이야기하는 것이다.

시드니 대학교 철학과 교수인 폴 그리피스(Paul Griffiths)도 감정을 세 종류로 나누어, '기본 감정', '문화적으로 특수한 감정', '고등 인지 감정(higher cognitive emotions)'으로 구분하고 있다.[13] 고등 인지 감정은 사랑, 죄책감, 수치심, 당황함, 자부심, 질투, 시기로 나뉘는데, 특이한 점은 기본 감정처럼 단일한 얼굴 표정으로 연결되지는 않는다는 것이다. 이는 기본 감정이 진행되는 영역이 뇌의 표면 아래 숨겨진 피질하 구조인 반면, 고등 인지 감정은 신피질의 영역에서 이루어지니 작동 부위가

표정을 통해 인간의 감정을 읽어내고 이해할 수 있게 된 것이다.(폴 에크먼,《얼굴의 심리학》, 이민아 옮김, 바다출판사, 2006)

11 딜런 에반스, 앞의 책, 24~25쪽.

12 구룸바족이 다른 문화권의 사람은 결코 경험하지 못하는 어떤 감정에 빠지게 되었을 때 멧돼지처럼 날뛰면서 물건을 약탈하고 구경꾼을 공격하는 것을 가리키는 표현이다.(위의 책, 32쪽)

13 Paul E. Griffiths, *What Emotions Really Are: The Problem of Psychological Categories*, Chicago: University of Chicago Press, 1997.

다르다. 고등 인지 감정은 명확한 논리 분석 같은 가장 복잡한 인지 능력 대부분을 떠받치고 있는 부분이라 의식적 사고의 영향을 더 잘 받는 편이고, 문화적 가변성을 띠면서도 보편적이라 할 수 있다.[14] 그래서 점점 복잡하고 다양해지는 사회 환경에 대처하고 대응할 수 있도록 작동한다는 점에서 기본 감정과 달리 "사회적인 감정"[15]이라 할 수 있다. 개인주의 심리학자들의 경우 "모든 감정은 오직 '자아'에 대한 배려로 귀결시키는 편이어서 자신의 이해관계에 종속되어 있고 이기주의나 자존심을 기본적 감정"[16]이라고 본다. 더불어 프로이트 학파의 경우 개인적 욕망과 사회적 통제라는 외부 요소 간에 발생하는 갈등을 정서적 차원이 아닌, 사회성의 자발적 성격을 드러내고자 하기 때문에, 개인적인 부분과 사회적인 것 사이에는 상호성이 존재하기 마련이다.

이렇듯 감정의 발생, 양태 등을 사회심리학적으로 다루다 보면 현대를 살아가는 인간이 경험하는 또 다른 지점에 놓인 감정 영역을 찾아볼 수 있는데, 그것이 바로 자본주의 공간이다. 인간이 동물과 다른 점은 '감정' 표현에 능숙하다는 것이다. 그렇지만 살아 있는 사람이면서도 마네킹이나 유럽의 길거리 행위예술가처럼 표정에 감정을 드러내지 않고 하회탈처럼 만연된 미소를 띤 정지된 얼굴만을 강요당하는 존재도 있다. 그들이 바로 '감정 노동자'다. 스마일 증후군이라 불리는 가면을 쓴 감정 노동자 중 특히 텔레마케터의 경우 소비자와 물리적인 공간을 공유하지 않는 상태에서 전화기를 통해 음성만으로 응대해야 하기 때문

---

14 딜런 에반스, 앞의 책, 42~43쪽.
15 위의 책, 44쪽.
16 장 메종뇌브, 앞의 책, 87~88쪽.

　　　　　　　　　　　　　　　　　　　　　　10장 **김징 노동**

〈SBS 스페셜─가면 뒤의 눈물〉(2013년 6월 9일 방영) 중에서

에 그들에게는 얼굴이 없는 것이나 다름없다. 그래서 그들은 결코 감정
이 담긴 얼굴을 내보일 수 없다. 그들은 무엇보다 감정을 드러내는 것 자
체가 허락되지 않은 직업이라는 점이 중요하다. 소비사회에서 소비자,
즉 지갑을 열 수 있는 자, 구매력이 있는 사람에게는 심지어 판매자 입장
에 있는 사람의 감정과 관련된 많은 권한이 주어지기도 하는데, 명백한
불평등 관계를 보여주는 것이라 할 수 있다. 생산-소비의 주체들 간의
관계가 아닌 판매-소비의 주체들 간의 관계에서 판매자에게는 참자아
의 어떠한 부분도 허용되지 않는다고 볼 수 있다. 자본주의가 작동하는
공간에서 인간 대 인간은 부재하고, 고객과 점원, 서비스를 제공받는 자
와 제공하는 자라는 관계만이 존재한다. 장 보드리야르는 이를 두고 소
비사회는 배려의 사회이면서 동시에 억압의 사회이고, 평화로운 사회인
반면 폭력 사회가 될 수 있다고 보았다. 그래서 '소비'와 관련된 상황에

놓이게 되면 상대의 말과 행동으로 인해, 아프고, 슬프고, 분노하게 되고, 화를 내게 된다. 즉 감정이 발동한다. 하지만 판매자는 감정을 분출해서는 안 된다. 왜냐하면 그 감정이 기본적인 인간관계에서 발동하는 것이 아니라 특별한 공간, 곧 자본이 결부된 공간에서 벌어지는 것이기 때문이다. 동시에 갑-을이라는 상하 위계질서가 조성되는 상황에 놓여 있기 때문에, 이때 그들이 느끼는 감정은 기본 감정이 아닌 '감정 노동'이라는 영역으로 밀려들어가게 되는 것이다.

인간에게 감정은 몸이라는 살과 정신의 구조물에 입혀진 옷과 같은 것이다. 인간에게 감정이 없다면 육신은 그저 '살(flesh)'에 불과하고 정신도 언제든 포맷될 수 있는 구조일 따름이다. 이러한 감정이 특정한 공간에서 불편하게 전개되는 양태에 대해 감정의 불편, 부조화가 발생하는 감정 노동의 현장을 살펴보는 것은 유의미하다. 한 개인의 감정, 인격적 존엄성, 타인과의 동등한 관계 형성 등이 모두 배제된 현장에는 감정 노동이 발생하게 마련이다. 역으로 감정 노동이 이루어져야 하는 공간에서는 한 개인의 감정, 인격적 존엄성, 타자와의 동등함 등은 배제되어야 한다는 것이 기본적 토대라 할 수 있다. 일례로 감정 노동자의 감정에 대해 다룬 김한민의 영화 〈핸드폰〉(2009)의 대사에 따르면 고객 응대의 첫 번째 원칙은 '고객은 항상 옳다', 두 번째는 '아니라고 생각하면 첫 번째를 다시 본다'이다. 고객이 항상 옳다는 것은 진리의 영역을 벗어난 것으로 사회적 위계질서상 그들이 '갑'일 수밖에 없다는 것을 당연한 이치로 받아들여야 하는 '을'의 입장을 강제적으로 제한하는 메시지다. "나는 소비한다, 고로 존재한다"라는 표어처럼 이런 방식은 건전한 소비 행태가 아님을 보여주는 것이기도 하다. 불합리한 요구를 한다 해도 고객이기 때문에 언제나 옳다는 것은 인간적인 기준이 완전히 배제되어 있음을 보여주는 것이지 않겠는가.

일루즈의 지적처럼 경제 영역은 감정이 결여된 공간이기보다는 "정서가 빼곡히 차 있는 영역"[17]이다. 그래서 인간 간의 사고파는 행위가 진행되는 경제 영역에는 자본이 작동하지만, 정서적 기류가 조성되는 만큼 경제 영역에서 자본이 관여하는 부분은 일단 접어두고 인간 간 감정의 기류가 노동의 영역으로 들어옴으로써 발생하는 현상을 살펴볼 수 있다. 특히 소비자를 대하는 직업군에서는 감정이 노동으로 변모하게 된다는 점을 더욱 살펴볼 필요가 있다. 그리고 생산적 관계에서의 노동의 의미가 아닌 감정 노동이 발생하는 연원 및 관계망에 대한 의미를 좀 더 추적해볼 필요가 있다.

감정 노동자의 얼굴과 감정

대부분의 윤리학자들은 개인의 욕망이 전체 사회를 위해 통제되거나 절제되어야 한다는 입장에서 개개인의 삶보다 사회질서를 우선시한 스피노자를 비난한다. 사회 전체적으로 볼 때 한 사람의 욕망을 검열하는 것은 감정보다는 '이성'의 역할이다. 하지만 스피노자에게 있어 우리 모두는 무엇인가를 욕망하는 존재이므로 스피노자의 윤리학은 '살아 있는 나'에 집중해 있고, 이런 점에서 그는 자신의 욕망을 긍정하는 철학자라

---

17 에바 일루즈, 앞의 책, 54쪽.

할 수 있다. 인간이 느끼는 대부분의 감정은 자연스럽게 표현되는 것이기 때문에 수동적인 자세에서는 나타나지 않는 편[18]이라고 한다. 그럼에도 불구하고 자연스러운 감정 표출에 대한 욕망이 억압받는 상황이 있으니 바로 감정 노동이 요구될 때다. 여기서 주목할 것은 감정 노동이 주로 발생하는 직업군의 종사자들은 비교적 짧은 시간 동안 불특정 다수의 사람들을 접하게 된다는 점이다.

감정 노동자를 공간의 공유라는 점에서 분류할 때 대면 접촉과 비대면 접촉이라는 응대 방식으로 나눌 수 있다. 이때 몸이 존재하는 공간을 공유하는 감정 노동자와 공간을 공유하지 않고 유선상의 응대로 고객을 접하는 감정 노동자로 대별할 경우, 소비자의 입장에서 어떤 식으로 그들에게 감정 노동을 요구하는가에 대해 질문을 던질 수 있다. 판매자의 입장에서 감정을 드러내지 말아야 한다는 것은 고객이 고객으로만 존재하기 때문이다. 즉 어떠한 인간적 관계도 성립할 수 없기 때문인 것이다. 그들 간의 관계와 구조에는 갑-을이라는 힘의 위계 관계가 존재할 뿐이다. 그래서 이때 감정은 노동이 되는 현실을 피하기 어렵다.

'차다', '뜨겁다'처럼 통각이 자연스럽게 표현되듯이 기본적인 감정의 표출이 원활해야 하는 것은 감정이 순환되는 것이기 때문이다. 하지만 어떤 경우에는 기본적인 감정이 드러내면 안 되는 것이 되기도 한다. 디폴트인 양 어느새 감정은 특정 관계 속에서만 작동하기도 한다. 갑-을 관계를 넘어설 수 없는 이유 중 하나는 경제적 논리, 자본의 논리 때문이다. 그렇기 때문에 물건이든 서비스든 판매를 기본으로 하는 을의 입장

---

18 찰스 다윈, 《인간과 동물의 감정 표현에 대하여》, 최원재 옮김, 서해문집, 1998, 217쪽.

10장 감정 노동

에서는 절대로 넘어설 수 없는 전제 조건이 바로 갑의 무한 요구, 이른바 '갑질'이다. 갑의 입장에서는 자신의 지갑이 열리는 순간까지 을에게 갑의 논리를 강조하고 강요하게 마련이다. 소비자에게 물건을 파는 입장에 있는 노동자이기 때문에 자신이 감정을 가진 사람이라는 인식조차도 일견 사치가 될 수 있는 것이 을의 입장이다. 즉 판매자는 그냥 한 인간이 아닌 '판매자'라는 기표로만 존재할 뿐이어서 인간으로 대우받기 어렵다고 볼 수 있다.

판매자 입장에 있는 개인에게 감정 따위는 존중될 수 없는 것이고, 감정 또한 관계에서 발생하는 논리로 작용할 뿐이다. 감정을 지배하는 것이 갑-을 관계의 고정점을 갖게 된다면, 누가 누구의 자리에 있는가가 관건이 된다. 판매자가 판매자의 자리를 버리는 순간 소비자가 될 수 있는 것이고 이때 을이었던 한 개인이 갑의 자리를 점하게 될 수 있다. "판매 직원은 바로 당신의 이웃, 가족일 수 있습니다"와 같은 표어에서 호소하는 것은 관계망의 조성에 의해 자본이 갈라놓은 소비자(갑)/판매자(을)의 방정식을 인간/인간이라는 방정식으로 치환하고자 하는 것이다. 하지만 갑-을 관계가 인간-인간으로 넘어가는 데에는 아주 깊은 간극이 존재하고 있다. 이 간극은 과연 메워질 수 있을까. 을의 인격과 감정을 보호해주는 것은 기본적인 사회적 신뢰이지만 그 관계에서는 지켜지기 어렵다. 이러한 신뢰에 기반해서 살아가는 우리가 인간다운 대우를 받는다고 보장할 수 있다면, 노동의 현장에서 감정까지 노동이 되는 상황은 발생하지 않을지도 모른다.

그렇기 때문에 인간의 존엄성이 짓밟히는 상황이 지속적으로 발생할 수밖에 없는 것은 자본의 논리 때문인 것이다. 소비자로서 그들이 가진 자본(돈)은 그들의 위치를 부상시켜준다. 그렇게 돈으로 자신을 표출하는 것은 인간적임을 증명할 수 없는 사회에서 살고 있는 사람들이 드러내는 일종의 값싼 열등감이라 할 수 있다. 그들은 그것 외에는 다른 것으로 자신의 자신다움을 드러낼 방법이 없다. 단지 돈으로 자신을 드러낸다는 것은 영화 〈귀여운 여인〉(1993)에서 이미 보여진 것처럼 현물로서의 돈이 있고 없음에 따라 사람을 대하는 방식이 정해지는 것이 아니고 그 사람을 감싸고 있는 말투, 복장 등 사회·문화적 아비투스의 발현이 결정적인 요소인 것이다. 즉 한 사람에 대한 태도를 정하는 요인이라 할 수 있는 아비투스는, 그 중요성에도 불구하고 종종 잊혀지고 단지 자본 논리에 의해 갑과 을의 상황이 발생하기도 한다. 그렇게 보면 역설적으로 감정 노동자가 오히려 우월적 지위에 있는 것처럼 보이는 〈귀여운 여인〉의 장면은 주인공이 더 낮은 신분에 속해 있음을 보여주려는 장치일 것이다. 그렇다면 자본주의 사회에서 소비자가 판매자에 대해 갖는 우월적 지위의 발판을 마련하는 것은 무엇일까? 자본 외에 소비자의 입장에 있다는 것만으로도 그들에게는 우월적 지위가 보장되고, 특히 사회적 관계망(SNS)을 통해 불특정 다수에게 빠르게 전달할 수 있는, 걸러지지 않은 현장성의 정보가 고객의 판단, 말에 의해 서비스 제공자의 이미지로 대체될 수 있는 비가시적인 힘을 알기 때문이다. 그래서 그들은 항상 갑, '슈퍼 갑', '울트라 슈퍼 갑'으로 이어지는 연쇄 고리에서 자신의 자리를 반복할 뿐이다.

인간답게 살고 싶은 욕망은 누구에게나 있다. 비단 나만의 문제가 아닌, 나와 나 이외의 타자까지도 인간답게 살 수 있는 공간이 마련되어야 한다는 것은 인본주의를 지향하는 사회에서는 기본적인 부분일 것이다.

하지만 갈수록 심해지는 경쟁, 삶의 질적 수준 악화, 강화된 배금주의의 위력, 고착화되고 있는 계급사회화, 신분 절벽 등의 사회 제반 상황은 구성원들에게 불안감을 가중한다. 더욱이 돈이면 다 된다는 배금주의에 대한 맹신은 몸에 들러붙은 문신 같을 정도이다. 그로 인해 돈으로 (무엇이든) 살 수 있는 곳에서는, 즉 아주 작은 푼돈이 오고가는 상황에서조차 가진 자는 갑질을 특권처럼 일삼기도 한다.

소비자로서의 자신의 권리가 바로 갑의 권한을 보증하는 것처럼 착각하는 사람들에게 누락된 부분은 인간으로서의 기본적인 정서와 감정적 토대이다. 자신을 증명할 수 있는 것이 인간적 가치, 존엄성, 정의로운 공동체 의식, 타자에 대한 배려 등이 아닌 그저 물질의 교환 수단인 '돈'을 전면에 내세우면서 돈에 의한 힘, 정의, 권력 등에 최우선의 가치를 부여하는 것이라 할 수 있다. 이런 경우 영혼, 신체 장기 등 무엇에 대해서든 사고파는 행위 즉 자본에 의한 교환 가능성을 생각하게 된다. 이런 식으로 천민자본주의, 물질 만능주의에 입각한 태도를 기득권인 양 마구 휘두르는 것은 판매자로 하여금 감정을 통제하여 마치 감정을 표출하는 것이 인간의 기본권을 위배하는 수준이라고 생각하게끔 유도할 수 있기에 비인간적인 처사를 반증하는 것이 바로 고객의 갑질이다.

감정 노동의 양태, 현장성

일루즈는 "사회적 배치가 감정적 배치와 일치"한다는 점과 "남녀의 구분도 감정 문화에 토대를 두고 감정 문화를 통해 재생산"된다고 강조한다.[19] 이러한 맥락에서 일루즈는 첫째, 자본주의 형성 과정은 감정 문화의 형성 과정과 궤를 같이한다는 것, 둘째로 자본주의의 여러 차원 중 감정에 초점을 두면 새로운 질서를 발견할 수 있다는 점을 지적한다. 사회적으로 남녀의 배치가 다른 것처럼 감정적 배치 역시 다를 수밖에 없는데, 감정 문화의 형성이 특이한 질서를 구성해내고 있다는 점이 눈에 띤다.

최근 감정이 어떻게 작용하는가를 관계에 따른 차이로 드러낸 연극이 있다. 2013년 제34회 서울연극제 개막작이었던 연극 〈불멸의 여자〉는 감정 노동의 고달픔을 극화한 작품이다. 백화점의 화장품 판매 사원인 희경과 승아는 환불, 교환에 대한 손님들의 요구에 웃으며 묵묵히 응대해야 하는 입장이다. 그렇게 감정 노동자로 살아가는 희경과 승아에게 닥친 하루의 일상을 담아낸 〈불멸의 여자〉는 인간으로서의 억눌린 그들의 감정을 짐작하게 한다. 부정하기 힘든 것은 그들에게는 가면과 같은 웃는 얼굴만이 일자리를 보장해준다는 것이다. 레비나스는 「윤리와 정신」에서 얼굴이 가진 특이성에 대해 "얼굴을 통해서 존재는 더 이상 그것의 형식에 갇혀 있지 않고 우리 자신 앞에 나타난다. 얼굴은 열려 있고 깊이를 얻으며 이 열려 있음을 통하여 개인적으로 자신을 보여준다"라고 주장한다.[20]

얼굴이 스스로 내보이는 방식을 '계시'라고 표현하면서 얼굴의 현현을 중시한 레비나스의 입장에서 보면, 판매원의 얼굴 즉 타자의 얼굴은

19 에바 일루즈, 앞의 책, 16쪽.
20 에마뉘엘 레비나스, 《시간과 타자》, 강영안 옮김, 문예출판사, 1996, 135~136쪽.

10장 감정 노동

2017년 4월에 극단 인어에서 공연한
〈불멸의 여자〉 포스터

상처받을 수 있으며 무저항에 근거하고 있다. 그래서 "외부 힘에의 저항이 불가능하므로 얼굴에서 도덕적 호소력이 나온다"[21]라는 지적처럼, 외부에 대한 저항을 할 수 없다는 점에서 타자의 얼굴은 윤리적 호소를 통해 스스로를 지키고자 하는 것이라 할 수 있다. 레비나스는 "얼굴을 통해 동정을 유발하거나 하지 않고 스스로 정의로워야 한다"[22]라고 주장한다. 그래서 그들이 장착하게 되는 것은 미소이고, 이는 도덕적 호소를 위한 것이라 할 수 있다는 점이 무엇보다 중요하다. 즉 감정 노동자라는 "타인의 얼굴에는 비폭력적, 윤리적 저항이 담겨 있어 강자의 힘보다 더

---

21 강영안, 《타인의 얼굴: 레비나스의 철학》, 문학과지성사, 2005, 149쪽.
22 에마뉘엘 레비나스, 앞의 책, 137쪽.

강하게 자유를 문제 삼"게 되기도 한다.[23] 하지만 감정 노동자가 저항할 수 없는 이유는 자신이 아닌 외부에서 가해지는 압박이기에, 그들의 얼굴에 장착되어야 하는 것 중 하나는 타자에 대한 도덕적 호소력이라 할 수 있다. 소위 '영혼 없는 미소'여서 '스마일 증후군'이라는 말이 생길 정도여도 말이다.

연극의 무대는 희경과 승아의 직장인 백화점에서의 하루를 보여준다. 그들이 어떠한 고객을 맞이하고 어떻게 업무를 처리하는가를 통해 그들의 직업과 현실을 보여준다. 등장인물은 서로를 이름으로 부르지 않고 지점장, 고객, 사원 등 직책으로 부른다. 이렇게 호명하니 고객과 판매원 간에는 자본으로 맺어진 관계만 남고, 인간 대 인간의 관계는 기대할 수 없게 된다. 연극이 진행되는 동안 만일 무대 위의 상황이 바로 관객 자신의 일상에서 벌어지는 일이라고 동일시하게 된다면 다소 불편한 감이 생기기도 한다. 순간순간 말도 안 되는 상황에서도 감정을 표출하지 않고 모욕과 무시를 감내해야 하는 희경의 모습에서 인격과 감정을 모두 참아내야 하는 입장을 충분히 짐작할 수 있다. 여기서 극의 대사 너머의 내용이 중요하다.

정란에게 화장품을 판매한 희경이 병원에 간 사이 승아가 정란의 반품 요청 전화를 받는다. 전화 통화에서부터 갈등의 요소가 드러난다. 정란은 "고객에게 이렇게 해도 되는 건가요"라며 따진다. 결국 매장을 찾아온 정란에게 승아는 최선을 다해 불만을 해소하려 하지만, 정란은 자신이 전화를 걸었을 때 매장 직원이 반품을 해주겠다고 약속하였음을 강조

---

23 위의 책, 138쪽.

10장 감정 노동

하면서 왜 이를 지키지 않는지 불만스러워한다. 문제점을 꼬치꼬치 따지는 정란의 태도에 판매원들은 곤란한 지경이 되고 만다. 정란을 응대하던 중 승아는 화를 참지 못하고 폭발하게 되어, 정란과 한바탕 싸우고 난 후 일을 그만둔다. 즉 고객을 대함에 있어 회사에서 요구하는 수준까지 할 수 없다며 직장을 떠나는 결심을 하는 것이다. 정란은 다시 매장으로 와서 이번에는 정신적 피해 보상까지 요구한다. 이러한 상황에서 결국 희경은 정란을 죽이고, 그 죽은 모습을 보며 정란의 정체를 알게 되면서 극이 끝난다. 정란 역시 마트의 계산원으로서 희경과 같은 감정 노동의 현장에 있었고 같은 경험을 강요당하던 존재였으나, 판매자가 아닌 소비자의 입장으로 전환하여 판매자의 태도에 대해 강경한 입장을 취하는 역설적인 모습을 보인 것이다. 절대로 돌아올 수 없는 입장의 전도를 통해 자신이 죽임을 당할 정도라는 것, 즉 고객의 갑질이 얼마나 대단한지를 신랄하게 보여준다고 할 수 있다. 이 역설적인 결말에서 희경의 감정이 여러 겹으로 교차하는 것과 동시에, 관객은 정란이 그렇게까지 할 수밖에 없었음에 대해 감정 노동, 타자의 얼굴 등에 대해 생각할 수 있을 것이다.

등장인물에 동일시되어 극의 흐름을 따라가는 것은 이야기를 즐김에 있어 재미 요소 중 하나지만, 이 극에서는 동일시하기에 적절한 인물이 없을 뿐 아니라 그들의 감정을 따라가는 것은 불편할 뿐이다. 판매 사원에게 몰입하는 경우에는 억울함이 앞설 것이고, 손님의 입장을 취하는 데는 불편함이 동반될 수 있다. 이때 우리는 판매 사원의 태도에 대해 크리스토퍼 래쉬(Christopher Lasch)의 '거짓 자기(false self)'[24] 개념을 적

---

24 Christopher Lasch, *The Culture of Narcissism*. New York: Norton, 1977.

용해볼 수 있다. 즉 희경은 거짓 자기를 통해 자신을 보호하려는 것이다. 고객을 대해야 하는 판매원이라는 역할이 요구하는 친밀감과 미소는 이 타주의자로서의 거짓 자기를 형성해낼 수밖에 없다. 거짓 자기의 얼굴 뒤로 자신의 감정이 묻힌 채 한 인간으로서의 진정한 감정이 표출될 기회는 없다. 을의 입장에서는 감정 표출에 있어 단 한 번의 기회조차 가질 수 없다는 점을 감안한다면 감정 노동에 얼마나 많은 어려움이 산재해 있는가를 알 수 있다.

또 다른 예로 브래드 앤더슨(Brad Andersen)의 영화 〈더 콜〉(2013)은 미국 911의 콜센터 직원이 겪는 감정 노동의 현장을 고발한다. "걸려 오는 전화의 절반은 장난 전화"라는 대사처럼 상대의 얼굴을 볼 수 없는 상태에서 목소리만으로 응대를 해야 하는 이들이 겪는 어려움을 여실히 보여주는 영화다. 감정 노동은 안토니오 네그리와 마이클 하트의 지적처럼 '정서적 노동(affective labor)'[25]이라고 불리기도 하는데, 가령 911 콜센터에 접수되는 전화 통화는 영화에 나타난 것처럼 욕설, 성희롱, 폭언에서부터 폭력을 당한 사람의 고통 토로 등 너무나 다양해서, 전화 상담원들이 겪는 정서적 노동의 강도는 다른 직업보다 훨씬 심하다고 할 수 있다. 특히 한국 사회만 해도 통계청 자료에 의하면 여성 전체 근로자 1000만 명 중 314만 명이 서비스 및 판매 직종에 종사하고 있으므로 대략 30퍼센트에 달하는 여성 노동자들이 감정 노동 현장에 투입되어 있는 셈이다. 업무 특성상 여성 노동자가 많은 편인데, 분석적 능력보다는

---

25 안토니오 네그리와 마이클 하트는 함께 쓴 《제국》(윤수종 옮김, 이학사, 2001)과 《다중》(조정환 외 옮김, 세종서적, 2008)에서 정서적 노동 개념을 발전시켰다.

10장 감정 노동

공감 능력이라는 특성이 지배적일 경우 여성적 두뇌라고 지칭하듯이 상대방의 감정이 쉽게 이입되는 면모를 발견할 수 있다.

여기서 우리는 얼굴의 의미를 생각해봐야 한다. 기본적으로 어떠한 공간에서건 인간 대 인간의 만남에는 '얼굴'이 매개 역할을 한다. "얼굴은 나의 입장과 위치와 상관없이 스스로 자기를 표현하는 가능성"[26]이기 때문에, 얼굴 대 얼굴로 만나는 고객과 판매원의 관계에서 판매원에게 끝없이 요구되는 감정적 교류는 서비스 차원의 것이다. 한 개인의 자아가 상황에서 품게 되는 감정적 위치는 내재적 감정을 드러내지 않는 얼굴에 의해 감추어진다. 도널드 위니콧(Donald Winnicott)의 거짓 자기 개념의 경우 이 맥락에서 유용하다. 위니콧은 "참 자기는 진정한 자기를 가지고 있음, 살아 있는 느낌 및 자발적이고 진실성 있는 경험에 바탕을 둔 자아 감각을 묘사하는 것"인 반면 거짓 자기는 "자발성이 결여되어 있고, 단지 실제라는 외관 뒤에 죽은 듯 비어 있는 느낌을 의미"한다고 말한다.[27] 그러므로 거짓 자기는 자발적이지 못하고, 의미 없는 미소를 짓고 있음으로 해서 비어 있는 느낌을 주는 존재이기 때문에 감정 노동자의 얼굴을 집약적으로 보여준다. 한편 크리스토퍼 래쉬에 의하면 거짓 자기는 "자아도취형 나르시시스트"일 수 있다. 나르시시스트는 탐욕스럽게 인간관계를 먹어치우듯이 사랑과 존경을 취하기 위해 무한정 열정을 쏟는다. 하지만 과정보다 결과에 치중한 나머지 거짓 자기만이 그

---

26 에마뉘엘 레비나스, 앞의 책, 136쪽.
27 Donald Winnicott, "Ego Distortion in Terms of True and False Self", *The Maturational Process and the Facilitating Environment: Studies in the Theory of Emotional Development*. New York: International UP Inc., 1965, pp. 140-152.

모습으로 등장할 따름이다. 예를 들어 다른 사람의 요구에 지나치리만큼 신경을 쓰는 이타주의자의 경우를 거짓 자기의 하나로 상정할 수 있다. 특히 여성이 이러한 거짓 자기의 형성에 경도되는 경향이 있다는 것은 사회적으로 다른 사람의 요구에 대해 더 귀를 기울이는 역할을 해왔기 때문이라 할 수 있다. 감정이 사회적으로 작용하는 방식을 자신의 이익을 획득하는 쪽으로 이용하는 데 능한 쪽이 나르시시스트라면, 이타주의자는 반대로 이용당하기 쉬운 입장에 놓여 있다고 볼 수 있다. 이때 거짓 자기는 설 자리가 없다. 서로의 이름 즉 정체성에 대한 부분이 빠져 있다는 것은 이 관계에서 '어떤 사람'인가라는 것은 전혀 중요하지 않다는 것을 의미한다. 그냥 '나'와 '너'라는 일인칭-이인칭의 관계가 조성되기 힘들고, 물건과 서비스를 사는 '갑'이라는 위치와 그것을 팔기 위해 분투하는 '을'이라는 입장에 놓임으로써 인간이라는 기본 개념은 완전히 배제되는 것이다. 즉 인간 대 인간은 사라지고 소비자와 판매자의 관계만이 남게 된다. "감정이 자본주의와 모더니티라는 이야기에 등장하는 주인공이라 생각하면, 공적 영역은 몰감정적(aemotional)이고 사적 영역은 감정으로 가득 차 있다는 관습적 구분이 지워짐"[28]을 생각할 수 있다. 그로 인해 인간 대 인간으로 존재할 수 있었던 사적 공간은 지워지고, 이름이 모두 지워진 소비자와 판매자라는 위치에 있어야 하는 공적 공간만이 남게 되는 것이다. 그래서 '고객님', '손님' 등의 중성적 표현만이 남게 되는 것이다.

---

28 에바 일루즈, 앞의 책, 17쪽.

10장 감정 노동

감정은 "극도로 압축되어 있는 문화 의미와 사회관계"[29]이기 때문에 성별의 구분을 넘어선 호칭으로 관계가 규정됨으로써 또 다른 권력 관계가 조성된다는 점을 알 수 있다. 이 점에 있어 레비나스의 타자에 대한 윤리 및 고통의 문제에 대해 접목한다면, 감정 노동은 일견 "쓸모없는 고통"이라 할 수 있고, 레비나스의 논문 「쓸모없는 고통(La souffrance inutile)」에 쓰인 대로 "고통받는 타인에 대한 대가 없는 책임이 강조되는 것"[30]임을 생각해볼 만하다. 고통받는 타인인 감정 노동자에 대해 고객이 짊어져야 하는 대가 없는 책임이 타자에 대한 윤리라고 한다면, 쓸모없는 고통밖에 되지 않는 감정 노동을 해소하기 위한 방안은 무엇일까.

노동으로 승화된 감정

감정이 노동화하는 현장에는 자본주의가 개입되어 있다. 즉 사고파는 거래 관계가 조성되어 있는 것이다. 자본의 논리는 그 어떤 논리보다 즉각적으로 나타나고 전면에 돌출해 있다. 일루즈의 지적처럼, 경제와 감정이 불가분의 관계인 양 대인 관계와 감정적 관계를 구성하는 시장 기반 문화 레퍼토리는 소위 갑을 관계를 조성하고 만다. 벗어날 수 없는 굴레로서의 갑을 관계라고 할 수 있을 정도이다. "자아의 감정이요, 자아

---

29 위의 책, 15쪽.
30 Emmanuel Levinas, "La souffrance inutile", *Levinas, Entre nous*, Paris: Bernard Grasset, 1991.

와 타자들 사이의 관계와 관련"[31]된 것이 바로 감정이다. 여기서 문화적 특성이라든가 사회관계상 발생하는 노동으로 변모한 감정은, 특정 문화를 구성하는 개개인의 자아가 그 사회에서 나타내는 감정이라는 의미에서부터 자아와 타자 간의 관계를 통해 구현되고 표출될 수 있는 감정이라는 의미에까지 확장 가능하다. 예를 들어 역사적 건물에 발생한 화재에 대해 가슴 아픔과 슬픔을 표현하는 것은 일반 정서와 관련된 감정이다. 루만에서 기든스, 그리고 일루즈에 이르기까지 감정은 곧 '친밀성'으로 연결된다. 현대사회로 올수록 익명성의 확장 및 강화, 극단적 이기주의의 심화를 보여주는 예[32]는 많아진다.

특히 "감정 자본주의란 감정 담론들 및 실천들을 구성하는 문화, 한편으로는 정서(affect)가 경제적 행위의 본질적인 측면으로 변모하고 다른 한편으로는 감정생활이 경제적 관계 및 경제적 교환의 논리를 따라가는 문화"[33]라 할 수 있다. 그래서 경제와 감정은 불가분의 관계이고, 대인 관계와 감정적 관계를 구성하는 장이 중요하다. 주디스 버틀러는 "인정(recognition)이란 자기 상실의 통찰에서 시작된다. 인정받는다는 것은 상대방 속에서 나를 잃는다는 것, 나 자신이자 나 자신이 아닌 어떤 타자 속에서 그리고 그 타자에 의해서 전유된다는 것"이라고 지적한

---

31 에바 일루즈, 앞의 책, 15쪽.
32 모 방송사의 인기 예능 프로그램에 매주 등장하며 유명해진 "나만 아니면 돼"라는 구호는 극단적 이기주의를 부추기는 데 일조했다고 볼 수 있다. 다른 사람은 피해를 봐도 되고, 그 피해가 나를 비껴가기만 한다면 아무 문제없다는 식의 발상은 타자와 함께 사는 공동체 속의 인간이 가져야 할 기본적인 덕목을 모두 무시한 처사라 할 수 있다. '나'와 '너'의 구분이 '나'와 '나 아닌 자'의 구분으로 확산되는 상황에서 '너'라는 이인칭의 대명사를 나타내는 기표마저 '나(있음)-나 아닌 다른 자(없음)'라는 대비 구조를 상정하게 유도함으로써 문제점을 증폭할 수 있다고 본다.
33 에바 일루즈, 앞의 책, 19쪽

다.[34] 김연숙이 《레비나스 타자 윤리학》에서 지적한 대로 도덕성이 바닥을 친 20세기에, 주체/객체의 분화와 차별받는 타자의 고통에 대한 하나의 해결책으로 레비나스의 타자 윤리학이 그 간극을 좁힐 수 있을 것이라 본다. 나 아닌 자, 즉 자아를 벗어난 공간에 있는 타자에 대한 윤리적 연대감, 윤리적 실천을 통해 '주고받기(Give & Take)'라는 근대적 상호성을 뛰어넘을 수 있다는 가능성을 살펴봐야 한다.

이러한 맥락에서 감정 노동자는 을의 입장에서 감정적 무시, 정서적 학대 등을 당하는 상황에서도 미소를 띠지 않으면 안 된다. 이때 그들이 취하게 되는 미소는 가짜의 얼굴이고, 진정한 미소를 보이는 웃음인 '뒤센 웃음(Duchenne Smile)'[35]이 아닌 것이다. 가면처럼 그들의 얼굴을 가려야 하는 미소는 거짓 자기의 표정이다. 그 가면의 하부에 감춰져 있는 그들의 진짜 얼굴은 화남, 분노, 억울함, 짜증남 등이다. 이 모든 것을 아우르는 스트레스라는 이름처럼 감정 노동을 요구하는 상황에는 가면처럼 생긴 얼굴이 필요하다. 즉 얼굴이라는 기관이 하나의 가면이 되어야만 하는 것으로, 진짜 감정을 담아서는 안 되고 소비자가 원하는 서비스로서의 감정만을 착용해야 하는 것이다. 그런 점에서 감정 노동의 어려움은 한 개인의 진정한 정체감에 위배될 때 특히 커진다. 인간이 느끼는 진정한 정체감은 "자신이 인정할 수 있는 자신다움", "내가 나다운 것"

---

34 Judith Butler, "Can The 'Other' Speak of Philosophy?", *Schools of Thought: Twenty-Five Years of Interpretive Social Science*, Joan Scott & Debra Keates(eds.), Princeton: Princeton UP, 2001, p. 58.

35 프랑스 신경생리학자 기욤 뒤셴(Guillaume Duchenne)은 웃는 얼굴의 근육을 탐구하여 기쁨을 나타내는 진실한 웃음일 때와 거짓으로 만들어낸 웃음의 경우 근육의 움직임이 다르다는 것을 발견했다.

피에르 라프라드, 「가면을 쓰고 서 있는 젊은 여인」(20세기경) 부분

이다. 간과할 수 없는 부분은 감정 아비투스라는 것이 행동의 감정장을 생성한다는 것과, 감정이 사회 등급화의 도구로 등장하고 있으며 감정적 행복에도 새로운 위계가 생겼다는 것이다.[36] 그렇다면 자본의 힘이 아무리 크고 강력하다 해도 현실에서 취할 수 있는 최선은 무엇인가. 과연 나와 타자의 자리를 바꾸는 것은 가능한 것인가? 기득권층과 피득권층을 바꾸는 것, 갑과 을의 자리를 바꾸는 것, 인간과 짐승을 바꾸는 것, 양

36 에바 일루즈, 앞의 책, 143쪽.

10장 감정 노동

과 음을 바꾸는 것, 가진 자와 가지지 못한 자를 바꾸는 것에 대해 과연 개인의 욕망은 이를 허용할 수 있을까. 허용하는 순간 자신이 없어진다고 생각하기 때문에 이의 허용은 불가능하다 할 수 있다. 가면, 욕망, 자아 상실, 자아 정체감, 감정 등이 뒤범벅이 되고, 자신의 감정을 숨긴 채 미소를 잃지 말아야 할 때 충분히 기분이 나쁠 수 있다. 하지만 현실에서는 그에 대한 기준도 모호해진다. 그럼에도 인간으로서 대우를 받지 못하고 있다는 느낌은 명징하고 그것이 상대방이 인간적 기준이 아닌 경제적 메커니즘에 의해 조성된 관계에 따라 대하기 때문이라는 것은 명확하다. 그렇다면 판매자는 인간적 기준이 적용되지 못하는 존재일 수밖에 없는가? 자기 자신으로서 존중받고 싶다는 것은 자아 정체감의 확인과 인정이 가능하다는 것을 의미한다. 레비나스의 주장처럼 타자의 얼굴에 직면하는 것은 나의 기득권(재산)을 버림으로써 타자와 동등한 선상에 놓일 때 그 가능성을 확보할 수 있다.[37] 극단적으로는 감정 노동의 현장에서 지켜질 수 없는 것이 바로 '인간이 인간으로 존중받는 것'이라 할 수 있다.

가령 감정 노동자가 겪는 정신적 스트레스가 전체 중 약 80퍼센트에 달한다는 것은 '자아'를 자신의 몸 밖으로 위치시키고 있기 때문이다. 즉 자기 자신을 잃어버린 듯 거짓 자기가 작동하는 자아 상실의 상태라 할 수 있다. 이러한 감정 노동의 현장에서 '자신' 아닌 '그들' 앞에 놓인 진실은 감정 노동이라는 악순환이 선순환으로 탈바꿈할 수 있어야 한다는 것이다. 그럼에도 개인의 감정이 집단 속에서 어떻게 발현될 수 있는가

---

37 에마뉘엘 레비나스, 앞의 책, 140쪽.

에 대해 과연 누가 답할 수 있을까? 감정 노동이 발생하게 되는 상황 자체를 개선하는 것은 개인의 노력과 함께 사회적 합의가 분명 있어야 할 것이다. 더불어 피치 못해 감정 노동이 발생하게 될 경우에는 인격적 멸시감 등을 해소하고 벗어나게 하기 위한 사회적 장치도 마련될 필요가 분명 있다.

노동일 수밖에 없는 감정

자본주의 사회에서 살아가고 있는 사람들은 모두가 감정 노동의 상태에 놓여 있다. 사람을 대하는 직업에서 관계에 따라 달라질 수밖에 없는 지위의 고하 등이 감정의 위치를 결정한다. 가장 좋은 예인 "고객은 왕"이라는 상황에서 왕 노릇을 일삼는 윤리 의식이 부족한 사람들이 분명 존재한다. 하지만 왕과 거지의 입장이 바뀌듯 서로의 입장이 바뀌게 되는 경우가 생긴다면 어떻게 될까?

소위 갑-을 관계라는 상황에 놓인 경우, 갑질이 행해지지 않기 위해서는 쌍방 간에 적정한 거리가 필요하다. 갑의 입장에서는 돈으로 지불하여 받는 서비스라는 생각으로 인해 서비스 제공자의 감정과 인격을 모두 무시해도 된다는 논리에 매몰되어 정상적인 사고에서 벗어나기도한다. 그런 경우 돈이 곧 인간의 모든 것을 앞서게 되는 것이고, 결국 자본에 대한 종속을 벗어날 수 없게 되는 것이다. 인간다움을 잊은 채 돈으로써 갑의 입장이 되었다는 알량한 권력을 휘두르느라고 타자의 감정을 등한시한다면, 기본적인 인간의 윤리에 대한 책임이 결여된 것이라 할

수 있다. 역으로 을의 입장에서 부당한 처우를 당하게 되었을 때 무조건
적으로 참는 것이 아닌 자신의 인격을 지켜낼 수 있는 수준까지는 스스
로를 방어하는 자세와 마음을 가져야만 할 것이다. 당당하게 자기표현
을 함으로써 을이기 때문에 무조건 참아야 한다는 것에 대해 스스로도
경계하는 마음을 갖고 훈련하는 것이 부당함을 표출하고 극복할 수 있
는 발판이 될 것이기 때문이다.

　중요한 것은 자본주의 사회에서 횡행하기 쉬운 갑-을 논리와 이를 드
러내는 태도가 마구잡이로 표출되는 것은 인간 스스로에 대한 모독인
것을 인정해야 한다. 더불어 판매자와 소비자 양측 모두가 서로에 대한
인격과 감정을 존중해줄 수 있는 인간적인 예의와 자본주의에 종속되지
않는 태도를 갖추는 것이 인간적으로 필요할 따름이다. 사람 위에 돈이
있는 것이 아니므로 돈, 자본이 사람을 대하는 기준이 되거나 하는 맹목
적 오류에서 벗어날 수 있도록 사람은 사람으로 바라보고 대하도록 해
야 한다.

감정 있습니까?

1판 1쇄 인쇄 2017년 11월 3일
1판 1쇄 발행 2017년 11월 10일

지은이 · 몸문화연구소
펴낸이 · 주연선

총괄 이사 · 이진희
책임 편집 · 윤이든
편집 · 심하은 백다흠 강건모 이경란 최민유 양석한
디자인 · 김서영 이지선 권예진
마케팅 · 장병수 최수현 김다은
관리 · 김두만 유효정 신민영

(주)은행나무
04035 서울특별시 마포구 양화로11길 54
전화 · 02)3143-0651~3 | 팩스 · 02)3143-0654
신고번호 · 제 1997-000168호(1997. 12. 12)
www.ehbook.co.kr
ehbook@ehbook.co.kr

잘못된 책은 바꿔드립니다.

ISBN 979-11-962147-4-6 03100